선교적 교회를 지향하는

선교적 목회 이야기

선교적 교회를 지향하는
선교적 목회 이야기

2024년 3월 31일 처음 펴냄

엮은이   황홍렬
지은이   김찬효 나재천 노헌상 박희광 서용진 신충우 이근형
           정현곤 정승진 조신제 조의환 한영수 함영복
펴낸이   김영호
펴낸곳   도서출판 동연
등 록   제1-1383호(1992. 6. 12)
주 소   (03962) 서울시 마포구 월드컵로 163-3
전 화   (02)335-2630
전 송   (02)335-2640

ISBN 978-89-6447-984-1 03230

선 교 적   교 회 를   지 향 하 는

선교적 목회 이야기

선교적교회마을목회연구소 황홍렬 엮음

김찬효 나재천 노헌상 박희광 서용진 신충우 이근형
정현곤 정승진 조신제 조의환 한영수 함영복 함께 씀

동연

책을 펴내며

　지난 4년간 선교적교회마을목회연구소에서 '선교적 교회'라는 주제를 가지고 여러 신학자의 강의를 들었고 또 현장 탐방도 했습니다. 그리고 이 주제와 관련된 실제 목회 현장에서의 사례들을 듣고 또 나누는 시간도 가졌습니다. 이러한 연구와 사례들이 저희만 듣고 알기에 너무 귀중한 사례들이어서 한국교회 현장, 특히 '선교적 교회'를 지향하는 목회자들과 교회에 제공하는 것이 참 좋겠다는 결론을 얻어 감히 이렇게 한 권의 책으로 엮어 내게 되었습니다.

　사례로 등장하는 13개 교회의 상황과 조건들이 다 다르기에, 똑같은 방식으로 각 교회에서 사역을 진행하기에는 어려움도 있을 것입니다. 그렇지만 지역교회를 목양하시는 분들은 이런 사례들을 통하여 자신의 교회에 적합한 프로그램들을 개발해 낼 수 있을 것이며, 주의 몸 된 교회를 사랑하는 마음으로 기도할 때 성령께서 도우사, 섬기시는 교회에 하나님의 나라를 세움에 가장 적합한 사역들을 가르쳐 주시고 또 열매 맺게 하여 주실 것을 믿습니다.

　한국교회의 미래가 그리 밝지는 않습니다만, 기독교 역사 이래 환경과 조건이 아주 좋은 가운데 교회가 세워지고 성장한 사례는 그리 많지 않습니다. 역사의 어둠과 악한 환경 속에서 교회는 언제나 주의 능력으로 세워지고 발전해 갔습니다. 그렇기에 오늘 이 땅에 하나님의 나라를 세우기를 원하시는 하나님께서 변치 않는 능력과 지혜로 앞으로 한국교회도 어려운 상황과 환경을 이겨내고, 더 멋지고 아름다운 하나님의 나라를 세워가도록 이끌어 주실 것을 믿습니다. 이 한 권의 책이 미래의 한국교회를 세움에 작은 도움이라도 되기를 바라는 마음이 가득합니다.

그동안 선교적 교회 세미나에 참여하시고 강의해 주신 목사님들과 교수님들 그리고 '선교적교회마을목회연구소'를 운영하고 이끌어 주시는 황홍렬 목사님과 은퇴하시는 날까지 언제나 저희와 함께 하시며 이끌어 주셨던 전임 이사장이신 허원구 목사님과 한영수 목사님께 특별한 감사를 드립니다. 이 책을 만들기 위해 사례 발표를 하시고, 글을 써주신 한영수 목사님(구포교회), 김찬효 목사님(성덕교회), 나재천 목사님(항서교회), 노헌상 목사님(생명숲교회), 박희광 목사님(성도교회), 서용진 목사님(신현교회), 신충우 목사님(부산진교회), 정승진 목사님(해운대소정교회), 정현곤 목사님(주닮교회), 조신제 목사님(새빛교회), 이근형 목사님(소정교회), 함영복 목사님(광안교회)께 감사를 드립니다.

그리고 이 책의 추천서를 써주신 허원구 목사님(전 부산장신대학교 총장, 총회 순회선교사), 한국일 은퇴교수님(장로회신학대학교), 최동규 교수님(서울신학대학교), 정승현 교수님(주안대학원대학교)께 감사드립니다. 그리고 이 책을 출판한 도서출판 동연의 김영호 장로님과 박현주 편집장님과 편집부의 여러 선생님께도 감사드립니다. 작년부터 선교적교회마을목회연구소에 이사로 합류하신 이필숙 목사님(희망교회), 송준섭 선교사님(캄보디아), 우기진 목사님(동산교회)의 사례를 싣지 못해 아쉽게 생각하며 양해를 구합니다.

선교적교회마을목회연구소는 모든 목회자에게 항상 열려 있습니다. 함께 세미나에 동참하시고 또 협력하시기를 원하시는 분들은 언제라도 연락을 주시고 또 함께 '하나님의 나라'를 세우는 '선교적 교회' 사역에 동참하여 주시기를 부탁드립니다.

선교적교회마을목회연구소 이사장, 목사
조의환

추천사

    나는 한국교회 부흥기인 80년대 초반 한국교회의 파송을 받고 남미 칠레에서 선교사로 일했다. 교회를 개척하고 신학교를 세우고 기독교 학교를 설립하는 등 여러 가지 사역을 하는 중 어느 날 큐티를 하다가 선교적 교회에 대한 열망이 타오르기 시작했다. 다시 한국교회로 돌아가 선교적 교회를 세우면 주님께서 함께하시겠다는 감동이 있었고, 10년 만에 돌아와 산성교회에서 목회를 시작했다. 그리고 교회의 본질인 선교적 교회의 비전을 선포하고 모든 역량을 모아 선교적 교회로의 도약을 시작했다. 교회는 건강해졌고 점점 왕성해졌다. 지역사회 속으로 깊이 들어가서 섬기며 수많은 지역에 선교사를 보내는 교회로 자라났다. 주님이 세우신 교회는 처음부터 지역사회로, 열방 속으로 보냄을 받은 사도성을 가진 공동체였다.

    그러나 오랜 기간 교회는 한 지점에 머물러 사람들이 오기를 기다리는 모습으로 존재해 왔다. 서구 교회는 이런 교회의 문제를 보며 선교적 교회를 화두로 삼고 고민하기 시작했다. 선교적 교회로의 추구는 교회의 본질로 돌아가려는 성령으로부터 오는 원심력이다. 코로나가 휩쓸고 지나가던 동안 한국교회는 그 원심력을 잃어버리고 유지 자체에 급급한 위기를 맞았었다. 선교는 위축되고 선교적 교회의 꿈을 잃어버리고 비틀거리고 있었다. 이러한 때 부산장신대 세계선교연구소는 이런 상황에도 위축되지 않고 선교학자들을 모셔서 선교적 교회에 관한 세미나를 계속했고, 힘든 가운데에서도 선교적 교회를 세우는 시도를 하는 여러 교회 목사님을 초청하여 그들의 사역을 발표했다. 본인이 총장으로 있던 기간 동안 계속된 이런 노력은 목회 방향을 잃고 있던 여러 지역의 교회 목사님들에게 큰 위로와 용기를 주었다. 본 저서는 바로 그런 수고들의 결정체다. 각 교회의 선교적 목회 이야기 다음에는 황홍렬 교수께서 각 교회의 선교적 목회 특징과 과제들까지 구체적으로 짚어 주심으로 보다 성숙한 목회를 하도록 도우셨다. 부산장신대 선교연구소 소장으로 열정적인 사역을 감당하셨던 황홍렬 교수님은 교수 퇴임 후에도 변함없는 열심을 가지시고 본 저서를 발간하는 일을 섬겨 주셨다. 황 교수님께 마음 깊은 감사와 존경을 드리고 싶다. 특히 항상 본 연구소를 위해 애쓰시면서 선교적 목회의 본을 보여주시다가 이번에 은퇴하시는 구포교회 한영수 목사님과 김해교회 조의환 목사님께 축하와 함께 감사를 드린다.

어렵고 힘든 목회 상황이지만 교회의 유지만을 위해 급급하지 말고 교회의 본질로 돌아가서 선교적 교회의 모습을 회복하고, 세상 속으로 들어가서 세상을 변화시키는 교회를 세우는 일에 본 저서가 큰 도움이 되기를 바란다.

산성교회 원로목사, 부산장신대학교 전 총장
허원구

선교적 교회를 지향하는 선교적 목회 이야기

본서는『선교적 목회 길잡이— 선교 목회로부터 마을 목회까지』의 후속편으로, 전편이 선교적 교회와 선교적 목회의 이론적 근거를 제시하는 책이라면, 그 후속편으로 세미나에 참여한 13개 교회의 목회자들이 자신의 교회와 목회 이야기를 솔직하게 들려주는 내용이다. 목회자들이 선교적 교회 세미나에 참여한 후 자신의 목회관에 그리고 목회 현장에 어떤 영향을 받았고 어떤 변화를 시도하였는지를 스스로 평가하여 진솔하게 기술한 내용으로 구성되어 있다.

일반적으로 목회자 세미나는 들을 때 좋지만 돌아서면 막막한 것이 현실이다. 필자는 선교적 교회와 목회 세미나에서 강의할 때마다 강의나 세미나가 목적이 아니라 참여한 목회자의 변화와 시도를 통하여 교회의 실제적인 변화를 가져오는 것이 중요하다는 점을 강조한다. 본서는 목회자를 위한 세미나에 그치지 않고, 함께 공부한 내용들이 자신의 목회신학과 교회 안에, 교회가 지역사회와 세상과 관계하는 방식에 어떤 변화를 주었는지 그리고 앞으로 어떤 방향으로 나가야 하는지 또한 공부한 신학적 근거와 이론을 적용하는 과정에서 무엇이 문제이며 한계인가를 세미나 이후에 꼼꼼하게 성찰하며 피드백 형식으로 기술하고 있다.

변화를 기대하기 어려운 전통적 기성교회가 선교적 교회를 배운 후 조그만 변화라도 시도해 본다는 것이 중요하다. 교회의 변화는 목회자의 신학적, 목회적 관점의 변화로부터 시작한다. 오늘의 교회 현실을 고려할 때 기성교회의 한계를 직시하고 목회자의 신학적 회심과 같은 강도 높은 변화를 통한 새로운 시도가 강력히 요청된다. 사례 연구는 일반화하기 어려운 특별한 교회 중심의 목회 이야기라는 편견이 있다. 그래서 세미나에서 들을 때는 감동적이지만 목회 현장에 돌아오면 좌절한다. 본서는 이런 일반화된 편견을 극복하고, 함께 공부한 내용들을 신학적 성찰을 통해서 교회와 목회의 변화를 가져오려는 목회자들의 분투기 형식으로 기록된 선교적 목회 이야기다. 그런 점에서 본서는 목회자뿐 아니라 신학자들에게도 좋은 통찰을 주리라 사료된다. 매 교회 이야기에 선교적 목회를 점검하는 질문들을 제시하고, 황홍렬 교수의 신학적 평가가 덧붙여져 선교적 목회의 방향과 주제들을 짚어 주므로 더욱 명료하게 이끌어 준다.

장로회신학대학교 선교학 은퇴교수
한국일

추천사

목회와 사역 또는 선교를 교회의 본질이라는 관점에서 생각하기 시작하면서 우리의 목회 현장에 새로운 바람이 일어나고 있다. 이런 현상은 한국에 앞서 이미 유럽과 미국, 호주 등 서구권에서 활발하게 나타나고 있다. 20세기 후반부터 시작된 선교적 교회 운동의 흐름을 보면, 처음에는 교회와 선교의 관계성에 기초하여 선교적 교회를 신학적으로 탐구하였으나 최근에는 선교적 교회를 구체적으로 실천하는데 집중하고 이를 이론화하는 방향으로 흘러가고 있다. 이 같은 실천 지향적인 현상은 이제 한국 사회에서도 비슷하게 나타나고 있다. 곳곳에서 일어나고 있는 풀뿌리 운동이 바로 그 증거다.

선교적 교회 운동은 크게 두 가지 패턴으로 나타난다. 하나는 교회 개척 사역이고, 다른 하나는 교회 갱신 사역이다. 교회 개척 사역은 아예 처음부터 선교적 교회를 세우는 데 주력하지만, 교회 갱신 사역은 기존의 전통적인 교회를 선교적 교회로 변화시켜 나가는 데 초점을 맞춘다. 이 책에 수록된 부·울·경 지역에서의 움직임은 주로 교회 갱신에 초점이 맞춰져 있다. 한국 상황에서는 앞으로 이런 움직임이 교회 개척보다 훨씬 중요해질 것이다. 왜냐하면 지금까지 한국교회를 주도해 온 세력이 주로 전통적인 교회들이었고, 신자들도 전통적인 신앙생활 방식에 익숙해져 있기 때문이다.

이 책에서 목회자들이 언급하고 있듯이 한국 상황에서 선교적 목회를 지향하기 위해서는 목회자와 평신도들의 인식 전환이 우선해야 할 것이다. '미셔널'(missional)하다는 말의 의미가 궁극적으로 무엇을 뜻하는지에 관해서는 앞으로 계속 논의해야 한다. 선교적 목회 실천가들은 모순처럼 보이는 두 가지 주의 사항을 기억해야 한다. 하나는 '미셔널'하기 위해서 지나치게 프로그램과 선교 행위에 매몰되어서는 안 된다는 점이다. 그러나 다른 한편, 미래의 선교적 교회 운동을 위해 좀 더 실천적인 차원에서 안내서, 매뉴얼, 교재가 많이 나와야 한다는 점도 지적되어야 한다.

'글로컬'(glocal)이라는 말이 있다. 가장 지역적인(local) 것이 가장 지구적(global)이라는 뜻이다. 이런 점에서 선교적 교회 운동에서, 특히 실천적 차원에서 가장 한국적인 선교적 교회 운동이 일어나기를 소원한다. 그러기 위해서는 많은 논의와 실천이 필요할 것이다. 논의는 더 이상 학자들만의 영역이 아니다. 오히려 목회자들이 참여하는 실천적 토론이 논의의 발전을 가져올 것이다. 실천가들은 시행착오를 두려워할 필요가 없다. 시행착오는 실패를 뜻하지 않는다. 오히려 새로운 발전을 위한 밑거름이 될 것이다.

이런 점에서 이번에 부·울·경 지역의 선교적 교회 운동을 담은 이 책의 출간은 한국형 선교적 교회 운동사에서 하나의 이정표가 될 것이다. 앞으로 선교적 교회 운동은 과거보다 더 지역화되고 다양화될 것이다. 하나의 운동이 지속성을 가지려면 다양한 풀뿌리 활동이 축적되어야 한다. 나는 이미 한국에서 여러 영역, 여러 지역에서 일어나고 있는 목회 운동을 리서치 한 적이 있다. 심지어 각 교단 단위의 움직임도 발전하고 있다. 교단마다 학자들과 선교적 목회를 지향하는 목회자들이 협력하는 모임이 생겨나고 있는 것이다. 물론 실천적 움직임은 교단 밖에서 활발하게 일어나고 있다.

나는 이 책이 오늘의 목회 현장에서 매우 중요하다고 생각한다. 이 책은 목회자들이 일정한 학습 과정을 통해 선교적 교회와 목회를 이해하고 실천한 내용을 모았다는 점에서 의미가 있다. 완전하기를 기대할 필요는 없다. 지금 실천하고 있다는 것 자체만으로도 충분하다. 이것은 선교적 교회론과 실천이 너무 어렵다고 생각하고 주저하고 있는 사람들에게 좋은 자극제가 되리라 생각한다. 이 책은 한국교회를 향해 큰 울림이 될 것이다. 일독을 권한다.

서울신학대학교 실천신학 교수

최동규

추천사

『선교적 교회를 지향하는 선교적 목회 이야기』의 발간을 축하드립니다.

이 책은 한국의 선교적 교회 모델에 관심을 가진 모든 사람이 오랫동안 기대하며 기다려 온 책입니다. 현장 목회자는 물론이고 신학교의 교수들에게도 선교적 교회의 이론서와 더불어 실제적인 모델을 제시하는 매우 중요한 책이 될 것으로 확신합니다.

본서의 적어도 두 가지 면에서 기존의 서적들과 차별화됩니다.

첫째, 본서를 저술하기에 앞서 부·울·경 지역의 목회자들은 바쁜 목회에도 불구하고 2020년부터 무려 5년 동안 선교적 교회 세미나에 참석하고 주안장로교회를 비롯하여 선교적 교회를 직접 탐방하면서 많은 연구, 토의 그리고 적용을 통해 선교적 교회를 구현하기 위해 노력했습니다. 즉, 본서는 설익은 과일이 아니고 영근 곡식과 같이 목회자들의 다양한 사역과 고민을 담고 있습니다.

둘째, 본서는 선교적 교회의 사역에 대해 단순히 열거하는 것에 그치지 않고, 그동안의 세미나와 독서의 내용을 충실히 반영하고 있습니다. 특히 모든 교회에 대해 선교적교회마을목회연구소 황홍렬 소장님이 설명함으로써 독자들이 이론과 실제의 균형 잡힌 이해를 갖도록 도와줍니다.

부·울·경 지역의 목회자들과 선교적교회마을목회연구소의 노력으로 본서가 탄생한 것을 다시금 축하드리고, 국내외에서 선교적 교회를 꿈꾸는 모든 주님의 신실한 종들이 계속해서 선교적 교회를 연구하고 구현하기를 기대합니다.

주안대학원대학교 선교학 교수
정승현

구포교회 은퇴를 앞두고…

이제 4월 28일 은퇴를 앞두고 있는데, 이날은 구포교회에서 목회한 지 30년 1개월 8일이 되는 날이다. 결코 짧지 않은 세월, 돌이켜보면 굽이굽이 하나님께서 함께하신 은총의 날들이었다. 그런데 왜 이렇게 그간의 목회에 구멍이 많이 보이는지, 한편으로는 하나님께 너무나 부끄러운 점도 많이 있음을 고백할 수밖에 없다.

바르트가 교회를 세상을 위한 공동체로 이해하며 그 임무로 제시한 세 가지, 곧 이해, 연대, 책임성에 착안해 서울신학대학교 최동규 교수는 선교적 교회의 상황화를 설명했다. 선교적 교회가 되려면 교회와 성도들이 어떻게 세상에 접근해야 하는지를 보여주는 틀로 이해한 것인데, 이 관점에서 평가하면 정말 많이 부족하다는 생각을 하게 된다.

1) 이해가 부족했다. 교회가 위치한 지역사회를 분석하고 연구하고 이해하려는 모습이 너무나 부족했다. 교회 입장에서 도움을 주는 것으로 끝나는 경우가 많았다. 그러니까 시혜적 성격이 컸던 것이다.

2) 연대도 부족했다. 지역주민의 아픔과 고통에 공감하는 모습이 턱없이 부족했다. 프로스트와 허쉬가 말하는 근접 공간 시도가 거의 없었다(교회 집사가 어린이 축구팀을 만든 적이 있는데 흐지부지되었다). 더 나아가 제프 아이오그가 말한 불신자들이 주목(?)하는 세속적인 영역으로 들어가 연대하는 모습은 거의 있지 못했다.

3) 책임성은 상상하기 어렵다. 최동규 교수는 하나님의 통치가 실

현되도록 세상을 갱신할 책임이라고 말했는데, 이 점에 대해서 설교에서는 언급했지만, 구체적으로는 전혀 접근하지 못했다.

4) 교인들과 공유도 너무나 부족했다. 연초에 교회 본질(예배, 선교, 봉사, 교제, 성숙) 시리즈 설교를 20여 년 해왔지만, 선교적 교회에 대해서는 늦게 공부했기 때문에 제대로 강조하지 못했다.

이제 뭔가 좀 알고 깨달을 만하니까 은퇴의 시점에 서게 되었다는 것이 퍽 아쉽지만, 선교적 교회를 접할 수 있었다는 것은 필자에게는 너무나 큰 감사 제목이고 행운이었다는 점을 밝힌다. 너무나 어려운 시대에 목회하는 후배 목사님들을 생각하면 마음이 짠하다. 복음의 저항성 시대, 1인 가구의 폭발, 급격한 고령화 현상, 인구절벽으로 대변되는 시대, 어느 정도 예측은 했지만 그 시기가 너무나 빨리 도래해 많은 목회자가 당황해하고 있는데, 건강한 목회 철학인 선교적 목회로 무장하여 돌파구를 열어 갈 수 있기를 기원해 본다.

2024. 3.

한영수 목사

김해교회를 은퇴하며…

1994년 6월 첫째 주일에 김해교회에 부임하였습니다. 그리고 2024년 금년에 은퇴하게 되었습니다. 돌아보면 꽤 긴 세월이고, 이런 저런 많은 일들이 있었습니다. 교회와 지역과 노회와 총회를 섬길 수 있는 귀하고 복된 기회들을 하나님께서 주셨는데, 무엇 하나 제대로 이룬 것이 거의 없어 하나님께 송구하고, 기대하고 맡겨주신 분들에게도 죄송할 뿐입니다. 그러나 지금까지 하나님의 은혜로 여기까지 올 수 있었기에 오직 하나님께 감사와 영광을 올려 드립니다. 일마다 때마다 주께서 지혜로 이끌어 주셨고 또 은사와 능력을 주시어 부족하지만 감당할 수 있었습니다.

이제 이 모든 은혜와 사랑이 사랑하는 교회와 후배들에게 흘러가기를 기도합니다. 그리하여 다가오는 시대에 더욱 놀라운 하나님의 나라를 세우는 후배 목회자들과 교회가 되기를 소망하며 축복하며 또한 기도합니다. 모든 것이 미천하고 부족할 뿐인데, '선교적교회마을목회연구소'에서 은퇴 기념 도서 『선교적 교회를 지향하는 선교적 목회 이야기』를 만들어 주셔서 감사합니다. 모든 이사님과 함께 동역하는 분들 모두에게 고마움을 표합니다. 여러분 모두의 사역에 하나님의 선교가 이루어지기를 계속해서 기도하겠습니다.

2024. 3.

조의환 목사

머리말

　부산장신대학교 세계선교연구소(이사장 한영수, 소장 황홍렬)가 연구소 이사를 비롯한 목회자들을 대상으로 2020년부터 선교적 교회 세미나를 진행했다. 당시는 코로나19 상황이어서 줌 비대면 세미나로 진행했다. 코로나19의 원인인 기후 위기와 생태계 위기, 전 세계적·국가적인 경제적·사회적 양극화 등 전 지구적 위기(global), 미·중 갈등 사이에, 한·일 갈등 사이에 선 동북아의 위기(regional), 분단, 저출생·고령화 사회와 미래가 깨진 다음 세대 등 국가적 위기(national), 지방 소멸이라는 지방의 위기(local) 등 4중적 위기를 겪고 있었다. 교회 역사상 가장 타락했다고 비판받는 한국교회 그리고 다음 세대로부터 외면받는 한국교회는 어느 때보다 더 심각한 위기에 직면해 있다. 이런 중층적 위기 속에 선 한국교회로 하여금 신학적으로, 목회적으로 대안이 될 만한 선교적 교회에 대해 공부하고, 선교적 교회를 지역 교회에 적용하는 과정과 적용 사례들을 살펴봄으로써 목회자들이 섬기는 교회를 선교적 교회로 전환하는 데 기여할 목적으로 선교적 교회 목회자 세미나를 개설했다.

　2020년 2월 20일에 한국일 교수(장로회신학대학교)가 "왜 선교적 교회인가? 목회 패러다임의 전환", 5월 8일에 정승현 교수(주안대학원대학교)가 "크리스텐덤의 이해와 선교적 교회론", 8월 20일에 최동규 교수(서울신학대학교)가 "선교적 교회와 지역교회", 11월 5일에는 필자가 "선교적 교회와 마을목회"를 강의했다. 2021년에는 세계선교연구소 이사들의 의견을 반영하여 이론과 실천을 함께 공부하기로 했다. 3월 25일에 정승현 교수가 "선교적 교회 소개", 4월 22일에 "선교적 교회 최근 연구 소개", 5월 13일에는 최동규 교수가 "세계교회의 선교적 교회 5가지 흐름", 6월 17일에는 한국일 교수가 "전통적 목회로부터 선교적 목회로", 9월 16일에는 이원돈 목사(부천 새롬교회)가 "코로나19 시대의 생태문화 돌봄 마을목회", 10월 21일에는 필자가 "선교적 교회 사례로서의 마을목회"를 강의했다. 2020년 세미나 참석자들과는 달리 2021년 세미나 참석자들은 본인이 섬기는 교회를 선교적 교회로 전환하려는 의지가 있는 목회자들로 제한해서 세미나를 진행했다. 참석자 숫자가 좀 줄어들기는 했지만, 참여하는 목회자들의 태도가 더 진지한 것을 느꼈다.

2022년 부산장신대학교 세계선교연구소는 2년 동안의 강의록 중 일부를 책으로 출판하고자 했다. 그렇지만 선교적 교회 세미나에 참여했던 교수들의 사정으로 부산장신대 세계선교연구소는 다섯 편의 글을 모아『선교적 목회 길잡이』(부산장신대학교 세계선교연구소 편, 도서출판 동연, 2022)를 출판했다. 이 책은 선교적 교회론을 목회에 적용하고자 하는 선교적 목회자를 위한 안내서다. 한국일 은퇴교수의 "선교적 교회를 실천하는 선교적 목회"는『선교적 교회의 이론과 실제』(2016/2019)의 10장을 가져온 글이다. 여기에 다시 싣는 것은 선교적 교회와 실제 사례들에 대한 연구에서 앞장선 한국일 은퇴교수의 글이 선교적 목회의 신학적 기초와 방향을 잘 제시하고 있기 때문이다.

최동규 교수는 "성육신의 관점에서 본 선교적 교회의 상황화"라는 글에서 목회 패러다임 변화의 필요성은 문화적 관점이 아니라 신학적 관점이 되어야 함을 역설하고 있다. 이는 올바른 교회론의 토대 위에 목회적 전략과 방법을 수립해야 하는 것이기 때문이다. 최동규 교수는 교회의 존재론적 성품과 태도를 가장 잘 드러내는 개념이 성육신이기 때문에 이 관점에서 선교적 교회의 상황화를 논하고 있다.

정승현 교수는 "선교적 영성에 대한 소고"에서 선교적 목회를 하려는 선교적 목회자가 지녀야 할 선교적 영성을 제시했다. 정 교수는 기독교 영성을 삼위일체 하나님과의 관계에서 일어나는 전인적(수직적이고 수평적인 관계) 부분에 관한 것이고, 초자연적 세계는 영적이고 세상은 속된 것이라는 이분법적 세계관을 극복한 것이고, 본질적으로 공동체적인 것으로 제시했다. 정승현 교수는 선교적 영성을 선교적 교회의 신학적 근간인 교회 중심의 선교를 극복한 하나님의 선교와 기독교 세계의 이분법적 영성을 극복하는 맥락에서 검토하여 하나님의 선교에 근거하는 영성, 일상에서의 영성, 대안 공동체의 영성을 제시했다.

이원돈 목사는 "코로나 문명전환기, 약대동 통합 돌봄마을 가는 길!"에서 코로나 글로벌 위기로 인해 요청되는 산업 물질 문명으로부터 생태 문명으로의 전환이라는 문명 전환기에 부천의 약대동에서 진행되는 새롬교회의 통합 돌봄마을로 가는 길을 소개하고 있다. 필자의 "선교적 교회론에서 본 마을목회"는 『선교적 교회론과 한국교회』에 실린 "선교적 교회론에서 본 한국 민중교회" 중 선교적 교회론을 가져오고, 그 기준에 따라 마을 목회를 분석한 글이다. 이 글은 한국교회의 선교적 교회가 마을 목회라고 전제하고 있다. 마을 목회의 사례로 대도시는 서울 한남제일교회(오창우 목사), 중소도시는 경기도 용인고기교회(안홍택 목사), 농촌지역은 청주 외곽인 쌍샘자연교회(백영기 목사)를 제시했다.

『선교적 목회 길잡이』의 부록에는 선교적 교회 세미나에 참여하는 11개 교회의 선교적 교회를 지향하며 행한 목회 사례 및 계획이 실려 있다. 이 글을 읽으면서 필자는 많은 것을 배우고, 선교적 교회로의 전환을 위한 목회자들의 절박함을 느꼈으며, 일부 활동으로부터는 감동을 받았다. 그래서 2022년 선교적 교회 세미나는 세미나에 참여하는 목회자들이 돌아가면서 각 교회에서 이뤄지는 "선교적 목회 사례"를 발표하고, 동료 목회자로서 피드백을 나누었다. 매시간 발표하는 목회자는 자신의 선교적 목회를 돌아보면서 정리하여 발표했고, 참여하는 목회자들은 질문이나 피드백을 나누면서 상호 배움의 시간을 가졌다. 생전 처음 겪는 코로나 팬데믹으로 인한 목회의 어려움 속에서 다른 교회의 좋은 대응 사례를 자신의 교회에 적용해서 교인들로부터 호응을 받은 경우도 있었다. 이런 배움과 교회에 적용은 계속되었다. 필자가 2023년 2월 부산장신대학교로부터 은퇴하면서 선교적교회마을목회연구소(이사장 조의환 목사, 소장 황홍렬)를 창립하고, 선교적 교회 세미나에 참여했던 목회자들이 대부분 이사로 동참하고, 뜻을 같이하는 분들이 추가로 이사를 맡게 되었다.

2023년 선교적교회마을목회연구소는 선교적 교회 세미나를 『선교하는 교회에서 선교적 교회로: 선교적 교회의 9가지 주제』(주안대학원대학교 편저, 주안대학원대학교출판부, 2021)를 교재로 채택하고, "서론: 선교적 교회를 향해"(정승현 교수), "선교적 성경읽기"(구자용 교수), "선교적 목회"(조원 목사, 주안장로교회 행정목사), "선교적 예배"(송창근 목사, 블루라이트 강남교회), "선교적 설교"(김명우 목사, 인천 남촌교회) 등을 세미나 주제로 다뤘다. 2023년 7월 3~4일 선교적 교회 세미나에 참여하는 10명의 목회자가 주안장로교회, 인천 남촌교회, 부천 새롬교회 등 선교적 교회 탐방을 했다. 주승중 목사는 "선교적 교회와 선교적 설교"라는 제목의 특강을 했고, 김명우 목사는 "선교적 설교"에 대해 특강을 했다.

필자는『선교적 목회 길잡이』의 부록에 실린 11개 교회의 사례와 2022년 선교적 목회 사례 발표를 듣고, 이 사례들을 책으로 출판해서 선교적 교회를 지향하는 다른 목회자들과 나누고 싶었다. 현재 선교적 교회에 대한 신학적, 이론적 도서는 많고, 선교 신학자들의 논문 주제도 선교적 교회가 가장 많은 것으로 알고 있다. 그리고 선교적 교회의 모델이나 마을 목회 모범 사례를 소개하는 책들도 꾸준히 나오고 있다. 그렇지만 기존 교회가 선교적 교회로 전환하고자 노력하는 사례들을 소개하고, 그런 사례를 선교적 교회의 신학에서 해석하고 이해하려는 책은 드물다. 선교적 교회 세미나에 참여하는 13개 교회의 선교적 목회 이야기를 모아『선교적 교회를 지향하는 선교적 목회 이야기』를 출판하는 것은 선교적 교회에 대한 신학적 이해를 목회 현장에 적용하려는 목회자들에게 구체적 사례를 제시함으로써 단순히 프로그램을 적용하는 것이 아니라 선교적 목회 사례와 그 이면에 있는 선교적 교회 신학을 연결하여 보게 하려는 데 있다.

그리고 교회 역사가 오래된 교회이든지 짧은 교회이든지, 목회자가 교회에 부임한 연수가 오래되었든지 10년 미만이든지, 교회 규모가 큰 교회이든지 100명 정도 모이는 교회이든지, 큰 예배당을 건축한 교회이든지 상가교회이든지, 선교적 목회를 시도하는 다양한 사례로부터 목회자들이 지혜와 용기를 얻게 되기를 바라기 때문이다. 13개 교회 목회자들은 자신의 교회가 선교적 교회가 되기 위해서 아직 많은 것이 부족하다고 느끼지만, 많은 어려움과 장애물 가운데에서도 자신이 이해하는 선교적 교회로의 전환을 위해 꾸준히 노력하고 있다.

필자는 이 책을 만들기 위해서『선교적 목회 길잡이』의 부록에 실린 글과 2022년 발표한 사례 발표와 2023년 11월부터 2024년 2월 초까지 전화로 1시간 30분 정도 인터뷰한 결과를 모아 작성한 글을 정리해서 초안을 만들었다. 인터뷰의 내용으로는 선교적 교회에 대한 이해, 선교적 교회 세미나에서 배운 것 중 가장 인상적인 배움, 선교적 교회에 대한 배움을 교회 목회에 적용 및 계획, 교회의 역사와 전통, 특징, 한계, 교회의 지역적 특징과 욕구, 교인들의 특징이나 욕구, 목회자의 교회 부임 연도, 목회 철학이나 목회 중점 사항, 목회 철학의 변화, 목회자로서 가장 큰 어려움, 선교적 교회 세미나에서 배운 것을 부교역자들과 나눔, 선교적 교회로 세우기 위해서 정책 당회를 통한 적용, 당회원과 안수집사 등에게 선교적 교회에 대한 교육, 선교적 교회론을 교회학교 지도자들과 공유, 선교적 교회로 전환하려 할 때 가장 큰 어려움이나 장애물, 선교적 교회에 대한 개인적 연구, 선교적 교회마을목회연구소에 대한 바람 등이다. 목회자는 초안을 수정하고 첨삭하였다. 필자는 13개 교회의 선교적 목회의 특징과 과제를『선교적 교회를 지향하는 선교적 목회 이야기』에 제시된 선교적 교회의 신학을 중심으로 선교적 목회 사례를 연결 지으려 했다.

13개 교회 중 교회 역사가 10년 미만인 교회가 1개, 10년 이상 30년 이하가 3개, 31년 이상 50년 이하가 1개, 51년 이상 100년 이하가 4개, 100년 이상이 4개였다.

교회의 교인 규모는 100명 이하가 2개, 101명 이상 300명 이하가 4개, 301명 이상 500명 이하가 1개, 501명 이상 1,000명 이하가 3개, 1,001명 이상이 2개다.

교인 연령별 구성 형태를 보면 역삼각형 형태가 8개 교회이고, 항아리 형태가 2개, 피라미드 형태가 2개다. 목회자의 목회 기간은 10년 미만이 5명, 10년 이상 20년 미만이 5명, 20년 이상 30년 미만이 2명, 30년 이상이 1명이다.

교인들 다수가 교회에 인접한 지역에 거주하는 교회가 9개이고, 먼 지역은 2개다.

교인 규모

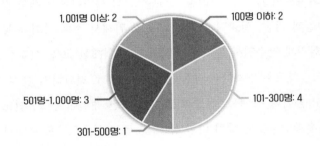

교회 역사

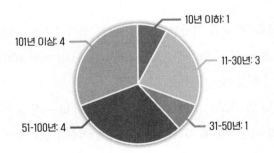

연령별 구성형태

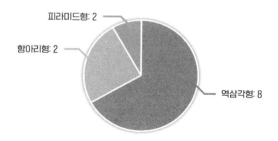

피라미드형: 2
항아리형: 2
역삼각형: 8

목회자의 목회 기간

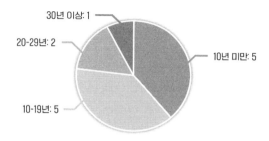

30년 이상: 1
20-29년: 2
10-19년: 5
10년 미만: 5

교회와 거리

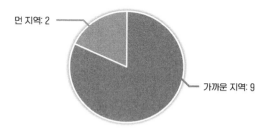

먼 지역: 2
가까운 지역: 9

13개 교회 목회자 중 선교적 교회 세미나 이전부터 선교적 교회를 지향한 교회가 다섯 개 교회이고, 세미나 이후 선교적 교회를 지향한 교회가 여덟 개 교회이다. 그렇지만 여덟 개 교회도 대부분 목회 철학이 교회의 본질을 추구하는 교회, 성경적 교회, 건강한 교회였다. 그래서 선교적 교회로의 전환이 상대적으로 용이했다고 본다.

13개 교회 중 새빛교회와 성도교회는 제자 교육을 통해 장로와 권사를 세웠고, 부산진교회는 하나님 나라 관점에서 읽는 전교인 성경 읽기, 품성 교육 등을 통해 교인 교육이 이뤄졌고, 김해교회는 항존직 대상 교육을 통해 제자 교육이 이뤄졌고, 생명숲교회는 교인들이 자발적으로 운영하는 독서 모임, 운영위원회가 주관하는 전 교인 워크숍, 목회자가 주관하는 생명숲 말씀마당을 통해 교인 교육이 이뤄졌다. 다른 교회들은 주로 설교를 통해 선교적 교회를 강조했고, 제직 교육이나 항존직 교육 등을 통해 선교적 교회를 소개할 계획을 갖고 있다. 13개 교회 대부분은 다양한 형태로 지역사회 선교를 하고 있고, 다수 교회가 세계 선교에 참여하고 있다. 목회자로서의 어려움으로는 고령 교회라는 점, 고령 교인은 시대 변화를 수용하려 하지 않는 데 반해 시대 변화를 수용하려는 젊은 세대들이 교회를 떠남, 30대 성도와 50대 성도 사이의 세대 단절 극복, 변하지 않는 교인, 교인의 삶의 자리를 이해하기, 교회의 잘못된 관행 바로잡기, 인적·물적 자원의 한계, 소그룹 운영, 부교역자 없음 등이다.

목회자들의 선교적 교회에 대한 이해로는 교회가 지역사회에 보냄을 받음, 교인들이 삶의 자리에 보냄을 받음, 목회자가 삶의 자리에 보냄을 받음(김찬효 목사), 바르트적 정적 교회론으로부터 선교적 교회론으로의 전환, 선교 운동성 회복을 통해 하나님의 선교로 움직이는 교회가 되면서 모이는 교회와 흩어지는 교회의 균형을 이룸(나재천 목사), 지역사회에 하나님 나라 세우기(박희광 목사), 삼위일체 하나님은 보내시는 하나님, 하나님의 선교에 동참하는 제자 공동체, 교인들이 선교적 삶을 살게 하는 교회(서용진 목사), 보냄 받은 자로 인식하고 보냄 받은 자의 사명을 감당하는 교회, 삶의 현장을 하나님 나라로(신충우 목사), 복음의 본질을 실천하는 교회, 지역사회와 이웃에게 진정한 친구가 되는 교회(이근형 목사), 하나님을 기쁘시게 하는 교회, 지역사회를 섬기며 함께 하는 교회(정현곤 목사), 성경적 교회, 복음적 교회, 세상의 소금과 빛 된 교회, 제자는 하나님 나라의 일꾼(조의환 목사), 성육신을 목회에 적용하는 교회, 교회와 교인의 삶이 복음 메시지인 교회(한영수 목사), 성육신 사건처럼 복음을, 하나님의 사랑과 마음을 교회와 교인의 삶의 자리에 실천하는 교회, 모이는 교회와 흩어지는 교회 사이의 균형을 이룬 교회(함영복 목사), 개교회주의와 교회 성장주의를 극복하고 성경에 나타난 교회 본연의 모습, 본질을 회복한 교회(노헌상 목사), 교회가 세상으로 나아가 세상의 소금과 빛 된 교회, 이를 위해 신앙생활과 교육 훈련을 제대로 실천하는 교회(정승진 목사), 교회의 본질과 핵심 가치를 회복하는 교회(조신제 목사)다.

이러한 선교적 교회에 대한 이해의 특징으로는 첫째, 교회는 선교사를 파송하고 후원하는 방식의 교회와 선교의 이분법을 극복하고, 교회가 세상(지역사회와 세상)으로 보냄 받은 존재(교회가 세상의 소금과 빛 된 존재, 교인이 삶의 자리로 파송된 존재)라는 인식이다. 둘째, 선교는 프로그램이나 프로젝트가 아니라 하나님께 예배드리기 위해 모인 신앙 공동체인 교회 안에서 하나님 나라를 미리 맛본 사람/존재로부터 나오는 성육신적 사건이라고 보는 관점이다. 복음 전파는 신자들이 말로 전하는 메시지일 뿐 아니라 교회와 교인들의 삶이 복음 메시지다. 셋째, 모이는 교회와 흩어지는 교회 사이의 균형과 조화를 이루는 교회이다. 세상의 소금과 빛 된 교회가 되고, 교인들이 삶의 자리에서 복음을 실천하기 위해서는 교회 안에서 예전, 말씀과 기도, 제자 훈련, 교인 교육, 공동체 성서 읽기, 품성 교육 등을 통해서 교회의 본질을 회복하는 교회, 하나님 나라를 미리 맛본 교회가 되어야 한다. 흩어지는 교회의 체험은 모이는 교회의 예전, 말씀과 기도의 깊이를 심화시킬 수 있다. 넷째, 선교적 교회의 제자 교육은 목회자의 보조인이 되거나 교회의 일꾼이 아니라 하나님 나라의 일꾼으로 가정, 지역사회, 일터, 사회에서 하나님 나라를 이루려는 하나님의 선교에 참여하도록 한다. 다섯째, 선교적 교회는 교회론에서 비롯되는 것이 아니라 삼위일체 신론에서 비롯된다. 즉, 삼위일체 하나님은 보내시는 하나님으로, 성부 하나님은 성자 하나님을 보내셨고, 성부 하나님과 성자 하나님은 성령 하나님을 보내셨고, 삼위일체 하나님은 교회와 그리스도인을 세상 속으로, 피조물 가운데로 보내셔서 하나님 나라의 회복을 위해 하나님의 선교에 참여하도록 하신다.

목회자들은 선교적 교회로의 전환에서 어려움이나 장애물로는 한국교회에 팽배한 교회 성장주의, 개교회주의, 번영 신학 등 신학적 사고의 관성, 목회자 자신의 선교적 교회에 대한 이해 부족이나 일관성 문제, 목회자가 교인의 삶의 자리에 대한 이해 부족, 장기간의 과제이며 객관적 평가 기준이 없다는 점, 선교적 교회에 대한 비전을 교인과 공유하기, 선교적 교회 사례로부터 프로그램만 모방하려는 교인, 시대 변화를 수용하지 않는 교인, 시대 변화를 수용하려는 젊은 세대들이 교회를 떠남, 이웃의 아픔보다 자신에게만 관심을 두는 교인 등이다.

　13개 교회에 나타난 선교적 목회의 특징으로는 부산 성덕교회는 김찬효 목사의 분명한 선교적 교회에 대한 인식, 교인의 나눔이 다른 교인의 마음을 움직이고, 나아가서 지역사회 주민의 마음을 움직여 주민이 동참하며 나눔의 확대됨을 통해 하나님 나라 사건이 일어남이다. 즉, 교인의 마음이 열리면서 이웃과의 작은 나눔이 다른 교인들의 마음을 열고, 나아가서 지역주민의 마음을 열게 하여 오병이어처럼 나눔이 커가는 하나님 나라의 사건이 일어났다. 이는 교인 존재(마음)의 변화를 통해 일어나는 성육신적 선교다.

　나재천 목사의 신학적 회심(바르트적 정적 교회론으로부터 선교적 교회로)을 바탕으로 선교 역동성을 회복하여 역사가 오랜 부산 항서교회를 지역사회를 향해 움직이게 하고자 한다. 유치원을 통해 유치부가 성장하고 학부모들이 교회에 출석하며, 더드림센터의 좋은 공간을 청년부에 제공함으로써 청년부가 활기를 띠고 있다. 카페 레가토는 교회와 지역사회를 잇는 가교 역할을 하고, 더드림센터의 문화교실이 교인 사이의 친교를 지역사회의 주민과의 친교로 확대되는 디딤돌 역할을 할 것으로 기대된다.

　창원 성도교회는 박희광 목사의 제자 훈련을 통해 하나님 나라의 일꾼을 세우고, 기후 위기 시대에 교회를 녹색교회로 전환하기 위하여 믿음(생태적 영성)을 새롭게, 교회를 새롭게, 목회 방향(환경 선교)을 새롭게 하며, 정다운 작은 도서관(생태도서관)과 옥상 텃밭의 주말농장을 통해 교회 안에서, 지역사회에서 그 믿음을 실천하고자 한다.

선교하는 교회로부터 선교적 교회로의 전환에 앞장선 서용진 목사는 거제 신현교회가 평안한 교회와 선교하는 교회라는 교회 전통을 바탕으로 선교적 삶으로 복음을 전하는 교회가 되도록 설교하고 부교역자와 교인 교육을 했고, 교인들의 친교가 이웃 교회와의 친교로 확대되고 지역사회 주민과의 친교로 확대되고 있으며, 신현아기학교, 러브거제 기프트 박스, 희망 나눔 곳간 등을 통해 이웃의 고통과 연대하고, 모이는 교회와 흩어지는 교회 사이에 균형을 이루고자 한다. 서용진 목사는 선교적 교회 세미나에서 배운 것을 자신의 교회에 적용하는 데 누구보다도 앞장섰다. 신현교회는 선교하는 교회로부터 선교적 교회로의 전환에서 모범을 보이고 있다. 최근에는 텃밭을 가꾸고 "생명의길 초록발자국" 교육을 받은 교인들이 동아리를 만들어 기후 위기에 대응하는 활동을 시작했다.

신충우 목사는 부산진교회의 표어를 "삶의 현장을 하나님 나라"로 세우고, 교회 안에서 치유와 회복이 일어나되, 선교가 기독교인의 존재에서 비롯되기에 하나님 나라 관점에서 읽는 공동체 성서 읽기, 성품 교육, 교인 교육을 실시하고 있고, 가난한 성탄절을 통해 지역사회를 섬기며, 일부 교인들이 미자립교회를 방문하여 성탄절 예배를 드리고 헌금을 드리며 교제하고 있다. 이처럼 성품 교육, 공동체 성서 읽기를 통해 교회 안에서부터 치유와 회복을, 하나님 나라를 미리 맛본 교인들이 자신의 삶의 현장(가정과 일터, 지역사회)에서 치유와 회복을 일으키게 된다. 코로나에 확진된 교인을 목회자와 교역자들이 섬긴 것처럼, 지역사회의 확진자들을 섬겼다. 초고령 교회의 대안으로 제시된 다음세대 아카데미 앙상블 1기와 2기 졸업생들이 복음을 전해준 호주 교회를 방문하여 공연함으로써 호주 교회에 감사의 표시와 더불어 21세기에는 선교 동역자의 관계를 제안했고, 호주 교회에 청년 교류를 제안했다.

이근형 목사는 부산 소정교회에 부임하면서 구제재난헌금을 제안하고, 특별새벽기도회헌금과 대심방헌금을 모아 마련한 구제재난헌금으로 재난이나 돌발적 위기 상황에 처한 이웃을 신속하게 섬기는 활동을 통해 소정교회가 지역사회와 이웃에게 친구가 되는 교회가 되고자 했다. 소정교회가 구제재난헌금에 동의한 것은 2대 담임목사이었던 김두봉 목사가 새벽기도회 후에 노숙인을 섬겼고, 교인들이 지난 30년 동안 노숙인과 독거노인을 섬긴 전통이 있었기에 가능했다. 소정교회는 폭염이나 수해를 입은 이웃을 주민자치센터를 통해 도왔으며, 코로나 기간에는 금정구청을 통해 다양한 지원 활동을 했다. 태풍으로 인해 전기가 끊어지면서 이웃 상가들이 큰 피해를 입을 뻔했으나 소정교회가 자신의 전기를 이웃 상가에 먼저 공급하여 위기를 넘기면서 이웃으로부터 "든든한 형님"이라는 말을 듣게 되었다. 이처럼 이근형 목사는 설교와 교인 교육을 통해 지역사회의 친구가 되는 교회가 되고자 했는데, "든든한 형님" 같은 교회가 되었다. 소정교회는 이런 활동을 통해 나눔 부문에서 부산 시장상을 받았다.

정현곤 목사는 울산 주닮교회에 부임 초기부터 선교적 교회를 지향하면서 임직식을 교회만의 행사가 아니라 지역사회를 섬기는 자리로 만들었다. 지역사회 섬김의 방식이 처음에는 교회가 기증 물품을 정했다가 그 후에는 주민자치센터의 자문을 받은 대로 기증하고, 그 뒤에는 주닮교회가 삼산동 지역사회보장협의체에 가입하면서 지역사회 섬김이 제도화되었다. 코로나 팬데믹을 맞으면서 외주를 주었던 교회 청소를 교역자들이 맡았다가 교인들이 팀을 만들어 참여했고, 교회 청소가 공원과 지역사회 청소로까지 확대되었다. 노인복지관 배식 봉사도 처음에는 여전도회별로 돌아가면서 맡다가 자원봉사 체제로 전환하고, 목회자도 참여했다. 주닮교회가 진행하는 토스트 전도, 아기학교, 바자회는 성육신 선교의 모델 중 하나인 근접 공간이다. 정현곤 목사는 청소와 봉사에도 솔선수범하고 있지만, 지역사회 섬김이 말씀과 기도에서 출발함을 강조하면서 성전 릴레이 기도, 성경 통독, 금식 운동을 전개하고 있다.

조의환 목사는 김해교회에 30년 전 부임하면서부터 교회를 세상의 소금과 빛된 교회로 세우고자 했고, 성경 말씀과 올바른 신학 위에 세우는 교회를 지향했다. 목회 첫 10년 동안은 상처의 치유와 회복을 위해 힘썼고, 둘째 10년 동안은 알파 코스를 통해 교인들의 일치와 전도로 교인의 질적 성숙과 교회 성장을 이룩했고, 셋째 10년에는 세상에 나가 그리스도인의 믿음과 가치를 실천하는 선교적 삶을 살아가도록 교인 교육을 하고, 항존직 교인들 30~40명을 교육했다. 김해 지역에 대한 영적 조사를 통해 주민과 사회에 미치는 영적 세력에 대한 대안을 기도에서 찾고, 느헤미야 기도로 실천하면서 김해 시민을 축복하며 기도했고, 제주 느헤미야 기도를 통해 제주 시민, 특히 갈라진 강정 주민의 치유와 회복, 분단된 한반도의 평화를 위해 기도했다. 성탄 박스와 줍킹 등으로 지역사회를 섬기고, 드림센터를 통해서도 지역사회 선교를 했고, 세계 선교를 위해서도 많은 노력을 기울이고 있다. 조의환 목사가 김해시기독교연합회장을 맡아서는 작은 교회의 컨설팅을 통해 스스로 문제와 대안을 찾아가도록 도왔고, 노회와 총회를 통해서도 교회를 섬기는 일을 한 것은 공교회에 대한 명확한 인식이 있었기 때문이다.

한영수 목사는 30년 전에 부산 구포교회에 부임하면서 건강한 교회, 본질에 충실한 목회를 지향하면서 교인을 질적으로 성숙시키고, 교회를 성장시키면서 선교적 교회의 토대를 마련했다. 한영수 목사가 선교적 교회 세미나에 참여하면서 건강한 교회에 대한 새로운 지평이 열리고, 선교적 교회로의 전환을 시도하면서 교회를 세상에 파송된 선교 공동체로 이해하고 성육신 사건을 목회에 적용하고자 했다. 한영수 목사는 선교적 교회의 출발이 교회론이 아니라 삼위일체 신론이라는 데서 강한 인상을 받았고, 교회와 교인의 삶이 선교 메시지라는 것을 교인들에게 강조했다. 한영수 목사는 이러한 목회 방향을 절기 예배와 연결했고, 장애인을 섬기되 그들을 대상화하지 않고 친교와 우정의 관계를 맺으면서 교인 사이의 코이노니아를 지역주민, 이웃에게 확대했다. 한영수 목사는 설교와 교인 교육으로 세상에 파송된 선교 공동체를 육성하고, 지역사회 섬김과 세계 선교에 참여를 통해 세상에 파송된 선교 공동체를 실천하고자 했다. 이런 과정을 통해 구포교회에 선교 운동성을 회복하려 했다.

부산 광안교회의 함영복 목사는 치유와 화해를 통해 선교적 교회를 지향하면서 복음을 교회와 교인의 삶의 자리에 성육신시키고자 했다. 함영복 목사는 청년부와 청소년부가 주일 예배를 함께 드리는 전 세대 예배를 통해 선교적 설교의 메시지를 전함으로써 교인들이 자신의 삶의 자리에서 복음을 성육신시키도록 했다. 교구 중심 현장 예배는 삶과 신앙을 일치시키고, 선교를 프로그램이 아니라 교인 자신의 존재로부터 나오도록 하는 데 기여했다. 광안교회는 지역사회 선교를 교회 차원에서 참여하다가 2013년부터는 앎브릿지라는 비영리단체를 조직하여 지역사회를 섬기고, 광안교회는 재정 지원을 하도록 했다.

함영복 목사는 이러한 형태의 선교가 시대에 적합하고 효과적인 선교라 했다. 광안동 지역의 7개 교회가 연합해서 교류하고, 전도하며, 지역사회를 섬기는 가운데 함께 선교적 교회로의 전환을 위해 노력했다. 선교적 교회로의 전환을 위해서는 젊은 세대가 교육을 받고 주도해야 하는데, 현실은 한국교회로부터 젊은 세대가 외면당해 교회를 떠나고 있음을 함영복 목사는 안타까워했다. 함영복 목사가 3명을 입양하여 가족을 이루고 삶으로써 성육신적 선교를 목회자 가정에서부터 실천하는 모범을 보여주고 있다.

김해 생명숲교회의 노헌상 목사는 성경적 교회, 개혁교회(장로교회), 건강한 교회를 지향하면서 치유 목회로 시작했다. 노헌상 목사가 생명숲 말씀마당을 통해 개혁교회 신학이나 교회사 등을 통해 건강한 교회를 세우려고 애쓰고 있다. 교인들은 독서 모임을 통해 교회를 말씀과 신학 위에 바로 세우고자 노력하고 있다. 교회의 의사결정 구조의 중심에 운영위원회를 두고, 10명의 운영위원 중 청년 대표가 참여함으로써 청년들도 교회의 의사 결정 과정에 참여하고 있다. 운영위원회가 주관하여 선교적 교회 도서를 읽고 생명숲교회가 선교적 교회인지를 판단함으로써 공동체의 신학 과정에 교인들이 참여했다. 이처럼 생명숲교회는 성도 중심의 교회이면서, 선교적 교회로의 전환을 위해 목회자와 교인이 함께 협력하는 모범이 되었다.

해운대소정교회는 소정교회 창립 50주년 기념으로 세워져서 소정교회로부터 분리하고 독립하는 데 긴 시간이 걸렸다. 이 과정의 초기에 해운대소정교회에 부임한 정승진 목사는 신앙과 삶의 일치를 통해 선교적 교회로 전환하고자 했다. 신앙과 삶의 일치는 교회 생활, 가정 생활, 직장 생활의 일치를 지향한다. 정승진 목사는 해운대소정교회가 세상에서 소금과 빛 된 교회가 되기를 지향하지만, 이는 교인들의 신앙생활과 교육 훈련에 달려있다고 여김으로써 모이는 교회와 흩어지는 교회 사이의 균형을 이루고자 했다. 교회와 교인의 삶의 현장에서 신앙을 실천하려는 성육신적 선교는 정승진 목사 자신에게서 시작된다. 정승진 목사는 신학을 공부하기 전에 경제학 박사 학위를 받고, 부산시 경제정책을 연구하고 자문하는 연구기관에서 일했다. 정승진 목사가 신학을 공부한 것도 기독교의 경제정책에 관심을 가졌기 때문이다. 현재도 정승진 목사는 분주한 목회 중에 부산시의 경제정책에 대해 자문하고, 대학교에서 경제학을 강의하며, 사회보장협의체의 회원이고, 한 노인복지기관의 이사장이다. 정승진 목사는 성도들의 실제 생활을 치유하는 목회에 초점을 두고 있으며, 교회 5층 식당을 해운대구청의 요청에 따라 공유주방으로 제공하고 있다.

창원 새빛교회를 1991년에 개척한 조신제 목사는 제자 훈련을 수료한 교인 중에서 제직을 세웠고, 교회학교 아동부로부터 청소년부를 거쳐 청년부에 간 청년들이 청년부의 중심을 이루고 교회의 중심을 이루고 있다. 대부분의 장년 교인들이 새빛교회에서 신앙생활을 시작하여, 조신제 목사가 제안하면 협력하는 분위기다. 이것이 기후 위기 시대에 녹색교회로의 전환을 조신제 목사가 제안했을 때 교인 대부분이 수용한 배경이다. 주일 예배를 전 세대가 드리는 예배가 되어 장년 교인과 교회학교에 속한 어린이와 청소년까지 동일한 설교를 들으면서 전 교인이 함께 선교적 교회를 지향하고 녹색교회로의 전환에 힘을 모으고 있다. 이처럼 새빛교회는 선교적 지역교회의 신앙 공동체 육성이 선교적 교회로의 전환이나 녹색교회로의 전환에 원동력이 되었다. 2023년 조신제 목사는 경남노회장으로 노회 내에 탄소중립위원회를 조직했다. 새빛교회 안에는 이미 탄소중립위원회를 조직하여 활동 중이다.

13개 교회 선교적 목회의 특징에 나타난 신학에 대한 검토는 본문에서 다루기에 여기서는 생략한다. 다만 몇 가지 주요 흐름을 소개하면, 우선 목회자가 처음부터 선교적 교회를 지향하든지 나중에 지향하든지, 목회자가 성경 말씀과 올바른 신학에 따라 교회의 본질을 세우고자 하는 목회 철학과 신학적 방향과 의지가 중요한 것을 볼 수 있다. 소극적으로 말하면 한국교회에 팽배한 교회 성장주의, 개교회주의, 번영 신학을 극복하는 것이 목회자의 과제다. 적극적으로 말하면 목회자의 신학적 회심이 중요하다. 바르트적 정적 교회론으로부터 선교적 교회론으로의 전환(나재천 목사), 교회론이 아니라 삼위일체 신론으로부터 나오는 선교적 교회 이해(한영수 목사) 등 신학적 회심이 목회자에게 일어나는 것이 우선이다. 둘째, 목회자가 선교적 교회로의 전환을 목회 방향으로 결정해도 교회의 현실이 갈등이나 교회 분열로 어려움을 겪을 때는 먼저 교인의 마음을 치유하는 목회를 해야 한다. 이것은 위의 상당수 교회들이 보여준 지혜로운 판단이고 목회이다. 셋째, 처음부터 선교적 교회를 지향하지 않았어도 성경 말씀과 올바른 신학 위에 교회의 본질을 회복하려는 교회가 질적으로 성숙해지고 양적으로 성장하면 선교적 교회로의 전환을 위한 좋은 디딤돌이 됨을 구포교회와 김해교회가 보여준다. 넷째, 증언이 증인의 체험(본 것)을 바탕으로 이뤄지는 것처럼, 선교적 교회는 세상 속에서의 증언 이전에 교회 안에서 예전, 코이노니아, 디아코니아, 교육 가운데 하나님 나라를 미리 맛보는 사건이 우선이다. 위의 13개 교회의 목회자는 선교적 설교와 선교적 예배를 강조하고 있다. 선교는 프로그램이 아니라 교회와 그리스도인 존재로부터 나온다는 성육신적 선교를 따라 부산진교회는 하나님 나라 관점에서 읽는 공동체 성서 읽기와 성품의 아홉 가지 열매를 강조하는 성품 교육으로 전 교인을 교육하고 있다. 주닮교회도 선교적 교회로 전환하며 하나님의 영광과 지역사회를 섬기기 위해 전 교인이 성경 통독, 릴레이 기도, 금식 기도에 힘쓰고 있다. 김해교회는 지역사회에 대한 영적 조사를 통해 대안으로 느헤미야 기도를 제시하고, 김해시를 걸으며 김해 시민과 관공서, 학교를 위해 축복하며 기도했고, 제주를 걸으며 시민과 갈라진 강정마을의 치유와 회복을 위해, 분단된 한반도의 평화를 위해 기도했다. 이처럼 기도 속에서 하나님의 사람으로 변화된 교인이 기도를 통해 화목하게 하는 직분(고후 5:18)을 감당하며 세상의 변화를 위해, 평화를 위해 일하는 화평하게 하는 자(마 5:8)가 되었다. 다섯째, 선교적 교회로의 전환에서 핵심은 선교적 지역 교회의 신앙 공동체를 육성하는 것이다. 생명숲교회는 목회자뿐 아니라 교인들이 중심이 된 독서 모임과 운영위원회를 통해 신앙 공동체를 세우고 공동체 신학함에도 참여하고 있다. 창원 새빛교회와 창원 성도교회는 제자 훈련을 통해 제직(하나님 나라 일꾼)을 세우고, 이들을 통해 교회를 녹색교회로 전환했다. 여섯째, 신앙 공동체 육성에서 다음 세대 양육은 한국교회의 미래가 달린 긴급하고도 심각한 과제다. 교인 연령별 구성 형태가 역삼각형인 항서교회는 유치원의 활성화와 더드림센터를 통해 청년부가 활성화되고 있고, 역삼각형인 부산진교회는 다음세대 아카데미 앙상블 1기와 2기 졸업생들의 호주 교회 방문과 연주회를 통해 교회를 떠난 청소년들이 돌아오고 있다. 13개 교회 중 유일하게 피라미드 형태인 새빛교회는 교회학교 아동부와 청소년부를 거쳐 청년부로 간 청년들이 청년부의 중심과 교회의 중심을 이루고 있다. 이것은 희망적인 조짐이 분명하다. 일곱째, 지역사회 섬김을 통해 하나님 나라 사건을 일으키는 교회들이 선교적 교회다. 성덕교회의 섬김과 나눔은 교인 사이의 나눔이 지역사회 이웃과의 나눔으로 확대되고, 이웃 주민이 이러한 나눔에 동참하는 오병이어 사건, 하나님 나라 사건임을 보여준다. 소정교회는 구제재난 헌금으로 지역사회를 섬기면서 지역사회의 친구가 되고자 했다. 그런데 평소 갈등이 있던 인근 상가 자영업자로부터 "동네에 든든한 형님이 있어 좋다"는 말을 들었다. 태풍으로 단전되면서 위기에 처한 이웃 자영업자들에게 교회의 전기를 먼저 공급함으로써 하나님의 사랑과 마음이 이웃에게 전해지면서 이웃의 마음이 열리는 하나님 나라 사건이 일어났다. 여러 교회가 다양한 형편에 처한 이웃에게 선물뿐 아니라 손편지를 통해 하나님의 사랑의 마음을 전하고자 했다. 여덟째, 교회 안에서 일어나는 친교(코이노니아)가 이웃 교회와의 친교로 확대되고, 다시 지역사회와의 친교로 확대되는 것이 선교적 교회가 보여주는 친교의 소중한 모습이다. 코이노니아는 하나님 나라의 특성이고, 예수의 선교는 언제나 코이노니아에 기초하기 때문이다. 신현교회와 부산진교회는 교인의 친교가 이웃 교회와의 친교로 확대되고, 이런 친교가 지역사회와의 친교로 확대되는 것을 본다. 구포교회는 장애인 주일에 베데스다 장애인 공동체를 초대하여 함께 예배드리고, 식사하고, 친교를 한다. 장애인은 섬김의 대상이 아니라 친교와 우정을 나누는 친구다. 그래서 베데스다 장애인 공동체를 졸업한 청년이 구포교회 청년부에 등록했다. 아홉째, 선교하는 교회로부터 선교적 교회로의 모범을 보인 것은 거제 신현교회다. 전임자가 20년 동안 세계 선교에 헌신했는데, 서용진 목사가 부임 이후 세계 선교를 이어가면서도 선교적 교회로의 전환에 힘을 쏟았다. 일부 교인들이 "우리 교회는 본래 선교하는 교회"라고 하면서 선교적 교회에 대해 오해하기도 했다. 부산장신대 세계선교연구소가 출판한 『선교적 목회 길잡이』를 교인과 함께 읽고 토론했지만 "우리 교회는 이런 프로그램을 왜 안 합니까?"라는 반응을 보이기도 했다. 그런 가운데서도 서용진 목사는 흔들리지 않고 꾸준히 선교적 설교와 교인 교육을 통해 일관되게 선교적 목회를 하고, 이웃 교회를 섬기고, 지역사회를 섬기며 신현아기학교, 러브거제 기프트 박스, 희망 나눔 곳간 등을 통해 이웃의 아픔에 연대하고 있다. 열째, 광안교회는 선교적 교회를 지역교회들과 함께 이루고자 노력했고, 조의환 목사는 작은 교회들에 대한 컨설팅을 통해 일시적 재정 지원이 아니라 자기 교회의 문제를 스스로 진단하고 대안을 찾아가도록 도왔다. 이는 공교회 의식에서 비롯된 교회 일치와 연합 활동으로 선교적 교회를 에큐메니컬 차원에서 실천한 사례들이다. 마지막으로 13개 교회 목회자들은 입양, 교회 청소, 지역사회 봉사, 대외 활동 등 다양한 모습으로 교인들에게 솔선수범하고 있다.

선교적 목회의 과제로 먼저 목회자 자신이 선교적 교회에 대해 꾸준히 연구하고 선교적 삶을 사는 것이 필요하다. 이는 어려운 과제이지만 이 책의 목회자들이 보여주는 사례들, 목회자 가정이 입양을 하고, 교회 청소와 지역사회 봉사에 동참하고, 자신의 재능을 다양한 형태로 지역사회에 기부하고, 텃밭 농사를 하는 등을 참고하면 좋을 것이다. 둘째, 많은 목회자들이 언급한 것처럼 선교적 설교와 선교적 예배를 실천하는 것은 지속적인 과제다. 올해 선교적교회마을목회연구소의 주제는 "하나님 나라 신학에서 본 성경"으로, 김회권 교수(숭실대)가 "하나님 나라 신학에서 본 모세오경", "하나님 나라 신학에서 본 예언서"를 강의하고, 안용성 박사(그루터기교회)가 "복음서와 하나님의 나라", "로마서와 하나님의 나라"를 강의한다. 이런 강의들이 선교적 설교에 귀한 밑거름이 되기를 바란다. 셋째, 선교적 지역교회의 신앙 공동체 육성을 위한 제자 훈련이 필요하다. 교회 내 봉사나 교회의 일을 넘어서 지역사회를 섬기는 일꾼 양육을 지향하며, 지역사회의 문제에 대응하는 섬김과 나눔의 공동체적 경험 속에서 제자들이 형성되기를 기대한다. 이는 교회 교육을 통해 이뤄질 수 있다. 그리고 지역사회의 다양한 선교 활동과 하나님의 새로운 활동에 대한 증언 그리고 지역사회 선교 활동의 어려움과 고통을 겪는 이웃에 대한 기도회를 통해 이뤄질 수도 있다. 선교적 지역교회의 신앙 공동체 육성을 위한 제자 훈련 커리큘럼 개발과 성서 연구 교재 개발 등이 시급하다. 넷째, 교회 내 세대 갈등을 극복하고 젊은 세대들이 교회에 견고하게 뿌리는 내리도록 30대와 40대 부부 모임을 구역이나 교구로 조직하여 이들 안에서의 소통과 친교와 돌봄의 장이 필요하다. 다섯째, 1인 가구가 40%에 달하는 시대에 교회 내 1인 가구를 조사하여 특별 구역이나 교구로 만드는 것이 바람직하다. 대부분의 한국교회는 1인 가구가 거의 없다고 생각한다. 1인 가구는 독거노인과 청년만이 아니라 이혼하거나 사별한 사람을 비롯하여 40대, 50대에 이르기까지 비혼인 사람들을 포함한다. 교회 내 1인 가구에 대한 조사를 바탕으로 구역이나 교구를 조직하는 것이 필요하다. 탁영철 목사(뉴젠아카데미 대표)는 한국교회의 미래가 1인 가구에 달렸다고 주장한다. 작년 선교적 교회 세미나에서 송창근 목사(블루라이트 강남교회)는 자신이 가장 주력하는 목회 활동을 1인 가구 교인들을 섬기는 것이라 했다. 이들이 실제로 교회를 위해, 지역사회를 위해 헌신할 수 있는 교인들이기 때문이라 했다. 여섯째, 한국교회의 고령화를 극복하는 과제를 지역사회의 경제적·사회적 양극화의 문제와 결합시키는 방안을 고민해야 한다. 노인 건강 돌보미를 양성하여 이들이 지역사회의 노인들을 정기적으로 방문하여 고독사를 예방하고 노인에 대한 건강 돌봄을 실천하는 것이 필요하다. 지역의 주민자치센터와 구청, 사회복지기관과 협의하고, 지역교회들이 동참하여 가난한 이웃을 위한 "나눔 냉장고"를 설치하고, 지역 상권의 활성화를 위한 지역화폐를 발행할 수 있다. 학교폭력에 대응하는 회복적 생활 교육 교사를 양성하고, 학부모에게 회복적 정의 교육을 실시하여 평화로운 학교를 만드는 데 힘을 모을 수 있을 것이다. 지역사회의 작은 도서관을 이용하고 확대하는 방안을 고려해 봄 직하다. 구청이나 주민자치센터와 협의하여 여성 안심 귀가 도우미를 양성하고 활동할 수 있다. 기후 위기에 대응하여 여전도회원과 남선교회원이 "생명의길 초록발자국" 교육을 수료하고 교회와 가정과 지역사회에서 환경 지킴이로 활동하는 것이 바람직하고, 교회당 건물이나 주차장에 태양광을 설치하고, 빈 공간을 텃밭으로 활용하여 가족 단위 주말농장으로 활용하는 것도 중요하다. 이를 위해 교회는 환경주일 예배를 드리고, 환경 교육을 실시하는 것이 필요하다. 일곱째, 신앙과 삶의 일치를 위해 가정, 학교, 직장 등 영역별 과제를 제시해야 한다. 위기 가정의 회복을 위해 부부 상담, 부모 자녀 상담 등을 지원할 수 있다. 학원 선교의 기존 방식과 더불어 학교폭력에 대응하는 회복적 정의를 교사와 학부모, 학생에게 교육하여 평화로운 학교 만들기에 참여하도록 한다. 직장에서 신우회를 강화할 뿐 아니라 노사 간 갈등을 해결할 대안적 방식을 개발해야 한다.

선교적 교회를 지향하는 교회는 위의 과제들을 감당하기 위해 지역 조사를 할 필요가 있다. 그리고 보다 근원적 과제로 제기된 다음 세대, 특히 청년들이 왜 한국교회를 떠나는가에 대한 전국적 리서치가 필요하다고 생각한다. 이에 앞서 이미 한국교회를 떠난 가나안 성도에 대한 연구도 필요하다. 그리고 1인 가구에 대한 연구 또한 긴박한 과제이다. 이런 심각한 문제에 직면한 한국교회는 마치 암초를 발견한 타이타닉호와 비슷하다. 한국교회에 대한 경고는 오래전부터 있었지만, 대응이 없었다는 점에서는 타이타닉호와 다르다고 할 수 있다. 그렇다 하더라도 필자는 뜻있는 목회자나 교인들과 함께 가나안 성도 연구, 청년 연구, 1인 가구 연구라는 세 과제를 실천하고자 한다.

그동안 부산장신대학교 세계선교연구소 이사장으로 섬겼던 한영수 목사가 2024년 4월에 구포교회를 30년 동안 섬기다가 은퇴하게 되었고, 선교적교회마을목회연구소 이사장인 조의환 목사는 2024년 4월에 김해교회를 30년 동안 섬기다가 은퇴하게 되었다. 그래서 연구소의 이사인 목사들이 각자 자신의 교회에서 실천한 선교적 목회 이야기를 묶고, 필자는 그에 대한 신학적 해설을 첨가하여 은퇴하는 두 분에게 은퇴 기념 도서로 드리고자 한다.

표지 그림도 은퇴 기념 도서를 반영하고 있다. 두 그림 모두 빈센트 반 고흐의 작품이다. 왼편의 그림은 〈석양에 씨 뿌리는 사람〉(1888)이고, 오른편의 그림은 〈뉘넨의 교회〉(1884)다. 〈석양에 씨 뿌리는 사람〉은 고흐의 말년 작품으로, 은퇴하기까지 하나님 나라 복음의 씨앗을 뿌리는 두 분의 모습을 기리는 것이다. 〈뉘넨의 교회〉는 고흐의 아버지가 목회하던 교회를 그린 작품이다. 고흐는 목사가 되기 위해 네덜란드 암스테르담에서 신학을 공부하고, 벨기에 브뤼셀의 플랑드르 전도사 학교에서 신학을 공부했지만 모두 실패하고, 벨기에 광산촌인 보리나주에 가서 평신도 설교자로 6개월 동안 일하게 되었다. 고흐는 1879년 4월 마르카스 탄광의 막장에 들어가서 광부들의 비참한 현실을 보고 자신의 중산층적 삶의 방식을 내려놓고 성 프란치스코와 같은 청빈한 삶을 살려고 했다. 보리나주의 주민 다수는 천주교 신자였고, 지역에는 커다란 성당이 있었다. 고흐는 탄광 노동자들과 연대하던 복음주의 개신교회와 함께했다. 140년 후인 2019년 이곳을 방문한 홍은표에 의하면 고흐가 소속되었던 와스메의 개신교회는 활발하게 운영되고 있었지만, 바로 앞에 있는 거대한 가톨릭 성당은 폐허로 변했다고 한다.[1] 아쉽게도 고흐가 보리나주에서 그린 그림이 거의 없어 당시 개신교회를 찾을 수 없어 고흐의 아버지가 섬기던 뉘넌 교회의 그림을 대신 실었다. 고흐가 광부들의 아픔과 고통에 연대하며 함께 한 교회가 지금까지 활동하는 것처럼, 두 분이 섬긴 구포교회와 김해교회 그리고 선교적 교회를 지향하는 교회들이 140년 후에도 이 땅에서 하나님 나라를 이루려는 하나님의 선교에 참여하는 교회들이 되기를 두 손 모아 기도드린다.

선교적교회마을목회연구소장

황홍렬

1) 홍은표 글·사진,『길 위의 빈센트: 빈센트 반 고흐의 생애를 따라가는 여정』(서울: 인디라이프, 2020), 123.

| 차 례 |

1부

본질을 회복하는 교회

— 창립 8년~30년을 맞은 교회들

울산 주닮교회

해운대소정교회

김해 생명숲교회

창원 성도교회

울산 주닭교회의 선교적 목회 이야기

정현곤 목사

1. 교회의 역사와 특징, 한계

주닭교회는 2000년 2월 대현교회에서 분리하여 김상재 목사와 장로 4명 외 장년 212명이 울산광역시 남구 신정1동 624-3 소재 남부신협 7층에 창립 예배를 드리면서 시작되었다. 주닭교회는 분립 개척한 교회다. 김상재 원로목사는 오스트리아 선교사를 지냈다. 교회는 창립 1주년 기념으로 인도네시아 수마트라에 교회를 개척하여 현지인 선교사를 파송하고 기공 예배를 드릴 정도로 선교를 지향하는 교회였다. 2007년도 카자흐스탄에 오영득 선교사를 파송하여 지금까지 주후원교회로 섬기고 있다. 담임목사 교체 이후에도 계속적으로 후원하고 있다. 협력 선교로는 김영동 선교사(순회선교사), 탄자니아 선교회, 한아봉사회, 유니스트 유학생 선교 사역을 기도와 물질로 섬기고 있고 남녀선교회에서도 기관별로 선교사들을 후원하고 있다. 2024년 현재 재적 교인은 300여 명이고, 청장년 출석은 200명 내외 그리고 교회학교 아이들이 30~40여 명가량이다. 교인들 양육은 새가족교육

(4주), 일대일제자양육훈련(15주) 그리고 TEE 양육을 계속하고 있다.

2. 교회의 지역적 특징과 욕구

울산은 산업도시이며 공장 근로자들이 많다. 주닮교회가 자리 잡은 울산 남구 달동은 도심 지역이다. 도심 지역이다 보니 교회 주변에 원룸(1인 가구, 독거노인, 청년)이 많다. 작년 등록 교인들을 분석한 결과 중년 남자들(주로 50대)이 교회를 찾고 있다. 작년에 장로 한 분이 50대 후반 고등학교 동창들을 전도하였는데, 그중 3명이 교회에 정착했다. 이들은 이혼하거나 경제적 어려움 등 자기 삶에 결핍을 느끼는 외로운 분들이다. 늘 혼자 식사하다가 주일날 교인들과 함께 식사하니 매우 좋아한다.

교회당 건축에 대한 필요성이 성도들에게 제기되고 있다. 연로하신 교인들을 위한 엘리베이터나 소그룹 모임을 위한 공간이 필요하기 때문이다. 그러나 교회만을 위한 공간이 아니라 지역사회를 위한 교회 건축을 소망한다.

3. 목회자의 부임 연도와 선교적 교회

필자는 부산대학교에서 행정학을 전공하고, 장신대 신대원 졸업 후에 대학원에서 선교학을 전공하였다(신학 석사, 신학 박사). 여러 교회에서 부교역자를 거쳤고 장신대 세계선교연구원에서 2년 반 동안 전임연구원으로 있다가 학위논문을 마무리하면서 주닮교회에 부임하였다.

필자는 2014년 6월에 주닭교회에 부임하여 2015년 2월에 위임받았다. 필자는 교회에 부임할 때부터 선교적 교회를 염두에 두었다. 필자가 생각하는 선교적 교회는 하나님을 기쁘시게 하는 교회, 지역사회를 섬기며 지역사회와 함께하는 교회, 두 가지를 강조한다.

목회 철학은 예수님께서 겨자씨 비유로 말씀하신 하나님 나라다. 그 무엇보다 작지만 생명이 있기에 성장해서 그 열매를 새들(이웃)과 나누는 교회다. 주닭교회가 이처럼 하나님의 은혜로 성장하여 온갖 새들(이웃)에게 안식처가 되고, 지역사회에 꼭 필요한 교회가 되어 하나님께 영광을 돌리고, 열매를 지역사회와 나누는 교회가 되고자 한다.

4. 교인들의 특징과 욕구

2000년 교회가 세워질 당시 교인 다수가 40대이었는데, 세월이 흘러 이제 그 교인들은 교회와 직장에서 은퇴할 연배가 되었다. 현재 주닭교회 교인 중 70대 이상 교인이 70명 정도다. 왕성하게 활동했던 이들이 질병이나 치매 등으로 예배 출석이 어려운 이들이 갈수록 늘고 있다. 초고령사회를 교회에서 먼저 경험하고 있다. 이들을 위한 케어가 필요한 시점이다. 올해부터 매주 화요일 권사 심방조를 편성하여 성도들을 전화나 가정 심방을 통하여 돌아보고자 한다. 교인들은 상당수가 울산 남구에 거주하고 있다.

5. 선교적 교회 세미나로부터의 인상적인 배움

필자는 대학원 선교 신학 과정을 2000년에 졸업했다. 선교학 석사 과정에서는 주로 교회 성장에 대해 배웠다. 그런데 10년 후인 2010년 선교학 박사과정에서 선교적 교회론을 배우면서 신선한 충격을 받았다. 이때 선교적 교회에 대한 신학뿐 아니라 다양한 사례들을 소개받았다. 필자는 선교적 교회에 대한 신학적 이해로부터 선교적 설교, 선교적 예배 등으로 구체화하려 한다. 예배와 설교를 통해 필자가 섬기는 주닭교회를 선교적 교회로 전환하는 것은 목회자 자신의 영역이다. 필자의 목회 철학이 하나님 나라의 확장이기 때문에 이를 위해 주일 예배 때 누가복음과 사도행전 강해를 시작하였다. 처음에는 성도들이 강해 설교를 어려워했으나 지금은 많이 적용되었다. 누가복음을 마치고 지금은 사도행전을 강해하고 있다. 10년의 시간이 지나면서 교인들도 지역사회와 함께하는 목회 철학을 공유하고 있다.

6. 선교적 교회에 대한 배움을 교회에 적용 및 계획

1) 지역사회와의 나눔(교회 중심 나눔에서 지역주민의 욕구 중심 나눔, 제도화)

주닭교회가 지역사회와 함께하는 몸짓은 2015년 2월 담임목사의 위임식과 항존직 임직식에서 임직 감사헌금의 십일조로 쌀 100포를 어려운 이웃과 나누며 시작되었다. 이는 위임식과 임직식이 교회만의 잔치가 아니라 지역과 함께 하는 잔치가 되었으면 하는 필자의 바람이었다. 매년 가을 교회 바자회를 통하여 얻어진 수익금을 삼산동 사무소를 통하여 어려운 이웃들에게, 지역 학교의 장학금으로 전달하였다. 2020년부터 2021년 코로나 시기에는 지역 경기의 활성화를 위하여 온누리 상품권 2백만 원을 어려운 이웃에게 전달하여 지역 상권을 활성화하는 데 힘을 보태려고 하였다. 2021년 12월 임직식 때는 교회가 물품을 정하지 않고 삼산동 주민자치센터의 복지담당자에게 문의하였다. 12월 초가 김장철이기에 쌀이나 생필품보다는 김치를 추천해서 김치 5kg를 200세대에 나누었다. 교회가 주고 싶은 것이 아니라 지역주민들이 원하는 것을 나누어야겠다는 생각을 가지게 되었다.

2023년 임직식과 성탄절을 맞아 주닭교회는 희망 상자(10만 원 상당 물품) 60개를 어려운 이웃에게 전달했다. 필자는 지역사회 두 가정에 희망 상자를 전달했는데, 방문해서 보니 몸이 불편해서 교회에 출석하지 못하는 이들이었다. 처음에는 희망 상자를 어려운 지역사회 이웃에게만 전하려다가 교인들 20가정에도 전달하게 되었다.

희망 상자 전달

주닭교회는 주민자치센터의 요청에 따라 삼산동 지역사회보장협의체에 교회로서는 유일하게 가입되어 지역사회 봉사기관들과 상시적으로 협력하고 있다. 삼산동 지역사회보장협의회는 10여 개의 지역 기관들이 모여 지역주민의 욕구에 대응하며 지역사회의 복지를 증진하기 위해서 협력한다. 교회가 지역사회를 섬긴 지 10년이 되던 해 행정복지센터의 제안으로 작년 임직식 때 교회와 행정복지센터 사이에 MOU를 체결했다. 동장은 난생처음으로 교회에 왔다고 하였다. 지역사회의 여러 기관과 함께 협력하며 교회는 지역사회의 구성원으로서 상시적으로 지역사회를 섬기게 되었다.

교회 옆에 울산문화예술회관이 있다. 회관에서 합창제와 같은 전국적 행사를 할 때 연습 공간을 요청받을 때가 있다. 그러면 연습실로 교회의 공간을 제공한다. 교회에서 연습한 팀이 대상을 받은 적도 있다.

2) 토스트 전도: 지역사회와 만남의 창구

주닮교회는 지역사회와 만남의 장을 만들기 위해서 2015년부터 코로나 전까지 전도대가 매주 목요일 오후 2시부터 3시 반까지 울산 남구청 앞에서 토스트 250여 개를 지역주민들과 나누었다. 구청을 드나드는 민원인이나 공무원, 택시 기사, 배달 기사, 점심을 거른 주민, 인근의 공원을 찾은 주민 남녀노소가 토스트를 먹으면서 이야기를 나누고 정을 나누는 동네 사랑방처럼 만남의 장이 되었다. 남구청 공무원들은 주닮교회 하면 토스트가 생각이 난다고 한다.

2017년 태풍 차바가 울산을 강타하였을 때 바로 다음 날 태풍으로 침수된 태화시장에 주닮교회 전도팀이 가서 토스트를 구웠다. 그리고 그곳에서 봉사 활동을 하고 있었던 한국교회 연합봉사단의 요청으로 다음 날 국밥까지 만들어서 이재민들과 봉사자들을 섬겼던 것은 필자에게 잊히지 않는 소중한 기억이다. 주닭교회가 긴급 재난 지원을 할 수 있었던 것은 매주 목요일마다 전도대가 정기적으로 지역사회 봉사를 했기 때문에 가능했다. 상시적인 봉사가 긴급 시 봉사를 가능케 한다는 것을 알게 되었다.

코로나로 인해 사람들을 만나 대면 전도를 하기 어려운 2020년과 2021년에는 계절별로 지역주민들과 소통할 수 있는 현수막을 부착하여 지역민들과 소통하였다. 올해 다시 지역사회와 함께하는 전도를 재개하고자 한다.

토스트 전도

3) 아기학교

2015년에 시작한 아기학교는 주 1회 10시 30분부터 12시까지 진행한다. 아기를 돌보고 자모들의 모임을 통해 자모를 위로하고 격려했다. 아기학교의 봉사자들이 직접 준비한 식사를 제공하고 죽과 같은 음식도 가져가도록 했다. 오후에는 자모들이 교회 앞 공원에서 이야기를 나누었다. 아기학교에는 중국(한족) 다문화가정 서너 가정이 참여하기도 하였다. 아기학교를 시작한 지 10년이 되니 아기학교 아이들이 초등학생, 중학생이 되었고, 교회학교에도 잘 정착했다.

올해 교회는 교회의 미래를 준비하자는 마음으로 아기학교 시즌 2를 준비하고 있다. 아기학교 시즌 2에서는 1기 자모들이 교사를 맡고 있다. 어린이 한 명을 키우기 위해서는 온 마을이 필요하다고 했다. 저출산 시대 교회의 역할이 있을 것이다. 아기 한 명을 키우기 위해서 온 교회가 동참하고자 한다.

아기학교

4) 지역사회와 함께하는 바자회

주닮교회는 바자회를 연 1회 개최한다. 교인들이 사용하지 않는 물건 중 좋은 것만 기부하도록 한다. 바자회를 방문했던 주민들이 물건이 좋아서 놀란다. 먹거리도 교인들이 정성껏 준비하되 착한 가격으로 수익을 남기지 않으려는 마음으로 준비한다. 2023년에 수익금이 4백여만 원이 생겨서 기아대책기구를 통하여 지역사회 어려운 가정에 희망 상자를 전달하였다. 바자회를 통해 교회가 지역의 마당처럼 사용되고, 축제처럼 흥겨운 장소가 되고, 청년들이 버스킹을 하면서 사람들이 많이 모였다. 교회 앞 양복점이 바자회에 옷을 기증하고, 동네 카페의 바리스타가 바자회에 와서 커피 봉사를 하기도 하였다.

5) 노인복지관 배식 봉사

교회는 지난 10년 동안 도산 노인복지관에서 배식 봉사를 해왔다. 처음에는 여전도회별로 참여했는데 시간이 가면서 봉사가 여의치 않았다. 그리하여 자원봉사팀을 만들었다. 월 1회 참여를 원하는 15명 정도가 섬기고 있다. 담임목사를 비롯한 교역자들도 참여한다. 필자는 밥을 푸는 일을 맡고 있다. 지역사회 어르신들을 섬기며 같이 봉사하는 지역주민들을 만나는 것은 즐거운 일이다.

6) 코로나 기간 중 교회 청소와 온누리상품권

주닮교회는 코로나 이전에는 외주를 주던 교회 청소를 코로나 기간인 2020년부터 목회자들이 청소하기 시작했다. 교역자 3명이 교회를 청소할 때는 2시간이나 걸렸는데, 목회자들이 앞장서니 장로들도 교회 청소에 참여했다. 이렇게 해서 청소봉사팀(주닮깔끔이) 25명을 구성하게 되었다. 토요일 오전 10시 30분부터 11시 30분까지 교회 청소를 한 후 점심 식사를 하는데, 시무 장로들이 식사 비용을 찬조하고 성도들이 찬조하여 교회 예산을 사용하지 않고 있다. 교회에서 가장 나이가 많은 1남선교회 회원 5, 6명은 교회 청소뿐 아니라 공원과 동네를 청소한다. 시니어 교인들에게 보람이 된다.

교회 청소하는 장로님

공원을 청소하는 남선교회원들

코로나 기간 중 많은 사람이 생계의 위협을 받았다. 그중에서도 자영업자들, 소상공인의 위기가 심각했다. 특히 식당을 운영하는 교인 중에는 힘들어하고 우울증에 걸린 교인도 있었다. 주닭교회는 코로나 기간 동안 온누리상품권을 구입하여 지역사회와 나눔으로 지역 경제 활성화에 도움을 주고자 했다.

7) 코로나 이후의 변화

코로나 이후 예배가 정상화되고, 주일 식당도 문을 열면서 주방 봉사에 대한 논의가 있었다. 과거처럼 식사를 준비하기는 힘들다는 의견이 있어서 메뉴를 국밥으로 간소화하니 주방 봉사자들의 부담이 줄어들었다. 주일날 식사 후 설거지는 남여선교회원이 맡아서 봉사한다.

코로나 이후의 외로움이 제기되고 있다. 동호회 모임을 시작하였다. 당구, 탁구, 골프, 등산 등 다양한 취미활동을 통하여 성도 간의 교제를 활성하고 있다. 노인들은 시니어 클럽을 하고 있는데, 윷놀이를 하면서 친교를 한다. 혼자 사시는 어른들이 많이 외로워하시는데, 이를 통해 그들에게 기쁘고 즐거운 교회 생활이 되기를 원한다.

필자가 교회를 위해 일천번제를 드렸는데, 마치는 날 이를 귀하게 보고 원로장로 한 분이 울산 근교 680평 밭을 교회에 기증했다. 위치는 교회에서 차로 30분 거리로, 주말농장으로 운영하고 있다. 작년 주말농장에서 고구마 농사를 비롯해 채소를 재배했다. 재배한 황토 고구마를 바자회에서 팔기도 하였다. 금년에는 교회학교에서도 참여하는 방안을 마련하고 있다. 주말농장을 또 하나의 교회로 생각한다.

7. 목회자로서 현재 가장 큰 어려움

필자는 선교적 교회에서 가장 중요한 것은 목회 리더십이라고 생각한다. 한국교회의 현실에서 담임목사의 역할이 매우 크기 때문이다.

선교적 교회의 동력은 말씀과 기도로부터 나온다. 마을 목회의 모범 사례인 완도성광교회는 마을 섬김의 힘은 영적 힘으로, 하나님께서 주시는 힘으로 감당한다고 했다. 결국 주닮교회가 지역사회를 섬기며 세상의 소금과 빛의 역할을 감당하는 것도 말씀과 기도로부터 나온다.

작년부터 성전 릴레이 기도를 하고 있다. 상반기 하반기 15주 동안 월요일부터 금요일까지 오전 6시부터 저녁 6시까지 성전에서 릴레이 기도를 한다. 올해는 1천 끼 금식을 진행하고 있다. 1천 독 성경 통독도 진행 중이다.

8. 선교적 교회에 대한 부교역자/교회학교 지도자들 교육

재작년에 부교역자들과 선교적 교회 도서를 선정해서 스터디를 했다. 부교역자가 바뀌어서 다시 북스터디를 진행하고자 한다. 같이 공부한 부교역자는 자신도 지역사회와 함께하는 선교적 목회를 하겠다는 마음을 가지고 있다. 교회학교 사역자를 구하기가 어려운 현실이다. 울산노회가 올해 교육 간사 과정을 시작하였다. 주닮교회는 두 명의 평신도를 보내어서 훈련을 받고 있다.

9. 선교적 교회에 대한 당회원과 제직 교육

선교적 교회에 대한 교육을 당회원이나 제직 대상으로 아직 하지
못했지만, 이제부터는 당회원과 항존직, 제직 등을 대상으로 하고자
한다.

10. 선교적 교회로의 전환에서의 어려움이나 장애물

학교에서 배운 대로 목회를 하는 것이 쉽지 않다. 선교적 교회로의
전환에서 가장 큰 어려움은 한국교회에 팽배한 교회 성장주의라고 본
다. 필자가 이를 교인들과 함께 극복하는 것이 중요한 과제다.

11. 선교적 교회마을목회연구소에 대한 제안

선교적 교회마을목회연구소의 선교적 교회 세미나는 두 트랙, 텍
스트와 콘텍스트의 조화를 이루고 있다고 생각한다. 교회의 본질을
잘 이해해야 선교적 교회로의 전환을 위한 대안이 나온다. 올해 "하나
님 나라 신학으로 본 성경"이라는 주제로 진행될 세미나가 기대된다.
선교적 교회로의 전환하려는 교회의 여건―예를 들면 소재지가 대도
시, 중소도시, 농촌―, 목회자 부임 기간, 교회 역사 등을 고려한 선교
적 교회 매뉴얼 작업이 필요하다고 본다.

울산 주닮교회 선교적 목회의 특징과 과제

황홍렬 교수

주닮교회 선교적 목회의 특징은 첫째, 정현곤 목사는 처음부터 선교적 교회를 지향했다. 주닮교회는 전임자가 선교사 출신으로 선교를 지향하는 교회였다. 정현곤 목사가 부임하면서 주닮교회를 하나님을 기쁘시게 하는 교회로, 지역사회를 섬기며 지역사회와 함께하는 교회로, 선교적 교회로 전환하고자 했다.

둘째, 정현곤 목사는 선교적 교회로의 전환을 위해서 선교적 설교와 선교적 예배를 개발하고자 힘쓰고 있다. 정현곤 목사는 자신의 과제를 선교적 설교와 선교적 예배의 개발로 설정하고 있다. 정현곤 목사는 선교적 교회로의 전환에서 가장 큰 어려움은 리더십의 문제, 자신의 문제라고 했다. 왜냐하면 지역사회와 함께하는 모든 활동이 목회자로부터 나오기 때문이다.

셋째, 정현곤 목사는 지역사회를 섬기고, 지역사회와 함께하는 모든 것이 말씀과 기도로부터 나오기 때문에 성전 릴레이 기도, 1천 끼 금식과 1천 독 성경 통독을 전개하고 있다. 지역사회와 함께하는 선교적 교회는 결코 교회의 내적 삶으로부터 분리될 수 없기 때문이다(한국일, 『선교적 목회 길잡이』, 52).

넷째, 정현곤 목사는 2015년 항존직 임직식의 감사헌금 십일조로 쌀 100포를 이웃에게 나누었다. 이는 임직식이 교회만의 잔치가 아니라 지역사회와 함께 나누는 기회가 되기를 바랐기 때문이다. 2021년 임직식 감사헌금으로는 행정복지센터에 문의해서 쌀 대신 김치를 이웃과 나누었다. 2023년에는 주민자치센터의 요청으로 주닭교회가 삼산동 행정복지센터와 협약(MOU)을 체결하고, 삼산동 지역사회보장협의체에 가입하게 되었다. 이처럼 우리는 주닭교회가 지역사회를 섬기는 방식(디아코니아)이 교회 중심으로부터 지역사회 중심으로, 교회 단위로부터 삼산동 지역사회보장협의체를 통해 제도적으로 참여하는 것으로 발전하고 확대된 것을 본다.

다섯째, 주닭교회의 토스트 전도, 아기학교, 바자회 등은 성육신적 선교를 실천하는 근접 공간이라 할 수 있다. 근접 공간은 복음을 알지 못하는 사람들과 친밀한 관계를 형성할 수 있는 공적 공간으로 성육신적 선교의 모델 중 하나다(최동규, 『선교적 목회 길잡이』, 90-91). 토스트 전도는 250개의 토스트를 준비해서 울산 남구청 앞에서 매주 목요일 오후 2시부터 3시 30분 사이에 구청 앞을 지나는 민원인이나 구청 직원, 택시 기사, 배달 기사, 점심 거른 주민, 공원을 들른 남녀노소 누구든지 원하면 토스트를 먹으면서 대화함으로 만남의 장이 되고, 동네 사랑방이 되게 한다. 아기학교는 주 1회 아기와 교사가 돌보고, 자모들을 격려하는 시간을 가진다. 지속적으로 아기와 엄마를 돌봤다. 10년이 지나니까 아기학교를 거쳐 간 아기들 대부분이 교회학교에 정착했다. 아기학교에 나왔던 자모들이 교사 역할을 하면서 아기학교 시즌 2를 준비하고 있다. 바자회는 연 1회 열지만, 물품과 먹거리가 저렴하고 좋아서 반응이 좋고, 지역사회에서도 참여함으로써 교회와 마을의 잔치가 되었다.

여섯째, 주닭교회는 코로나 기간에 외주를 주던 교회 청소를 목회자들이 토요일에 두 시간씩 교회를 청소했고, 교인들이 동참하면서 청소 봉사팀(주닭깔끔이)을 구성하게 되었고, 봉사팀 중 1남선교회는 교회 청소뿐 아니라 공원과 마을을 청소하고 있다. 이처럼 교회 섬김이 지역사회 섬김으로 확대되고 있다. 코로나 기간에는 매해 주닭교회가 온누리 상품권을 구입하여 지역 경제의 활성화에 보탬이 되고자 했다.

일곱째, 주닭교회 선교적 목회의 특징은 교회 안에서의 섬김이나 지역사회를 섬기는 데나 담임목사가 솔선수범을 보이고 있다는 것이다. 교회 청소나 노인복지관 배식이나 담임목사가 동참하고 있다. 담임목사의 교회를 위한 일천번제에 원로장로가 감동하여 일천번제를 마치는 날에 울산 외곽의 농장을 교회에 기증했다. 주닭교회는 이 농장을 주말농장으로 사용하고 있다. 정현곤 목사의 솔선수범은 종의 형체로 오신 예수 그리스도의 성육신을 본받고 있다. 성육신 선교에 나타난 무력함/연약함은 하나님은 우리를 지배하는 분이 아니라 종의 형태를 취하시고, 강하심이 아니라 사랑과 겸손으로 하나님의 본성을 반영하며, 인간사회를 변혁하시는 지를 보여주신다(최동규, 『선교적 목회 길잡이』, 79).

주닭교회 선교적 목회의 과제로는 첫째, 정현곤 목사가 언급한 것처럼 선교적 설교와 선교적 예배를 발전시키는 것이다. 둘째, 교인 중에 중년 남성 1인 가구가 늘어나고 있다. 이들은 이혼이나 사별, 또는 독신으로 부부 중심의 남선교회에 소속감이나 동질성을 느끼기 어렵기 때문에 이들을 1인 가구 구역으로 조직하여 돌봄과 친교를 하는 것이 필요하다고 본다. 지역사회에 증가하는 1인 가구 청년이나 중년에 대한 새로운 선교 방식을 고민할 필요가 있다. 셋째, 성도들이나 지역사회의 고령화가 심화되기 때문에 교회는 노인 돌봄 심방팀원들에게 기초적인 의료 교육을 실시하여 노인 건강 돌봄 심방팀으로 운영하는 것도 고려해 볼 만하다. 넷째, 주닭교회의 주말농장을 이전까지는 장년부와 노년부가 주도했는데, 금년에는 교회학교가 참여하려고 한다. 주말농장을 통해 농작물이 성장하는 것을 보고 열매를 거두면서 생명의 신비와 기쁨을 누리면서 환경위기, 기후 위기에 대응하는 환경주일예배를 드리고, 교회학교에서 환경 교육을 실시하는 것을 권장한다. 총회가 권장하는 "생명의길 초록발자국" 교육을 여전도회원과 남선교회원이 받고, 교회와 지역사회에서 활동하는 것이 필요하다. 다섯째, 주민자치센터와 지역주민의 욕구에 계속적으로 귀를 기울이는 것도 필요할 것이다.

해운대소정교회의 선교적 목회 이야기

정승진 목사

1. 교회의 역사와 특징, 한계

해운대소정교회는 소정교회가 교회 창립 50주년을 기념하여 2004년 8월 8일 지교회로 개척한 교회다. 소정교회는 해운대소정교회를 주중과 토요일에는 3~5층을 수련회 시설로 사용하고, 주일에는 교회로 운영하도록 했다. 교회 예산은 처음부터 소정교회로부터 분리되어 독립적으로 운영되었다. 교회의 의사결정은 소정교회 일부 장로와 해운대소정교회 주요 성도들로 이루어진 해운대소정교회 운영위원회 그리고 소정교회 당회 순으로 단계적으로 이루어졌다. 해운대소정교회 목사는 소정교회 부목사이지만 해운대소정교회 '전담 목사'로 불렸다. 그런데 지교회의 한계 때문인지 설립부터 거의 1년에 한 번씩 목회자가 바뀌었다. 이 중 두 명은 본래 소정교회 부목사였으며, 사임후 소정교회로 복귀하였다. 초기 교인의 핵심 그룹은 소정교회 은퇴장로, 은퇴 권사와 집사 세 가정이었다. 은퇴 권사들은 소정교회가 집에서 멀어 해운대소정교회를 소정교회라고 생각해서 출석했다. 이런 상황이라 초기에는 성도들이 소정교회로부터 분립해서 독립교회로 세우려 하거나 교회 성장의 의지가 없었다. 이런 이유로 지교회의 초기에는 교회 정체성에 혼란이 있었다.

2008년도 제4대 전담 목사로 필자가 부임하였다. 교회가 달맞이 지역에 있으니까 소정교회와 관련 없는 교인들이 점점 더 많이 교회에 출석하게 되었다. 목회자의 이동이 없이 목회가 안정적으로 이루어지고, 해운대소정교회에서 장로 장립이 될 수 있을 정도로 성도들이 성장하였다. 그리하여 소정교회는 2013년 11월 24일 세 명의 장로를 장립한 후 2013년 12월 15일 해운대소정교회를 분립하여 독립하였다. 필자는 2014년 1월 5일 위임목사로 청빙되었다.

2. 교회의 지역적 특징과 욕구

해운대소정교회가 자리 잡은 달맞이 지역은 과거에는 고급 주거지였지만 지금은 고급 빌라와 서민 주거지가 혼재되어 있고, 주거지역으로는 정체된 지역이다. 인구 밀집 지역인 해운대 신도시 아파트 단지 인근에는 대형 교회들이 많다. 5층 식당에서 청사포 바다가 보이는 해운대소정교회는 편안함과 안정감 있는 교회 분위기를 지니고 있으며, 외형적인 성장보다는 내실 있는 신자 양육을 지향하고 있다. 새벽 기도회는 성경 한 장을 강독하고 기도를 드리며, 성경 공부와 매일 말씀 묵상, 성경 통독 등 성경 교육에 집중하고 있다.

교회 설립부터 지교회 시절에는 교회 3~5층을 교회 수련회 장소로 대여했었다. 해운대해수욕장과 송정해수욕장과 가깝고 바다가 보이는 교회라는 특징 때문에 전국적으로 유명한 수련회 시설이었다. 그런데 수련회로 인한 소음 때문에 주민들이 상당한 불편을 겪었다. 그래서 교회의 분리·독립 이후에는 주민과의 소통을 중요하게 여겨서 수련회 장소로 대여하지 않는다.

3. 교인들의 특징과 욕구

해운대소정교회는 등록 교인 기준 30여 명에서 127명으로 성장했다. 코로나 이후에는 예배를 드리는 교인 수가 감소해서 매 주일 60~70여 명 정도가 예배를 드리고 있다. 등록 세례교인은 103명이다. 60세 이상 교인의 비율이 34.6%, 40~50대가 32.3%, 20~30대가 23.6%, 10대가 9.5%이다. 고령 교인(65세 이상)의 비율이 30%를 넘는다고 추정되어서 초고령 교회이고, 교인 연령별 구성 형태로 보면 역삼각형이다. 현재 교인 연령 비율을 보아 이 추세대로 가면 해운대소정교회는 교회의 지속가능성이 어려움에 처하게 됨을 알 수 있다. 그렇지만 60대 이상 교인 비율과 40대와 50대 교인 비율에 큰 차이가 없기 때문에 위기를 맞는 데 상대적으로 더 시간이 걸릴 수 있다. 따라서 현재의 대처가 중요하고, 다음 세대와 중간 세대에 대한 대책이 필요하다. 교인들의 90% 정도가 해운대 지역에 살고, 10% 정도 교인이 그 외 지역에 살고 있다. 대부분의 교인들이 인접 지역에 살기 때문에 해운대소정교회는 지역사회와의 친교와 섬김이 가능한 여건임을 알 수 있다.

교인들은 새신자보다는 신앙생활 경험이 있는 교인의 비율이 훨씬 높다. 따라서 교인들은 각자의 신앙적 가치와 스타일이 뚜렷한 편이다. 해운대 지역에는 대형 교회가 많기 때문에 교인들은 해운대소정교회가 지닌 독특한 점에 끌려서 등록하고 출석하고 있다. 필자는 성경 본문 중심으로 설교한다. 성도들도 성경을 중요하게 생각하고, 성경 본문에 충실한 설교를 좋아한다. 교인들의 신앙 취향이 감성보다는 지식을 추구하는 측면이 있으며, 전반적으로 차분한 교회 분위기를 좋아한다. 다른 교회에 출석하다가 연세가 많아져 집에서 거리가 가까워 해운대소정교회에 출석하는 교인들도 있다. 이처럼 이질적이고 독특한 신앙 스타일을 지닌 다양한 분들이 한 교회에서 조화를 이루고 융화되고 있다. 이런 면은 해운대소정교회의 장점이다. 그리고 신앙생활을 오래한 교인들의 비중이 높아서 교회가 안정적이다. 이러한 해운대소정교회가 지닌 성경 말씀 중심, 다양성에 대한 포용, 안정과 조화 등의 특징이 교회가 조금씩 꾸준하게 성장하는 원동력이다.

4. 목회자의 부임 연도와 목회 철학 및 활동

1) 목회자 이전 경력: 경제학 박사로 부산시 경제정책 연구(동남경제연구원 대표)

필자는 1997년에 부산대학교에서 경제학 박사학위를 받고, 부산연구원(부산광역시 정책연구기관)에서 연구원으로 근무했다. 이후에 산업자원부와 부산광역시가 공동으로 설립한 부산테크노파크(기술과 산업정책 수립하고 정부 R&D자금을 집행하고 평가하는 기관)에서 전략산업기획단장을 역임했다. 또한 동남경제연구원을 설립해서 지역경제정책 및 산업정책을 연구하는 일을 계속해 오고 있다. 필자가 신학을 공부하게 된 것은 기독교 경제에 관심을 가졌기 때문이다. 필자가 대학교에 다니던 시절은 노사 문제 등 국내 경제가 매우 혼란스러운 시기였다.

군대에서 제대한 후 1988년에 복학을 준비하면서 "왜 하나님은 이 경제문제에 대해서는 아무 말씀도 하지 않으실까?" 하고 생각하며 성경을 읽기 시작했는데, 성경에는 경제에 대한 가르침이 정말 많은 것을 발견했다. 그래서 그때 필자는 경제학 박사학위를 받은 후 언젠가 기독교 경제를 공부하겠다고 결심했다. 필자를 기독교 경제의 길로 이끈 핵심 말씀은 "사람이 하나님과 재물을 겸하여 섬기지 못하느니라"(마 6:24)와 "탐심은 우상숭배니라"(골 3:5)라는 두 말씀이다. 경제에 대한 잘못된 인식과 경제생활은 우상숭배와 다름이 없다는 것을 깊이 느끼게 되었기 때문이었다. 부산연구원 생활하다가 사직하고 1년을 준비해서 필자는 2003년에 부산장신대학교 신학대학원에 진학했다.

필자는 부산연구원을 사임하고 신학교 입학을 준비하면서 2001년에 지역의 교수들과 함께 동남경제연구원(재정경제부 산하 사단법인)을 설립하였고, 지금까지 부산시 경제정책과 관련하여 자문하고 연구하는 활동을 해 오고 있다. 설립 당시 원장은 필자의 지도 교수이었고, 지금은 필자가 대표이다. 필자는 명륜제일교회에 중학교 2학년이었던 1981년부터 출석해서 집사, 교육전도사, 전임전도사로 27년을 섬겼고, 목사 안수를 받은 후 해운대소정교회로 부임했다.

2) 해운대소정교회 부임과 소정교회로부터 분리 · 독립

필자는 2008년 10월에 해운대소정교회 네 번째 목회자로 부임했다. 소정교회 지교회이기 때문에 공식적으로는 소정교회 부목사이지만, 해운대소정교회 전담 목사이었다. 교회 설립 후 1년마다 세 번 목회자가 바뀌었지만, 필자가 부임한 후 교회가 안정되면서 열심히 봉

사하는 교인들이 늘어났다. 그래서 안수집사와 권사를 세울 필요가
생겼다. 해운대소정교회의 교인들만 투표하여 집사와 권사를 선출하
고, 소정교회가 총회 헌법에 따라 인준하는 방식이었고, 선출된 집사
와 권사는 법적으로는 소정교회에 소속되었다. 2011년 11월 27일 임
직식을 소정교회의 위임목사인 채규웅 목사와 장로들의 주관으로 해
운대소정교회에서 진행했다. 교회가 성장하고 장로를 세울 필요성이
생기자 지교회 방식으로서는 여러 가지 애로점이 나타났다. 그래서
2013년 11월 24일 세 명의 장로를 세우고, 2013년 12월 15일 소정교
회로부터 분리·독립하게 되었다. 이후 필자가 2014년 1월 5일 위임
목사로 청빙되어 6월에 위임식을 거행하였다.

　　교회는 소정교회로부터 분리되었지만, 소정교회는 교회당 건물(전
체 5층) 중 본당 면적에 해당되는 지분(약 1/4)만 해운대소정교회에게
이양했다. 이런 특수한 상황으로 인해 건물 수리 비용이 발생하면 지
분 비율대로 분담했다. 교회 건물을 해운대소정교회에서 전적으로 사
용하는데, 소정교회가 소유주로서 수리비를 지출하는 것도 논란이 되
었다. 그래서 소정교회는 이근형 목사가 부임한 이후 해운대소정교회
건축비의 대출 잔액을 해운대소정교회가 전액 소정교회에 헌금하여
해결하도록 한 후 2020년 5월 7일 건물 전체를 해운대소정교회로 이
관하였다. 설립 때부터 해운대소정교회 건물은 총회 유지재단에 가입
되어 있다.

3) 목회 철학, 목회 활동과 대외 활동

　　해운대소정교회의 모토가 "신앙과 삶의 일치"로, 교회 생활, 가정

생활, 직장 생활과 신앙생활의 일치를 지향한다. 필자는 교회가 교회 안에 머물러서는 안 되고, 성도들에게 일상생활 속에서 신앙을 실천해야 함을 강조한다. 이를 위해서는 먼저 필자가 신앙과 삶의 일치를 체험해야 깊이 있는 설교와 목회 방향이 나온다고 생각한다. 그래서 필자는 목회만으로도 많은 시간이 필요해서 늘 시간에 쫓기고 힘들지만, 가능한 사회 활동에도 소홀하지 않으려고 노력하고 있다.

부목사가 없었던 2020년까지 12년 동안 부교역자가 교육전도사 1명뿐이었다. 필자가 주일 예배 설교를 비롯해서 새벽기도회 1, 2부, 수요 예배, 금요기도회의 모든 설교를 담당했고, 행정과 사무와 대외 활동을 했다. 필자는 금요 성경 공부, 주일 성경 공부를 인도하고, 3개 교구의 구역 예배를 매월 2회씩 총 6회 성경 말씀 나눔으로 인도하였다. 대외 활동으로는 부산 경제정책 관련 자문을 지속적으로 해 왔다. 3년 전부터 필자는 후배 교수의 부탁으로 주 1회 대학에서 경제학 강의를 하고 있고, 노인복지전문 사회복지법인의 이사장을 맡고 있다. 대학교에서 강의하면서 청년들의 삶을 이해하게 되었고, 경제정책을 자문하면서 지역경제의 해법과 직장인들의 삶에 대해 씨름하게 되었고, 사회복지에 관여하면서 노인복지 문제에 관심을 가지게 되었다.

필자가 경제정책 자문에 응하는 것은 경제철학에 따라 경제정책의 방향이 달라지기 때문이다. 카지노, 경륜, 경정, 경마 등 사행산업 육성을 통해 부산 관광산업을 부흥시켜야 한다는 주장이 대세를 이루던 때가 있었다. 지금은 이런 정책이 잘못된 것임을 누구나 알 수 있다. 잘못된 방향으로 경제정책이 시행되면 사회구조가 바뀌고, 변화된 사회 속에서 고통을 당하는 사람들이 발생한다. 따라서 필자는 경제학 교수와 연구원 등 기독교적 경제관을 갖고 부산의 경제정책을 만들고 제안하는 그룹이 필요하다고 생각한다. 필자는 기독교 신앙이 "예수님을 믿읍시다", "사랑합시다" 등의 구호와 같이 총론으로 그쳐서는 안 되고, 이를 실천할 구체적 각론과 대안이 있어야 삶 속에서 신앙을 실천할 수 있다고 본다.

4) 치유 목회: 수다회, 성경 공부를 통한 소통

필자는 작년 12월 선교적교회마을목회연구소가 진행했던 황홍렬 교수의 치유 특강으로부터 경청 자체가 치유 과정이라는 것을 듣고 많은 공감을 했다. 해운대소정교회는 다른 교회보다 목회자와 교인들 사이가 매우 친밀하다. 교회 설립 때부터 교회의 모든 일을 위임목사가 주관할 수밖에 없었고, 가족 같은 분위기 속에서 목회해 왔기 때문이다. 작년 상반기 3개월 동안의 안식년을 마치고 필자가 하반기에 교회에 복귀하면서 '수다회'를 시작했다. 수다회는 수요일에 목회자와 교인 2~3명 정도가 다과를 하는 모임으로 커피를 마시면서 자유롭게 이야기를 나눈다. 성도들의 소소한 일상 이야기를 들으면서 필자가 성경 말씀으로 방향을 잡아 준다. 교인 모두가 참여하는 것은 아니지만, 참여하는 교인들의 반응은 좋다. 성도들의 이야기를 경청하는 것만으로도 교인들의 치유와 회복을 위해 좋은 과정이라 생각한다. 모임을 지속하기 위해서는 재정적 부담이나 시간적 부담이 없어야 한다. 필자가 직접 커피를 내리고, 대화 시간은 2시간 정도이다. 성경 공부도 절반은 교인들의 이야기를 듣고 토론하는 방식이다. 모든 모임은 상담 기능을 포함한다고 생각하며 진행하고 있다.

황홍렬 교수는 세계교회협의회(WCC)가 질병의 근원적 원인을 가난으로 여기고, 치유를 정의·평화·창조 보전(Justice, Peace & Integrity of Creation, JPIC)의 맥락에 두었다고 했다. 그렇지만 동일한 사회구조 속에서도 그런 구조에 예속되는 사람이 있는가 하면, 그런 구조를 극복하는 사람도 있다. 사회구조가 변해야 인간이 억압에서 해방됨을 강조하면 자칫 개인의 변화를 간과할 수 있다. 교회는 사회구조에 문제가 있어도 개인의 변화에 영향을 줄 수 있다. 필자는 사회구조의 변화와 개인의 변화 사이에서 균형을 갖추는 교회가 되어야 한다고 생각한다. 그러므로 사회문제에 관심은 갖지만 개인의 영성에 대한 사역을 매우 중요하게 생각한다.

5) 지역사회 선교

해운대구청이 교회 5층 식당 시설을 공유주방으로 사용할 것을 요청해서 교회가 허락했다. 해운대구청이 주관해서 우리 교회 식당을 공유주방으로 활용해서 어르신을 위한 삼계탕 나눔, 김치 담그기 행사 등을 하였다. 필자는 중2동 사회보장협의체의 위원으로 활동하고 있다. 매년 김치 5kg 100박스를 주민자치센터를 통해서 이웃과 나누고 있다. 금년에는 주민자치센터를 통해서 10명의 어린이에게 매달 한 달 분량의 유산균을 지원하고 있다. 소아과 의사인 교인이 유산균을 제대로 섭취하지 못해 아토피 등으로 고생하는 어린이들이 많다고 해서 유산균 지원을 시작하게 되었다. 올해 교회는 5층 식당을 바리스타 학원으로 무상 임대하여 지역주민들이 5층 공간을 더 친숙하게 이용할 수 있도록 하고 있다.

해운대구 중2동 행정복지센터가 지역사회보장협의체와 함께 해운대소정교회에서 1인 가구 행복 더하기 요리교실을 진행

해운대구청이 해운대소정교회에서 연 중2동 경로잔치

중2동 행정복지센터에 김치 100박스 기증

5. 선교적 교회에 대한 목회자의 이해

선교적 교회는 교회가 세상 속으로 나아가 세상의 소금과 빛이 되는 교회다. 기독교인은 세상의 변화를 지향해야 하며, 세상 속으로 나아가는 그리스도인이 되어야 한다. 그렇지만 세상으로 나아가 소금과 빛이 되는 교회와 그리스도인 되려면, 교회 안에서 신앙생활과 교육 훈련을 제대로 받아야 한다. 따라서 이 두 가지 사이에서 균형을 이루어야 한다.

6. 선교적 교회 세미나로부터의 인상적인 배움/교훈

황홍렬 교수의 치유에 대한 부분을 들으면서 필자는 목회에 적용할 것이 많다고 생각했고, 치유에 대한 신학적 체계를 세우는 데 도움을 받았다. 마음에 상처가 있는 사람은 그것을 말하는 것만으로도 치유 과정이 되며, 가슴 아픈 기억이 자신에게 새롭게 인식될 때까지 이야기를 들어주는 것이 계속되어야 한다는 것이다. 목회자로서 성도의 이야기를 들어주는 것이 얼마나 중요한지를 다시 깨닫게 되는 유익한 강의였다. 치유 목회와 신학을 구체적으로 적용하고 실천하기 위해서 구체적인 사례가 더 많이 소개되면 좋겠다.

7. 선교적 교회에 대한 배움을 교회에 적용 및 계획

선교적 교회에 대한 논의를 노회와 시찰회로 확대하는 것을 고민하면 좋겠다. 교회와 교인들이 세상에서 소금과 빛의 역할을 하려면 직장 신우회와 학교의 기도 모임 등을 활성화하도록 교회가 지원해야 한다. 필자는 해운대 경찰서의 경목 활동을 하고 있다. 또 해운대의 한 고등학교에 가서 2년 동안 기도 모임을 인도했다. 부산 기독인실업인회(Connecting Business and Marketplace to Christ, CBMC) 동백Y지회의 지도목사로 7년 정도 봉사한 적도 있다. 이런 봉사 활동은 목회자에게 많은 시간을 요구한다. 부산시와 구청 공무원 신우회, 직장 신우회는 직장 내 전도와 그리스도인의 영향력을 키우기 위해 매우 중요하다. 그런데 이런 활동을 기피하거나 지원하려고 하지 않는 목회자들도 있다. 시찰회와 노회를 통해 선교적 교회에 대한 논의가 확산되면서 목회자들의 사회적 활동이 더 확대되기를 바란다. 필자도 우리 교회 부교역자의 역할이 안정화된다면 기독실업인회, 직장 신우회, 학교 내 기도 모임 등 사회 속에서 복음 전파에 더 큰 역할을 하고 싶다.

8. 목회자로서 현재 가장 큰 어려움

우리 교회에 대부분의 일이 위임목사 중심으로 이루어져 있는 것이 현실적 어려움이다. 작은 교회이므로 위임목사로서 교회에서 해야 할 일 자체가 너무 많다. 해운대소정교회는 열린 교회를 지향하지만, 성도들은 기본적으로 목회자가 교회 안에서 교회 중심으로 사역해야 한다고 생각하기 때문에 목회자가 대외 활동을 계속하는 것이 쉽지 않다. 교회와 목회자가 선교적 마인드를 가지고 세상 속으로 더 깊이 들어가서 사역하기 위해서는 교인들의 인식이 지금보다 더 변화되어야 한다. 그런데 교회가 양적으로 성장하면 목회자가 해야 할 일도 늘어나고, 교인들은 목회자가 교회 안의 사역에 집중해 주기를 요구할 수밖에 없다. 선교적 교회를 지향하면서 나아갈 때 교회와 교인들이 목회자의 대외 활동과 교회의 개방성, 사회적 목회 사역을 어느 정도 수용하느냐 하는 것이 어려운 문제다.

9. 선교적 교회로 세우기 위해서 정책 당회나 목회를 통한 적용

선교적 교회 세미나를 진행한 것은 작년에 황홍렬 교수를 초청하여 진행한 특강이 처음이다. 그러나 설교와 성경 공부를 통해 교회와 교인들이 세상의 변화를 지향할 것을 지속적으로 강조해 왔다. 교회당 5층을 해운대구청의 공유주방으로 개방하고, 바리스타 교육 장소로 대여하는 것은 공동의회를 통과해야 했다. 이것이 가능했던 것은 거의 모든 교인이 교회와 교인이 세상의 소금과 빛이 되어야 함을 공유하기 때문이라고 생각한다. 우리 교회의 지향은 사랑과 공의가 충만한 교회, 성경 말씀을 올바로 가르치는 교회, 신앙과 삶의 일치다. 필자는 평소 설교를 통해 교회 생활, 가정생활, 직장 생활과 신앙생활이 일치되어야 함을 지속적으로 강조하고 있고, 구체적인 대안과 실천 사항을 제시하기 위해 노력하고 있다.

10. 선교적 교회로의 전환에서의 어려움이나 장애물

목회자의 목회 성과로 나타나는 가시적인 결과는 예배와 기도회에 참석하는 교인의 숫자다. 그렇지만 신앙과 삶의 일치를 지향하며 가정과 직장 생활을 중시하도록 목회 사역을 해도, 이를 목회 성과로 측정하기는 매우 모호하다. 그래서 일반적으로 목회자들은 가시적 성과가 나오는 성도의 숫자에 집중하기 쉽다. 반면에 선교적 교회의 결과는 평가 기준을 마련하기가 어렵다. 지역의 직장 신우회 활동이나 다양한 기독교인 연합 모임, 학교의 기도회 모임 등을 지원하는 목회자의 활동에 대해 교인들로부터 목회의 성과로 인정받기는 쉽지 않다. 따라서 선교적 교회의 대외적 활동에 대해서는 담임목사가 교인들의 사회생활을 격려하고, 교인들은 목회자의 이런 활동을 사회적 목회로 인정하고 지지하는 것이 중요하다고 본다.

해운대소정교회 선교적 목회의 특징과 과제

해운대소정교회는 소정교회가 교회 창립 50주년 기념으로 2004년에 창립한 교회다. 초기 교인들은 소정교회 은퇴 장로, 은퇴 권사, 집사 중 해운대소정교회가 거리가 가까워 출석한 소정교회 출신 교인이 주축이었다. 정승진 목사가 2008년에 해운대소정교회에 부임해서 2013년 소정교회로부터 분리하여 독립했다. 처음에는 소정교회 지교회로서 교회 정체성에 일부 혼란이 있었다. 연령, 거주지, 신앙의 성향 등 교인의 다양성에도 불구하고 해운대소정교회는 안정과 조화를 추구하고 있다. 정승진 목사의 부임 이후 교인은 주일 평균 출석 기준으로 30명에서 80명 규모로 성장했다가 코로나 이후 60~70여 명으로 감소했다. 정승진 목사는 신학을 공부하기 전에 경제학 박사로 부산의 경제정책을 연구하고, 자문하는 연구기관에서 근무했고, 신학을 공부한 이후에도 동남경제연구원을 설립해서 연구원으로 활동하다가 현재는 대표이고, 대학교에서 주 1회 경제학을 강의하고 있다.

해운대소정교회 선교적 목회의 특징으로는 첫째, 정승진 목사는 목회 철학으로 제시한 "신앙과 삶의 일치", 즉 교회 생활, 가정생활, 직장 생활과 신앙생활의 일치를 통해 선교적 교회를 지향하고 있다. 이러한 일치를 위해서는 정승진 목사는 자신이 먼저 신앙과 삶의 일치를 이루도록 해야 깊이 있는 설교가 나오고 목회 철학대로 목회를 할 수 있다고 생각한다. 정승진 목사는 주로 설교를 통해 선교적 교회를 소개하고 있다. 해운대소정교회의 선교적 목회는 보냄을 받은 선교 공동체로서 자신이 속한 가정이나 직장에서 선교적 삶을 살려고 하며, 일상을 선교 현장으로 여기며 살아가고 있다(한국일, 『선교적 목회 길잡이』, 41). 해운대소정교회의 목회자와 교인들은 신앙과 가정과 직장의 삶의 일치를 지향하기 때문에, 그들이 지닌 영성은 세상 밖으로 물러난 영성이 아니라 예수 그리스도처럼 일상에서 이뤄지는 영성이며, 기독교인에게 일상은 하나님의 선교에 참여하는 귀중한 기회가 된다(정승현, 『선교적 목회 길잡이』, 117).

둘째, 정승진 목사는 먼저 목회에 집중하면서도 대학 강의와 경제 정책 자문 등 다양한 사회 활동을 하고 있다. 부산시에 대한 경제정책 자문을 통해 정승진 목사는 기독교적 경제관이 부산시에 영향을 주기를 바라고 있다. 이처럼 정승진 목사와 해운대소정교회는 하나님의 선교를 위해 부르심을 받고 보내심을 받은 자들이 복음을 들어야 할 사람들의 문화 속으로 들어가 그들과 하나가 되고 그들이 하나님 나라를 경험하도록 만드는 성육신적 선교를 하려고 노력하고 있다(최동규, 『선교적 목회 길잡이』, 77).

셋째, 정승진 목사의 선교적 교회에 대한 이해는 교회가 세상 속으로 나아가서 세상의 소금과 빛이 되는 교회이지만, 동시에 교회 안에서 신앙생활과 교육 훈련을 제대로 받는 것도 강조하고 있다. 하나님의 백성으로 부름 받은 공동체와 하나님 나라의 증인으로 보냄 받은 공동체 사이에, 모이는 교회와 흩어지는 교회 사이에서 조화를 추구하고 있다. 이처럼 해운대소정교회는 지역사회와 함께하는 선교적 교회로서 교회 내적 삶으로부터 분리될 수 없음을 강조하고 있다(한국일, 『선교적 목회 길잡이』, 52).

넷째, 해운대소정교회의 금년 교회 주제는 치유와 회복이다. 작년 12월 선교적교회마을목회연구소가 진행한 필자의 치유 특강에서 상대방의 이야기에 경청하는 것 자체만으로도 치유가 일어난다는 말에 정승진 목사는 공감한다. 작년 하반기에 시작한 수다회(수요일에 목회자와 교인 2~3명이 차를 마시며 대화하는 모임)는 교인들의 이야기를 목회자가 경청하는 것으로 치유의 효과를 내고 있다. 금년에 정승진 목사는 치유와 회복의 목회에 힘을 쏟고 있다.

다섯째, 해운대구청이 해운대소정교회의 5층 식당을 공유주방으로 사용할 것을 요청해서 교회가 허락했다. 정승진 목사는 중2동 사회보장협의체의 위원으로 사회봉사 활동에 참여하고, 노인복지전문 사회복지법인의 이사장으로도 봉사하고 있다. 매년 김치 5kg 100상자를 이웃과 나누고 있으며 유산균이 부족하여 아토피로 고생하는 어린이 10명에게 주민자치센터를 통해 매월 유산균을 공급하고 있다. 이처럼 해운대소정교회는 신앙과 삶의 일치를 중심으로 교회 생활과 신앙 훈련이 이뤄지고, 교회 내 치유와 회복, 사귐이 지역사회와의 사귐으로 확대되고 있다. 이러한 지역사회 선교를 통해 정승진 목사는 교인들과의 친교를 넘어서서 지역주민과의 친교를 회복하는 선교적 목회를 실천하고 있다(한국일, 『선교적 목회 길잡이』, 45). 교회가 세상에 보냄 받은 공동체라면 목회자는 교인과의 친교뿐 아니라 지역주민과의 친교를 위해 힘써야 한다. 지역주민과의 친교 없이 전도와 봉사를 시작하는 것은 불가능하기 때문이다.

해운대소정교회의 선교적 목회를 위한 과제로는 첫째, 부교역자가 유동적이라서 정승진 목사가 어려움을 겪고 있어 동역자가 정착되는 것이 시급하다. 둘째, 30대 부부와 40대 부부 모임을 구역으로 조직하여 돌봄과 사귐을 강화할 필요가 있다. 교회 내 1인 가구가 있으면 이들을 하나의 구역으로 만들어 돌보는 것도 필요할 것이다. 셋째, 정승진 목사는 교회가 세상에서 소금과 빛의 구실을 하려면 직장인 신우회를 강화해야 한다고 했다. 그런데 일반적으로 교인들은 목회자가 대외 활동을 하는 것을 그다지 지지하지 않는 경향이 있다고 했다. 목회자들이 선교적 교회에 대해 설교할 때 직장 신우회 활동의 중요성과 더불어 목회자가 신우회를 돌보는 것도 선교적 교회의 중요한 과제임을 부각시킬 필요가 있다. 넷째, 해운대소정교회는 정승진 목사의 지역사회 섬김 활동은 많은 반면에 교인들의 참여는 적은 편이다. 이는 자기 직장 일로 바쁘고, 시간적 여유가 있는 교인들은 나이가 많기 때문일 것이다. 최근 해외 선교에서도 은퇴자들이 전문인 선교사나 현지 선교사와 동역하는 동역자로 활동하는 사례가 늘어나고 있다. 교인 중 비교적 젊은 은퇴자들이 건강 돌보미 교육을 받고 독거노인을 돌보는 활동에 참여하는 것도 고려해 볼 만하다. 다섯째, 기후 위기 시대에 건물 옥상에 텃밭을 가꾸는 사람들이 증가하고 있다. 해운대소정교회도 옥상 텃밭을 만들고 텃밭 농산물로 지역사회의 이웃을 섬길 수 있을 것이다. 환경주일 예배를 드리는 것도 가능할 것이다. 여전도회원과 남선교회원이 "생명의길 초록발자국" 교육을 받고, 교회와 가정과 지역사회에서 기후 위기에 대응하는 소박하지만 소중한 활동을 펼치는 것도 고려할 수 있을 것이다.

김해 생명숲교회의 선교적 목회 이야기

노헌상 목사

1. 생명숲교회의 역사와 특징, 한계

생명숲교회는 17년 전 창원 중앙교회가 예배당 부지를 지원하여 경상남도 김해시 진영에 개척한 교회다. 개척한 목회자와 교인들 사이에 신앙과 교회관에 대해 일치하지 않아 일부 교인은 교회를 떠나고, 몇 가정은 교회를 지켜야 한다고 생각해서 교회에 남았다. 이런 상황에서 필자가 담임목사로 부임했다. 생명숲교회의 특징 중 하나는 개척한 목회자와 교인들 사이의 불일치로 인해 목회자로부터 받은 상처를 지닌 교인들이 많았다는 점이다. 교회 부임했을 때 교인들의 얼굴에 웃음이 없었다. 주일 예배 후 식사를 하는데, 교인들끼리만 밥을 먹었고 목회자에게는 어정쩡하게 인사했다. 나중에 보니 교인들이 목회자에 대한 상처가 컸다. 시간이 지나면서 필자와 교인들의 관계는 원만하게 형성되었다.

생명숲교회의 또 다른 특징은 교인 대표(장로 포함)로 모인 운영위원회가 교회의 중요한 의사를 결정하고, 교인들이 자발적으로 독서 모임을 조직하여 운영하는 데서 보는 것처럼 교인들의 자발성과 능동성이다. 교회학교를 포함해서 교인이 100명 정도이고 비교적 젊은 층이기에 필자와 대화가 가능하고, 교인들 상호 간의 대화도 가능하다. 목회자와 교인과 합리적인 대화가 가능한 교회가 생명숲교회다. 교인 중 비상식적인 것을 목회자에게 요구하는 성도는 하나도 없다고 해도 과언이 아니다. 필자의 안식월도 이런 대화의 산물이다. 또한 종교개혁의 전통인 "만인제사장"론에 근거해서 목회자와 성도가 함께 교회를 세워가려고 지속적으로 전체 교인이 모이는 워크숍을 해온 덕분이다. 이는 대형 교회가 쉽게 할 수 없는 일이라 생각한다.

물론 생명숲교회의 한계는 교회학교를 포함해서 100명 정도 되는 소규모 교회이기에 인적 자원의 한계와 물적 자원의 한계가 있으나, 생명숲교회는 성경적 교회, 개혁교회(장로교회), 건강한 교회를 추구한다는 분명한 목적의식을 가지고 있다. 예를 들어 의사결정 구조는 운영위원회를 중심으로 이루어지는데, 운영위원회에는 청년부 부장과 청년 대표가 함께 참여한다. 청년부 부장으로부터 청년부 상황을 들을 수 있으나 직접 청년에게서 청년들의 상황을 들을 수 있다는 점이 장점이다. 보다 중요한 장점은 청년이 교회 의사결정에 참여한다는 것이다. 청년의 교회 출석이 감소하는 상황에서 청년 대표가 교회 전체 의사결정에 참여하므로 청년이 교회 구성원의 주체가 된다는 것을 상징적으로 보여주는 것이 더 큰 장점이다. 교회 부임 후 성경적 교회, 개혁교회, 건강한 교회를 추구하는 실천적 행위는 크게 두 가지로 진행되었다. 하나는 부임한 후 "생명숲말씀마당"이란 주제로 상반기와 하반기에 진행된 특별 프로그램이다. "생명숲말씀마당"의 커리큘럼은 신구약 성경을 전반적으로 공부한 후 종교개혁 특강, 칼빈주의 특강(TULIP), 한국교회사, 교파에 대한 이해 등으로 이어졌고, 수요기도회에서는 교리 공부를 진행했다. 다른 하나는 성도들의 자발적인 활동이다. 몇몇 성도들이 2017년부터 한 달에 한 번씩 책을 읽고 나누는 독서 모임(일명 "북적북적")이 시작되었고, 이제는 독서 모임 2기(일명 "어쩔책수다")로 발전해서 책을 읽고 나누며 글쓰기도 진행하고 있다. 대표적으로 독서 모임에서 읽은 책들은 『세이비어 교회 이야기』, 『페어처치』, 『신학자의 과학 산책』, 『문학은 어떻게 신앙을 더 깊게 만드는가』, 『중근동의 눈으로 읽는 성경』, 『코로나19 이후 시대와 한국교회의 과제』 등이다. 스스로 읽고 토론하는 독서 모임을 통해 목회자에 의존하지 않고 자립하는 기독교인으로 자라가고 있다.

2. 목회자의 부임 연도와 목회 철학 및 활동

필자는 대학에서 기계공학을 전공한 후 신학대학원, 대학원에서는 기독교교육학을 공부했다. 언더우드 선교사님이 세운 교회에서 교육전도사, 전임전도사, 부목사를 섬긴 후 미국 버지니아 리치몬드에 있는 Union-PSCE에서 기독교교육학을 공부했다. 언더우드 선교사님이 세운 전통교회에서 부목사로 섬기면서 전통교회 구조보다 교회 개척에 대한 관심이 더 많았다. 어느 날 개척교회 담임목사를 구한다는 광고를 보고 현 생명숲교회에 지원했다. 당시 생명숲교회는 개척교회가 아니었다. 이미 개척한 지 7년째 되는 교회였다. 필자가 생명숲교회에 부임하기 전에 장로님께 "왜 개척교회가 아닌데, 개척교회 담임목사를 구하는 청빙 광고를 냈습니까?" 하고 물었더니 "우리 교회는 개척교회를 하는 마음으로 다시 시작하지 않으면 소망이 없다"라는 답변을 들었다. 필자는 2013년에 생명숲교회에 부임했다. 필자는 소명과 관련하여 두 가지 부담감이 있었다. 하나는 농촌교회에 대한 부담이었다. 대학교를 다니면서 목회자로서 부르심을 받았을 때 농촌교회에 대한 소망이 있었다. 생명숲교회의 주소는 진영읍 진영리로 행정구역상 가장 작은 단위 조직에 위치한 농촌이지만, 당시 교회 주변에 있었던 많은 논밭이 지금은 곳곳에 아파트가 들어선 소규모 지역으로 전환되었다. 필자는 주거지로 수도권을 벗어난 것은 미국 유학 시절에 이어 생명숲교회의 부임이 두 번째였다. 둘째 부담은 개척교회에 대한 부담이었다. 전통교회에서 7년 4개월을 섬기던 당시 개척교회 열망이 컸다. 전통교회는 체계적이며 조직화 된 목회 구조로서 장점이 있지만, 유연성과 긴급한 일에 대처하는 능력은 부족하다. 일례로 전통교회를 섬기던 당시 IMF 외환위기가 닥쳤다. 국가적·총체적 위기였다. 이에 대해 긴급하고 유연한 목회적 대처가 필요했는데, 이미 짜인 예산과 인적 자원 등으로 인해 발 빠른 대처가 부족한 것을 보았다. 아쉬움이 컸다. 이 사건을 교훈 삼아, 지금은 교회적으로 혹은 지역사회적으로 교회가 감당해야 할 사명이 있을 때는 필요에 따라 그 주제에 연관된 'TFT'를 구성해서 성도들이 함께 기도하고 고민하여 연구해서 이런 문제들에 대처한다.

필자의 목회 철학이나 목회의 중점사항은 구체적 내용은 많이 발전하고 있지만, 총체적인 것은 큰 차이가 없다. 필자의 목회 철학은 성경적 교회, 개혁교회, 건강한 교회의 지향이다. 필자가 선교적 교회 세미나에 참석한 이유는 '선교'보다 '교회론'에 있다. 필자는 "건강한 교회"를 "균형 잡힌 교회"로 정의하는데, 에클레시아 교회론(모이는 교회)과 디아스포라 교회론(흩어지는 교회) 사이에 균형을 이루는 것이다.

생명숲교회는 절기헌금 중 일부를 외부에 사용하고 있다. 성경에서 절기의 기쁨을 고아, 과부, 객과 나누라는 말씀에 근거해서 부활절헌금은 제3세계 개안 수술비로, 맥추감사헌금은 제3세계 우물 파기에, 추수감사절헌금은 이주노동자들의 김장비로 지원한다. 성탄절헌금은 과거 다문화가정 자녀에게 장학금 지급에 사용했는데, 현재는 진영읍 사무소에 기증해서 이주노동자 가정을 지원하도록 하고 있다. 몇 년 전 지역에서 베트남 선교를 시작한 목사님과 연결되어 교회 건물 전체를 언제든지 베트남 선교를 위해 사용하도록 교회가 결정했다. 네 개의 층으로 되어 있는 교회 건물 어디든지 사용할 수 있도록 결정한 것이다. 공유 교회의 시도였다. 아쉽게도 김해에 베트남 교회가 세워지므로 진행되지 못했지만, 운영위원회에서 공유 교회의 필요성을 설명하고 이해시킴으로 언제든지 교회 건물 전체를 공유화할 수 있는 길을 열어 놓았다.

3. 교인들의 특징과 욕구

생명숲교회는 젊은 교회다. 필자가 부임한 지 11년이 되었음에도 40대와 50대가 주축일 정도로 젊은 교회다. 교인의 거주지도 교회 인근으로 전형적인 지역교회다. 젊은 성도들이기에 생명숲교회의 교인들은 독서 모임을 조직하여 스스로 운영하는 것처럼 그리스도인으로서 배우고 연구하는 기독교인들이다. 생명숲교회의 교인들은 교인 대표 10명을 선출해서 교회의 운영위원회를 구성해서 중요한 의제를 토론하고 결정하는 자발적이며 능동적인 기독교인들이다. 이렇게 교회를 운영하는 중요한 이유는 종교개혁 정신 때문이다. 종교개혁의 모토 중 하나는 '만인제사장설'이다. 안수받은 사제만이 아니라 부름받은 성도는 모두 제사장이기에, 모든 성도가 자발적으로 교회에 참여하고, 제사장(목회자) 수준으로 배우고 공부하는 것이 종교개혁의 전통에 서 있는 교회와 성도가 할 일임을 생명숲교회 성도는 알고 있다.

자발적이며 능동적인 기독교인의 모습에 대해 한 가지 예를 들고자 한다. 2017년 연말에 중고등부 교사들이 머리를 맞대고 회의한 결과물이 있었다. 필자가 목회하는 지역인 진영은 김해시나 창원시에 비해 낙후되어 있다. 지역의 낙후성은 고스란히 다음 세대의 교육으로 이어졌다. 중고등부 교사들은 이 문제의 심각성을 인지하고 있었다. 지역의 다음 세대 발전을 위해 중고등부 교사들이 무엇을 할 수 있을까에 대한 진지한 고민과 회의 후에 내린 결정은, 공모를 통해 경상남도 교육청의 지원으로 지역 중고등학생을 대상으로 열린 프로그램을 열자는 것이었다. 지역사회를 위한 중고등부 교사들의 공모가 채택되어 2018년 경상남도 교육청에서 1,000만 원을 지원받아 인근의 중학교 건물에서 중고등부 교사들의 자발적인 헌신으로 매주 토요일 지역 중고등부 학생들을 위해 열린 프로그램을 열었다. 개설된 열린 프로그램은 현직 고등학교 국어 교사가 지도하는 책 읽고 토론하기, 창원지방법원 판사가 진행하는 법과 일상생활, 대기업에서 컴퓨터 프로그래머가 진행하는 코딩 수업(진영 지역의 학생들은 코딩을 배우기 위해 매달 많은 돈을 들여 창원이나 부산으로 가는 상황이었다), 현직 중학교 교사가 진행하는 공동체 활동, 특별 활동으로 다산 정약용 생가 방문이었다. 모든 열린 프로그램은 해당 분야의 전문가이자 생명숲교회 중고등부 교사들에 의해 직접 운영되었다. 2019년에는 장소를 옮겨 생명숲교회 예배당에서 지역 중고등학생을 대상으로 열린 프로그램을 이어갔다.

2020년 이후 코로나로 중단되었지만, 중고등부 교사들이 매주 토요일 오전에 지역사회를 위해 헌신하는 것은 지역교회로서 지역을 섬기고자 하는 자발적이며 능동적인 마음이 없이는 불가능한 일이었다.

4. 생명숲교회의 지역적 특징과 욕구

교회 소재지가 진영읍이지만 실제로는 아담한 소도시다. 교회 소재지인 진영은 신도시와 구도시로 구성되어 있다. 신도시는 새로 택지를 개발하여 아파트 단지가 들어선 곳이다. 구도시는 예전부터 있었던 진영읍의 중심지다. 최근에 스타벅스와 버거킹이 주변에 생겼다. 교회가 위치한 지역사회의 특징은 젊은 세대들이 많다는 점이다. 초등학교가 아파트 단지 안에만 세 개이고, 진영읍으로 넓히면 5개, 넓게 보면 총 6개이다. 진영에는 개별주택이 많고, 잠시 왔다 가는 사람들도 많다. 아파트 거주자들은 진영에서 오래 사는 편이다. 김해시 전체의 특징처럼 진영도 이주노동자와 다문화가정이 많다. 지역주민들은 다음 세대에 대한 교육열이 높다. 생명숲교회는 어린이를 비롯한 다음 세대와 다문화가정과 이주노동자를 하나님 나라 관점에서 품어야 하는 것이 과제를 가지고 있다.

5. 선교적 교회에 대한 목회자의 이해

필자는 선교적 교회를 성경에 나타난 교회 본연의 모습, 또는 교회의 본질을 회복하는 교회라고 생각한다. 한국교회는 개교회 중심주의나 교회 성장주의에 매몰되면서, 한국교회가 사회로부터 배타적이며 이기적이라는 비판을 받아 왔다. 교회들 사이의 경쟁도 사회에 부정적 영향을 줬다. 선교적 교회는 한국교회의 부정적 측면을 극복하려는 시도라 하겠다.

6. 선교적 교회 세미나로부터의 인상적인 배움/교훈

한국교회 중 선교적 교회의 모델이라 할 만한 부천 새롬교회, 쌍샘자연교회, 고기교회로부터 배움과 도전을 받았다. 새롭게 선교적 교회를 시작하는 교회의 입장에서 2, 30년 동안 선교적 교회의 토대를 확고하게 한 교회를 볼 때, 저런 교회의 모델을 어떻게 새롭게 시작하는 교회에 적용할 수 있을까 하는 부담감이 있을 수밖에 없다. 생명숲교회는 교회와 교인이 실천할 수 있는 쉬운 것부터 하나씩 해 왔다. 필자는 생명숲교회가 할 수 있는 작은 것을 하나씩 하다 보니 여기까지 왔다. 그래서 큰 부담을 덜었다.

7. 선교적 교회에 대한 배움을 교회에 적용 및 계획

생명숲교회는 전 교인을 대상으로 워크숍을 몇 년 주기로 진행한다. 워크숍은 세미나의 한계를 극복할 수 있는 대안이다. 세미나는 주로 한 주제에 대해 전문가들이 발제하고 듣는 것에 그치지만(이렇게 듣는 것은 시간이 지나면 쉽게 잊어버리는 약점을 가진다), 워크숍은 해당 주제에 대해 교회 내의 전문가가 대략적으로 강의한 후 소그룹으로 흩어져서 그 문제를 어떻게 개인, 교회, 지역사회에 적용할 것인가를 나누며, 각각 소그룹에서 나눈 것을 발표하기에 해당 주제에 대해 배운 것을 심도 있게 정리하고 적용할 수 있는 장점이 있다. 가장 최근에 진행한 전교인 워크숍은 2022년 10월이었고, 주제는 "환경"이었다. 당면한 기후 위기에 대해 기독교인으로서 어떻게 대응할 것인가에 대한 워크숍이었다. 1부에서는 미리 교회에서 각 가정에 나누어준 타일러 라쉬의 『두 번째 지구는 없다』를 읽고 느낀 점을 소그룹에서 나누고, 2부에서는 개인, 교회, 지역사회에서 당면한 지구 생명 공동체의 기후 위기 해결을 위해 어떤 실천을 할 것인가를 역시 소그룹에서 나누고 발표하는 시간을 가졌다. 전체 진행은 현직 장학사이자 소그룹 진행 전문가인 교회 집사님이 맡았다(생명숲교회는 강사를 외부보다 교인 중에서 발굴해서 맡긴다). 전 교인 워크숍에서는 상당히 다양한 의견이 나왔다. 그 중에는 김해시가 정책적으로 바뀔 수 있는 것을 지속적인 민원으로 제기하자는 제안도 있었다. 올해 실천하기 쉬운 것으로는 월 1회 지역사회 청소하기와 지역사회 구성원들이 생각할 것("지속가능한 지역 우리 손으로")을 현수막으로 걸기다(주기적 교체).

8. 목회자로서 현재 가장 큰 어려움

필자가 생각하는 목회, 하고 싶은 실천을 마음껏 하지 못하는 아쉬움이 있는데, 이는 소규모 교회 목회자의 한계라고 생각한다. 하고 싶은 것과 해야 할 것도 많은데, 인적 자원과 물적 자원의 한계가 있다. 지역사회의 특성에 따라 다문화가정과 이주노동자들이 많다. 그런데 이들 가정은 아동에게 무관심하거나 한부모 가정은 아동을 돌보는 데 한계가 있다. 아파트 주민들은 자녀 교육에 관심이 많다. 생명숲교회당 건물 중 2층, 3층, 4층은 다문화 선교를 할 수 있는 공간이 있다.

다음 세대를 위한 사역, 이주노동자와 다문화가정을 위해서 교회가 해야 할 것과 하고 싶은 것들이 많은데 실천하지 못하는 어려움이 있다.

9. 선교적 교회로 세우기 위해서 정책 당회나 목회를 통한 적용

운영위원회 주관으로 선교적 교회 관련한 책을 읽고 생각을 공유하는 시간을 가졌다. 선택한 책은 한국일 교수의 『선교적 교회의 이론과 실제』(장로회신학대학교출판부, 2016)였는데, 운영위원회가 모일 때마다 한 장씩 읽고 토론했다. 이 책을 읽고 토론하기 전, 필자가 운영위원회에서 한국일 교수가 그의 책에서 제안하는 선교적 교회의 정의를 요약하고 발표했는데, 한 집사님이 선교적 교회의 요약을 보고 이미 우리 교회가 하고 있는 것과 상당히 비슷하다고 말했다. 교인들은 생명숲교회가 선교적 교회를 이미 실천하고 있는 것으로 평가한 것이다. 생명숲교회의 교인들은 선교적 교회에 대한 거부 반응이 없다.

10. 선교적 교회에 대한 당회원과 제직 교육

필자는 제직 교육에서 선교적 교회를 다룬 적은 없고, 주로 설교에서 언급하고 있다.

11. 선교적 교회로의 전환에서의 어려움이나 장애물

특별한 어려움은 없다. 필자는 선교적 교회로 전환하려 할 때 가장 근원적 문제는 성도들이 세상에서 하나님이 부르신 성도로 살아간다는 소명 의식이라고 본다. 그렇지 않으면 선교적 교회에 대한 논의나 활동은 교회의 프로그램으로 끝난다.

12. 선교적 교회에 대한 개인적 연구

선교적 교회에 대한 책과 논문을 읽고 흐름을 파악했다. 교회에서 성도들이 세상에 보냄 받음 선교사로서의 소명 의식 갖기 위해서는 성경을 읽고 성경대로 살고, 소그룹이나 교인들을 위한 성경 공부 교재를 개발할 필요가 있다. 필자는 미국 유학 당시 성서 연구 교재 개발에 참여한 경험이 있기 때문에 선교적 교회를 위한 성서 연구 교재를 개발하는 데 어려움이 없다.

김해 생명숲교회 선교적 목회의 특징과 과제

황홍렬 교수

생명숲교회의 선교적 목회의 특징으로는 첫째, 노헌상 목사는 생명숲교회에 부임한 초기부터 교회 성장주의와 개교회주의를 극복하고, 성경적 교회, 개혁교회(장로교회), 건강한 교회, 건강한 목회를 지향했다. 이것은 성경에 따른 교회의 본질을 회복한 교회로, 선교적 교회이다. 둘째, 그렇지만 교인들이 이전 목회자와의 불일치로 인한 상처가 커서 그것을 치유하는 목회에 집중했다. 노헌상 목사는 처음부터 건강한 교회를 지향했지만, 교회 상황에 따라 교인들의 상처를 치유하는 데 먼저 집중했고, 목회자와 교인들 사이의 관계를 회복하는 데 힘을 쏟았다.

셋째, 이렇게 관계가 회복되면서 성경 공부, 생명숲 말씀마당, 독서 모임, 전교인 워크숍 등을 지속적으로 실시하여 교인들의 의식을 바꾸는 데 집중했다. 노헌상 목사는 생명숲 말씀마당을 통해 종교개혁 전통, 개혁교회 신학, 교회 역사 등을 교인들과 나누었다. 이를 통해 생명숲교회는 선교적 지역교회의 신앙 공동체 육성을 이룩했다(황홍렬,『선교적 목회 길잡이』, 184). 그 열매가 교인들 중심의 독서 모임과 운영위원회를 통한 교회 운영이다. 넷째, 생명숲교회는 절기헌금을 제3세계의 우물 파기를 지원하고, 제3세계의 개안 수술비를 지원하고, 지역사회의 이주노동자와 다문화가정을 지원하고 있다. 중고등부 교사들은 지역 중고등학생을 대상으로 열린 프로그램을 진행했다. 이처럼 생명숲교회의 신앙 공동체 육성은 역사적이고, 공동적이며, 경험적이고, 역동적 실천을 하고 있다.

다섯째, 생명숲교회의 목회 방향은 목회자 중심이 아니라 성도 중심이다. 즉, 목회자가 성도의 도움을 받아 자신의 목회를 실천하는 것이 아니라 목회자는 성도들을 통해서 세상을 변화시키는 역할을 감당하고 있다(한국일, 『선교적 목회 길잡이』, 49). 특히 운영위원회에는 청년 대표가 참여하여 청년들도 교회의 의사결정에 참여하고 있다. 고령화 교회로 인해 지속가능성의 위기에 직면한 한국교회에 구체적 대안을 제시한 모범이라 생각한다. 이는 종교개혁의 모토인 만인제사장을 실천하는 교회이다. 여섯째, 선교적 교회와 마을 목회의 모범 사례인 부천 새롬교회, 쌍샘자연교회, 고기교회를 보면서 노헌상 목사는 부담감을 느꼈지만, 하나씩 하다 보니 생명숲교회가 오늘에 이르렀다면서 부담을 덜게 되었다고 했다. 운영위원회의 주관으로 교인들은 한국일 교수의 『선교적 교회의 이론과 실제』를 읽고 자신의 교회와 비교하면서 생명숲교회를 선교적 교회로 평가했다. 목회자는 목회자대로 선교적 교회의 모범 사례로부터 배운 것을 생명숲교회에 적용하려고 노력했고, 교인들은 교인들대로 선교적 교회의 책을 통해 자신의 교회와 활동을 점검하면서 선교적 교회로 발돋움하려고 노력했다. 이렇게 목회자와 교인들의 노력이 합쳐져서 생명숲교회는 선교적 교회로 전환 가능성이 생기게 되었다.

일곱째, 이런 과정을 통해 생명숲교회는 선교적 지역 교회의 신학함의 차원에서 볼 때 공동체 신학을 실천하고 있음을 본다(황홍렬, 『선교적 목회 길잡이』, 181). 한국일 교수의 책을 읽을 뿐 아니라 그 내용을 통해 자기 교회의 현실을 분석함으로써 생명숲교회가 선교적 교회라고 결론을 내리는 과정을 보면 교인(회중) 공동체가 신학함에 참여하고 있음을 알 수 있다. 뉴비긴이 회중은 복음의 유일한 해석자라고 언급한 바와 잘 연결된다(한국일, 『선교적 목회 길잡이』, 50).

생명숲교회의 과제로는 첫째, 선교적 지역교회로서 이주노동자와 다문화 선교에 참여할 상황이다. 어린이를 위한 지역사회 선교 역시 고려해볼 만하다. 공유 교회처럼 방과후교실과 장소를 공유하는 것도 하나의 길이 될 수 있을 것이다. 둘째, 생명숲교회는 교인들 간의 친교(코이노니아)를 넘어 지역주민들과의 친교로 확대되는 것이 지역사회 선교의 출발점이 될 수 있을 것이다(한국일, 『선교적 목회 길잡이』, 45-48). 바꿔 말하면 선교적 교회의 지역사회 선교는 성육신적 선교가 되어야 하며, 지역주민들에 대한 이해, 어려움을 겪는 지역주민들과의 연대 그리고 지역사회의 변혁을 지향하는 책임적 행동을 취해야 할 것이다(최동규, 『선교적 목회 길잡이』, 84-95). 셋째, 2022년 전교인 워크숍 주제가 환경이었는데, 남선교회원과 여전도회원이 "생명의길 초록발자국" 교육에 참여하여 생명숲교회가 보다 적극적으로 기후 위기에 대처하는 것이 필요하며, 환경주일 예배를 드리는 것이 필요하다고 본다. 넷째, 노헌상 목사는 미국 유학 시절 기독교 교육 교재를 제작한 경험이 있다. 선교적 교회를 위한 성서 연구 교재를 공동 개발할 때 노헌상 목사가 적극적으로 참여할 필요가 있다.

창원 성도교회의 선교적 목회 이야기

박희광 목사

1. 교회의 역사와 특징, 한계

필자는 2016년 5월 1일 창원시 의창구 팔용동에 성도교회를 개척했다. 기존 교회가 분열되면서 개척했기에 교인들에게는 상처가 있었고, 개척 초기 그 상처를 어루만지며 위로하는 데 많은 노력을 기울였다. 신앙생활을 처음 하신 분들이 아니라 비록 상가교회로 역사가 짧고 재정이나 인력은 부족했지만, 함께 건강한 교회의 비전을 나누기에는 충분했다.

2. 교회의 지역적 특징과 욕구

창원 팔용동은 교통 요지이고 인구가 밀집한 지역이지만, 구도심에다가 2022년 행정구역 개편으로 개편 전 4만 명이 넘던 인구가 2024년 1월 현재 25,533명으로 줄었고, 공장 지대가 포함되어 있어 이주 노동자가 약 900명 가까이 함께 거주하고 있다. 관내에 초등학교

2곳, 중학교 2곳 그리고 고등학교가 1곳이 있지만, 학부모의 학구열이 높거나 학군이 좋은 편은 아니다. 지역사회의 구성은 토박이와 유동 인구가 외국인노동자들과 함께 섞여 살고 있지만, 공동체성을 이룰만한 지역 커뮤니티가 활성화되어 있지 않고, 지역 개발 초창기부터 지역의 역사를 기억할 만한 모든 자료와 유물이 아파트와 공장 개발에 묻혀서 자랑할 만한 역사의 유산도 남아 있지 않아 아쉬움이 많다. 반면에 지역을 사랑하는 마음으로 주민자치 활동에 힘쓰는 사람들이 우리 마을을 의미 있게 만들기 위해 주민자치위원회, 부녀회, 바르게살기위원회 등 다양한 활동에 열심을 내는 이웃들이 많이 있다. 필자는 과거는 어쩔 수 없지만 지금부터 지역사회에 행해지는 일들이 이 지역의 살아있는 역사가 되리라는 마음을 가지고 이 지역 생태 공동체를 이루고자 하는 꿈을 품고 2022년부터 탄소중립마을만들기 추진위원회의 위원으로 활동하고 있다. 열정에 비해 여전히 우왕좌왕하며 큰 성과를 내고 있지는 못하지만, 탄소중립이 필요하며 작은 것 하나라도 실천해야 한다는 마음만은 하나이기에, 차츰 작지만 의미 있는 열매들이 나타날 것으로 기대한다.

3. 교인들의 특징과 욕구

필자가 섬기는 성도교회는 성도 수가 40명 정도의 작은 교회다. 10대~20대 교인이 약 10명 정도, 40~60대 교인이 25명 정도, 70대 이상 교인이 5명 정도로 분포하고 있으며, 교인 중 1인 가구는 청년 한 세대와 사별한 어르신 두 세대 등이다. 대부분의 교인들은 교회를 중심으로 차로 약 15분 이내의 인접 지역에 거주하고 있다.

성도교회는 최근 5년 이내에 새신자가 약 3가정 정도 등록하여 새 가족 등록은 저조한 반면, 열심히 봉사하던 성도들이 직장에서 은퇴하는 경우가 점점 증가하고 있어서 재정적으로나 헌신된 일꾼의 확보 측면에서 우려가 되는 상황이다. 교회학교는 있지만 불신자 가정에서 오는 어린이는 없고, 모든 자녀가 등록 교인의 자녀들이고, 어린이 부서의 어린이들이 중학교로 진학하면서 어린이는 한 명만 남았다. 2024년부터는 교육부라는 이름으로 아동부와 중고등부와 청년부를 함께 묶어 교육하고 있는데, 오히려 나뉘어 있을 때보다 자치 활동이 더 활발하며 관계도 끈끈해진 것 같다.

코로나를 전후해서 다소 침체되고 역동성을 잃어버렸다. 그렇지만 2023년 12월에 목사 위임식과 안수집사와 권사 임직식을 치르는 과정에 성령님의 도우심으로 인해 예배 참석률이 높아져서 기도의 열기가 살아나고 있고, 성도의 교제가 활발해지고 있다. 남선교회와 여전도회 중심으로 옥상 텃밭도 가꾸고, 옥상 바비큐 파티, 교회 주변 쓰레기 줍기 등으로 하나 되어 가고 있다. 모든 교인이 교회가 제시하는 전도사역(영혼 구원)과 녹색사역(피조물 구원)에 대해 주도적이고 적극적으로 참여하면서 교인들 안에 부흥하려는 의욕이 넘치고 있다. 특별히 필자는 코로나 이후 기후 위기 시대의 교회의 사명으로 녹색교회를 제시하였다. 처음에는 교인들이 수동적이었지만, 지금은 스스로 녹색 활동을 계획하고 주도적으로 실천하고 있어서 목회자의 비전과 같은 마음, 같은 뜻을 갖고서 자발적으로 헌신하는 편이다.

4. 목회자의 부임 연도와 목회 활동
: 제자 훈련, 일꾼 임명, 가정교육 공동체

필자가 2016년에 성도교회를 개척하면서 가장 먼저 시도한 것은 제자 훈련이었다. 그와 함께 필자는 당시 하브루타라는 유대인의 전통적인 교육 방식을 제자 훈련과 교회학교 교육에 도입했다. 하브루타는 짝을 이뤄 공부한 것에 대해 서로 질문을 주고받으며 논쟁하는 가운데 스스로 답을 찾도록 하는 유대인의 전통적 토론 교육 방식이다. 필자는 이런 교육 방식을 통해 "생각하는 교인"을 양육하고자 했다.

필자는 이런 교육 방식을 먼저 제자 훈련의 틀 속에 적용하여 큐티 대신에 하브루타 방식으로 성경을 묵상하고 적용하게 하였다. 성경에 대해 질문하고 스스로 진리를 찾아가는 방식을 교인들은 낯설어하고 힘들어했다. 그렇지만 이 훈련에 적극 참여한 몇몇 교인들의 경우는 필자가 생각하지 못한 깊이 있는 질문과 적용을 나누면서 서로 놀라워하기도 했다. 필자는 제자 훈련에 하브루타 성경 묵상을 도입하면서 수동적으로 목회자를 따르는 목회자의 제자가 아니라 그리스도의 제자가 되고, 제자 훈련을 통해 교회 안에서만 열심을 내는 기존 제자 훈련의 한계를 넘어서서 삶의 한복판에서 겪는 수많은 문제에 대해 스스로 말씀 속에서 답을 찾아가며 주님의 뒤를 따르는 참 제자로 성장하기를 기대했다. 그 결과 2019년 제자 훈련을 모두 마친 수료생 중에 장로님 한 분과 권사님 두 분을 일꾼으로 세우는 큰 성과를 거두었다.

또한 하브루타 성경 공부 방식을 어린이와 청소년 교육에도 적용하면서 하브루타 선교회가 진행하는 여름성경학교에 참여하기도 했고,

우리 교회 자체로 어린이와 중고등학생, 청년이 모두 함께 참여하는 하브루타 성경 공부와 토론회를 여름 캠프 형식으로 진행하기도 했다. 이를 통해 일방적인 말씀 주입이 아니라 어려서부터 말씀에 대해 질문하고 스스로 삶에 적용할 수 있도록 훈련했다. 이러한 방식의 성경 공부에 가장 수용성이 높은 세대가 자녀 세대였다.

뿐만 아니라 경건한 유대인들이 금요일 저녁마다 안식일 가족 식탁 모임을 갖는 것에 착안하여서 2020년 5월 가정의 달을 맞아 한 달 동안 매 주일 저녁에 "행복한 가족 밥상 모임"을 진행하도록 하였다. 아버지가 중심이 되어 밥상 모임을 진행하게 하였고, 미리 제작된 교재 속에 나오는 성경 말씀을 가지고 자녀들과 질문하고 대화하고 토론하며 하브루타 하는 시간을 갖게 하였다. 단순히 성경을 읽고 일방적으로 설교하는 가정 예배가 아니라 하브루타 형식으로 대화와 토론을 진행하게 하면서 말씀을 가지고 가족 간에 대화가 이루어질 수 있음을

성도교회 하브루타 가족 밥상 모임

체험하게 했다. 그리고 마지막에는 항상 부모가 자녀를 위해 축복하며 기도해 주었다. 모임이 끝난 후에는 최고의 요리를 준비해서 가족들이 이 시간을 기다리고 적극 참여하도록 진행하였다. 이와 같은 가정 하브루타를 통해 아버지를 가정의 영적 제사장으로 세우고, 자녀를 부모의 첫 제자로 삼으며, 가정을 예배 처소 삼아 그리스도가 주인 되는 가정을 이루기를 소원하였으며, 그 결과 교회와 세상, 신앙과 삶의 이분법을 넘어서 일상의 삶의 자리에서 하나님을 예배하는 참된 예배자로 세우고자 했다.

그런데 마침 하브루타 제자 훈련과 가정 하브루타 훈련을 열심히 적용하던 때에 코로나가 확산되면서 더 이상 교회에 모일 수 없는 상황이 되었고, 그동안 하브루타 교육을 통해 훈련한 신앙과 삶의 이분법을 극복하는 훈련을 이제는 가정과 일터에서 실제로 삶의 예배를 드리는 예배자로, 일상에서 참된 제자의 삶을 살아내는 실전에 돌입하게 된 것이다. 그래서 코로나 시절 대면 예배가 불가능하게 되었을 때 가정에서 영상으로 예배드리면서 그동안 가정 하브루타를 통해 훈련했던 대화와 교제가 더욱 활성화될 수 있었고, 코로나로 인한 영적 손실을 최소화할 수 있었다고 자평한다.

코로나 기간에 필자는 온라인으로 진행된 선교적 교회 세미나를 처음 접하게 되면서 코로나 팬데믹의 원인이 되는 기후 위기와 인간의 탐욕에 대해 이해하였고, 팬데믹이 가져온 뉴노멀에 대해 목회자로서 어떻게 받아들이고, 목회에 어떻게 적용해 가야 할지를 깊이 고민하는 계기가 되었다. 그와 함께 부·울·경 교회환경지도사교육에 참여하면서 필자의 목회에 새로운 전기를 마련하게 되었다. 바로 녹색교회에 대한 비전이 그것이다. 기후 위기는 대형 교회, 건물 중심, 기복주의의 목회에 대한 깊이 성찰하게 만들었고, 기독론 중심의 신앙이 잃어버렸던 창조 신앙에 대해 깊은 관심을 갖게 하였다. 특히 인본주의적 성경 읽기로 인해 하나님의 창조 질서를 파괴하고 무너뜨리는 큰 죄를 범하였음을 깨닫고 통회하고 자복하며 생태적 회심을 경험하였고, 생태적 성경 읽기를 시작하는 계기가 되었다.

2021년 코로나 이후 대면 예배가 시작되면서 첫해 동안 필자는 절기를 중심으로 녹색 캠페인을 시작했다. 이어지는 2022년에는 단순한 캠페인을 넘어 작은 것부터 실천에 동참할 수 있게 유도하면서 녹색교회에 가입하였고, 기후 위기 대응 '정다운 작은 도서관'도 개설했다. 그리고 2023년에는 보다 본격적인 다양한 녹색 활동을 적극적으로 추진해 왔다.

필자는 목회전문대학원에서 예배와 설교를 공부하였기에 설교가 기독교 세계관을 형성하는 핵심이며, 성만찬은 성도들이 생태적 영성을 갖게 하는 데 얼마나 중요한지를 알았다. 그래서 녹색교회로 전환하기 위해 성도들과 함께 생태적 관점으로 성경을 읽고, 읽은 본문을 녹색의 관점으로 설교하면서 녹색 기독교 세계관을 형성하기 위해 힘썼다. 그리고 생태적 회심에 초점을 맞추어 매월 1회 성찬식을 거행하였다. 교인이 적다 보니 주일 예배는 자연스럽게 모든 세대가 예배하는 "온 세대 예배"를 함께 드린다. 오히려 단계별 신앙 교육이 세대 간의 단절을 가져오는 오늘날 교회 교육의 문제점을 자연스럽게 극복하고 모든 세대가 어우러져 예배가 다음 세대 교육의 현장이 되고 있다. 특별히 우리 자녀들이 어른들의 예배에 수동적으로 참여하는 것이 아니라 그들도 이 예배의 주체임을 인식하도록 하기 위해 격월로 교육부에서 찬양 인도와 예배 인도를 맡아서 진행한다. 별도의 교육 활동은 없지만, 주일 오후에 교육부 자체적으로 모여 예배를 준비하기 위해 찬양밴드 팀을 구성해서 찬양을 연습하면서 하나가 되고, 간혹 녹색 활동으로 비건 요리 만들기, 기후 위기 미술 작품 만들기 등에 참여하고 있다.

5. 선교적 교회에 대한 목회자의 이해

필자는 지역사회(마을)에 하나님의 나라를 세우는 것을 선교적 교회라고 이해한다. 하나님께서는 교회 안에서만 일하시는 것이 아니라 이 세상, 특별히 우리 지역과 마을 속에서 이미 하나님 나라를 이루기 위해 일하시고 선교하고 계신다고 믿는다. 안타깝게도 지금까지 우리는 하나님이 일하시는 영역을 교회 안에만 가둬두고 교회 안에서는 하나님을 찾고 예배하고 하나님의 일에 동역한다고 생각하면서 교회 밖의 사람들을 하나님이 계시는 교회 안으로 데리고 오는 것이 교회의 사명이라 생각해 왔다. 즉, 교회는 방주이며 교회 밖의 사람들은 죄인들이라고 이분법적으로 규정한 것이다. 그러나 이제 이러한 이분법을 극복하고, 교회를 벗어나 교회 밖 일상의 모든 삶의 자리에서 일하시는 하나님을 만나는 것이 중요하다. 특별히 도시화, 산업화 등으로 인해 공동체성이 파괴된 지역과 마을 속에 하나님께서는 공동체성을 회복하시기 위해 지금도 일하고 계신다. 또한 인간의 탐욕으로 병들고 파괴된 이 지구의 생태계를 회복하시기 위해 이미 일하고 계신다. 따라서 성도들은 교회와 세상의 이분법을 극복하고, 가정과 지역사회 안에서 이미 일하시고 역사하시는 하나님과 함께 깨어진 공동체성을 회복하고 창조 질서를 회복하는 생태적인 마을 공동체를 이루는 것이 선교적 교회의 중요한 사명이라고 생각한다. 이러한 선교적 교회의 시각에서 보면 지역사회 주민들은 불신자가 아니라 비그리스도인, 즉 잠재적 교인이다. 목회의 영역은 이제 교회의 울타리를 넘어 지역사회로 확대하고, 교회는 단순한 신앙 공동체를 넘어 우리 마을을 생태 공동체로 만들어 가기 위해 지역사회의 모든 자원과 정보가 모이고 유통되는 플랫폼 역할을 감당해야 한다고 생각한다.

6. 선교적 교회 세미나로부터의 인상적인 배움/교훈

코로나가 발생한 당시 온라인으로 참여했던 선교적 교회 세미나를 통해서 배운 가장 중요한 것은 코로나 팬데믹의 원인과 영향 그리고 코로나 팬데믹 이후 새롭게 형성될 뉴노멀에 관한 것이었다. 이를 통해 필자는 코로나 시대를 어떻게 이해하고 바라봐야 하는지, 팬데믹 이후의 세계는 이전과는 전혀 같을 수 없는 새로운 사회가 만들어질 것을 내다보며, 한국교회는 어떻게 이를 대처해 가야 할 것인지에 대한 통찰을 얻을 수 있었다. 이미 코로나 팬데믹 이전부터 한국교회가 변화하지 않으면 안 된다는 요구가 있었지만, 코로나 팬데믹은 이러한 변화의 요구를 가속화시키지 않으면 안 되도록 극단적으로 교회를 밀어붙였다. 특별히 대면 예배의 전면 금지는 교회와 세상, 신앙과 삶의 이분법을 극복해 가기 위해 이전부터 하브루타 가정 예배를 실시해왔던 시도가 이제는 어떤 프로그램으로서가 아니라 실제로 실시되지 않을 수 없는 상황이 되면서 건물 중심, 목회자 중심의 신앙에서 벗어나 일상의 삶을 예배 처소로 삼는 신앙으로 변화하게 했다.

또한 선교적 교회의 최근 동향이라는 강의에서 제3의 장소, 근접 공간이 성육신적 선교의 한 방법이 되고 있으며, 한국교회에서는 카페나 작은 도서관이 그 역할을 하고 있다는 강의를 들었다. 그래서 필자는 교회의 교육관에 기후 위기 대응 도서관이란 컨셉으로 정다운 작은 도서관을 개관하여 지역사회와 소통하는 창구로 삼고 있다. 지역사회 사람들이 책을 빌리러 오지는 않지만, 도서관 관장으로서 지역사회 속에 들어가 환경에 대해 강의도 하고, 지역주민들에게 다가가는 근접 공간의 역할을 하고 있다.

특히 마을 목회에 대한 강의를 통해 큰 도전을 받아서 교회를 벗어나 지역사회의 모임인 "탄소중립마을만들기추진위원회"에 참여하여 같이 밥도 먹고, 우리 마을을 탄소중립마을로 만들기 위한 다양한 활동에 참여하면서 선교적 삶을 실천하게 되었고, 경남 교육지원청에서 실시하는 마을 교사로 등록하여 마을을 교육 공동체로 세우기 위한 활동에도 참여하고 있다.

2023년 7월 선교적 교회 탐방은 그동안 온라인으로만 만나던 선교적 교회 회원 목사님들과 교제하는 것도 좋았지만, 선교적 교회와 마을 목회를 실천하는 교회들의 사례를 직접 접하고, 이를 놓고 회원 목사님들과 서로 생각을 나누면서 선교적 교회 마을 목회의 비전을 더욱 굳건하게 하는 계기가 되었다.

7. 선교적 교회에 대한 배움을 교회에 적용 및 계획

1) 성도교회의 목적과 세 가지 목표

필자는 코로나 팬데믹이 끝남과 동시에 녹색교회를 향한 비전으로 새로워질 것을 선포하며 2022년 교회의 표어를 "복음으로, 교회를 새롭게 세상을 이롭게"(엡 1:23)로 정하고, 새로워져야 할 세 가지 방향을 제시했다: "믿음을 새롭게, 교회를 새롭게, 목회 방향을 새롭게." 첫째, 필자가 새로운 믿음으로 제시한 비전은 신비주의 영성과 생태적 영성이다. 이는 초월적 기적과 은사라는 차원에서의 신비주의가 아니라 하나님께서 창조하신 세계가 놀라운 신비임을 깨닫는 영성이요, 일상이 하나님의 기적임을 고백하며 감탄하는 신비주의로 믿음이 새롭게 되어야 한다. 나 같은 죄인을 구원하시고, 하나님 자녀 삼아주신 것이 신비요 기적이며, 함께 예배할 수 있는 동역자들이 곁에 있다는 것이 놀라운 신비다. 특별히 하나님이 창조하신 모든 만물 속에 하나님의 신성과 능력이 보여지고 있음을 깨닫고 감탄하게 되면 자연스럽게 생태적 영성에 눈을 뜨게 될 것이다. 우리가 그동안 당연하게 여기던 것들이지만, 믿음의 눈으로 볼 때 물, 공기, 흙, 불, 식물, 동물, 자연, 우주 등 모든 존재와 생명은 하나님께서 주신 것으로 감사하고, 그 생명이 서로 연결되어 있음을 인식하며, 생명을 사랑하는 것이 생태적 영성이다. 이런 생태적 영성은 지금까지 우리의 성경 읽기와 신앙의 언어와 습관들이 대단히 인간 중심적이었음에 탄식하게 하며, 창조 신앙으로 우리의 믿음을 새롭게 한다.

필자가 교회를 새롭게 하기 위해 제시한 것은 작은 교회와 녹색교회다. 작은 교회는 인간의 탐욕과 욕망으로 대형화, 세속화, 물량화되는 오늘날의 교회가 더 이상 공동체적이지 못하게 되어 버린 교회의 한계를 인식하여 이제 교회는 작아지고 주님의 위대하심만 드러나는 교회로, 교회 안에 갇힌 교회가 아니라 교회 밖 세상을 섬기는 교회로 새롭게 되고자 하는 비전이다. 교회 공동체의 섬김을 통해 마을 공동체가 회복되고 지구 공동체가 회복되어 마을과 피조 세계 위에 하나님 나라가 이루어지도록 하는 하나님 나라의 비전을 실천하는 교회가 우리가 지향하는 작은 교회다. 또한 이처럼 공동체적 영성으로 마을과 피조 세계를 섬기는 작은 교회는 자연스럽게 녹색교회를 지향한다.

필자가 새로운 목회 방향으로 제시한 것은 미니멀 라이프와 환경 선교다. 잘 버리고, 잘 나누고, 재활용, 새활용을 실천하면서 소유로부터 자유를 누리는 미니멀 라이프를 실천하는 교인들로 변화시키도록 목회 방향을 새롭게 정했다. 또한 필자는 기후 위기 속에서 환경 선교사로 부르시는 하나님의 부르심을 깨닫고, 부르심에 응답하는 삶을 살도록 교인을 훈련하고 실천하는 것으로 목회 방향을 정했다.

2) 교회의 목적과 목표를 이루기 위한 실천 프로그램

믿음을 새롭게 하기 위해 가장 먼저 한 것은 성경을 신비와 생태적 관점으로 새롭게 읽는 것이었다. 그래서 2022년 한 해 동안 에베소서, 마가복음, 로마서를 4개월 동안 각 50번씩 반복해서 통독하도록 하였고, 필자는 매주 성도들이 읽는 성경을 신비주의와 생태적 관점으로 설교하면서 말씀에 대한 이해도를 높였다. 그리고 4개월이 되는 마지막 주에는 성경퀴즈대회를 열어서 그동안 공부한 내용을 점검하였다. 또한 매월 중보기도집을 발간하여 성도들을 위해 중보기도를 하였다. 이때 기후 위기와 창조 질서 회복을 위한 기도문을 실어서 성도들의 기도의 범위를 인간을 넘어 모든 피조물로 확대하였다. 또한 6월 첫째 주 환경주일을 맞아 야외 예배를 드리면서 예배 중에 새싹과 나무를 심는 의식을 통해 생태적 영성을 고취시켰으며, 점심 식사 이후에는 자연물을 활용한 게임과 주변의 식생을 알아보는 게임 등을 통해 생태적 감수성을 길렀다. 게임 상품으로는 제로웨이스트 제품을 준비하여 시상하여 환경주일의 의미를 마지막까지 살리기 위해 노력하였다.

앞서 언급했듯 필자는 생태적 영성을 고취시키기 위해 교회 절기를 생태 영성과 연결시켰다. 사순절에는 예수님의 십자가 고난에 동참하며 "탄소 금식"을 선포하고, 탄소를 줄이는 생활 습관들을 세부적으로 정하여 실천하게 하였고, 실천한 것을 현황판에 스티커로 붙이도록 하여서 많은 성도가 동참하였다. 부활절에는 달걀 대신에 부활 생명의 의미를 담고 있는 반려 식물을 교인들에게 선물하였더니, 이웃에게 선물하면서 부활의 기쁜 소식을 전하는 분들로 인해 뜻깊은 부활절을 보낼 수 있었다. 부활절 이후 기쁨의 50일 동안에는 지구 이웃과 부활의 기쁨을 나누는 의미로 미니멀리즘을 생활 속에서 실천하도록 했다. 창조절(9월 1일~10월 4일)에는 중보기도집을 통해 매일 피조물의 파괴와 창조 세계의 회복 그리고 기후 위기에 대해 집중적으로 기도하도록 하였다. 대림절에는 '플라스틱 감축 생활 영성 훈련'을 캠페인 형식으로 진행하여서 플라스틱 쓰레기 오염의 심각성을 인식하면서 일상의 생활 속에서 플라스틱의 소비를 줄이고 다회용기를 사용하도록 유도하였다.

교회를 새롭게 하기 위한 녹색 프로그램으로는 2021년에 녹색교회 추진위원회를 조직하여 NCCK에서 선정하는 녹색교회 심사 기준에 맞게 우리 교회가 할 수 있는 바를 실천하였고, 2022년 심사를 통해서 녹색교회로 선정이 되었다. 이는 성도교회가 지금까지 행해 온 녹색 활동이 더욱 탄력을 받는 계기가 되었고, 성도들도 더욱 적극적으로 동참하는 계기가 되었다. 2023년 녹색교회 추진위원회를 탄소중립위원회로 개편하고, 기존에 목회자 중심으로 수동적으로 진행했던 활동을 위원회 중심, 평신도 중심으로 진행하도록 하였다. 또한 2023년 1월부터는 "현재 기후 위기와 생태적 파괴의 현실 속에서 우리 그리스도인들의 신앙이 어떻게 삶을 변화시킬 수 있을까?"를 고민하면서 매월 둘째 주일 오후 예배 시간에 "나를 바꾸고 세상을 바꾸는 세미나"(일명 "나바세바 세미나")를 실시하였는데, 환경 선교사, 자원순환, 탈원전, 창원시의 환경정책, 지속가능발전교육(ESD) 등에 대해 각 분야의 전문가들을 모시고 강의를 들으면서 생태적 삶으로 변화를 모색하였다. 필자가 청주의 쌍샘자연교회를 탐방할 기회가 있었는데, 그 교회에서 매주 1,000원을 헌금하며 기후 위기의 심각성을 인식하도록 하는 것을 우리 성도교회에 적용하여 2022년부터 성도교회는 매주 기후헌금(1,000원)을 드리도록 하여 기후 위기의 심각성을 깨닫고, 환경 선교사로 결단하도록 하고 있다.

성도교회는 개척 초기부터 종이컵을 사용하지 않고, 2022년부터는 주보도 꼭 필요한 몇 장만 제작하고 주보도 없앴다. 선교적 교회 세미나 중에 거제 신현교회에서 추수감사주일에 땡큐 거제 기프트 박스를 제작하여 어려운 이웃들과 나누는 것을 소개받았다. 이것을 성도교회에 적용하여 추수감사주일에 기후헌금으로 모금한 금액과 성도들이 준비한 기프트 박스를 가지고 기후 위기에 취약한 독거노인에게 작은 선물 상자와 금일봉을 전달했다. 성도들이 자녀들과 함께 독거노인을 방문하여 직접 전달하면서 어르신들의 형편과 상황을 보고 대화도 나누어서 자녀들에게는 섬김과 나눔의 좋은 교육이 되었고, 성도들에게도 교회의 교회됨을 실감하는 계기가 되었다.

목회 방향을 새롭게 하기 위한 프로그램으로는 앞서 언급한 주일 오후 예배 시간 "나를 바꾸고 세상을 바꾸는 세미나"를 통해서 기후 위기를 비롯하여 다양한 주제를 기독교 세계관 세미나의 주제로 선정해서 진행하여 교인들이 현재의 맥시멀 라이프에서 미니멀 라이프로 인식의 전환을 가져오도록 하였다. 성도들을 환경 선교사로 세우기 위해 기독교환경교육센터가 진행하는 환경 선교사 과정에 3명의 성도가 수료하였다. 선교적교회마을목회연구소가 남녀선교회원들을 대상으로 진행하는 "생명의길 초록발자국" 교육에 3명의 성도가 수료하였다. 또한 여전도회를 중심으로 한 달에 한 번씩 지역사회의 쓰레기를 줍는 플로깅(plogging: plocka upp+jogging) 봉사를 하고 있으며, 남선교회를 중심으로 교회 옥상에 텃밭을 가꾸면서 옥상 잔치도 하는 등 성도의 교제를 위한 귀한 바탕이 되고 있다.

3) 정다운 작은 도서관(2022년)

필자는 성도교회 내에 기후 위기에 대응하는 생태도서관을 준비하다가 2021년 12월에 설립 허가를 받았다. 선교적 교회 세미나에 참여하면서 교회와 세상의 중간 거점 공간이 필요하다는 것을 알게 되었다. 기후 위기 시대에 생태적 도서관을 통해 지역사회에 비슷한 생각을 가진 주민들과 만날 수 있다고 기대했다. 성도교회는 '정다운 작은 도서관'을 2022년 2월에 개관했다. 정다운 작은 도서관은 주민과의 소통과 만남보다는 필자가 도서관장으로서 학교나 도서관에 가서 강의하거나 교육하면서 기후 위기에 대한 의식을 확대하게 되었다. 필자는 교인들에게 녹색 비전을 나누는 방편으로 생태 도서를 소개하고 권유하고 있다. 교인들은 책을 다 읽지는 않아도, 기후 위기와 생태에

성도교회 정다운 작은 도서관장인 박희광 목사의 생태 특강

대해 관심을 갖는다. 교인들은 부담보다는 좋은 도전을 받는다고 한다. 그렇지만 교인들은 바쁜 삶에 쫓겨 책 읽는 것을 힘들어하는 편이다. 그래서 책을 대여하면 달란트를 주고 성탄절 달란트 잔치 때 선물을 받도록 하고 있다.

4) 녹색교회(2022년)

필자는 2021년에 녹색교회에 대한 캠페인을 전개했다. 또한 부산장신대 평생교육원이 총회 사회봉사부와 MOU를 체결하고 진행하는 교회환경지도사과정(20주)을 수료했고, 교회 안에 녹색교회 추진위원회를 조직했다. 2022년 성도교회의 녹색 활동으로는 신비주의 영성을 소개하고, 부활절에 반려 식물을 나눴으며, 전 교인 에베소서 50독

운동을 전개했고, 매월 1회 생태 정의를 위한 중보기도를 드렸다. 종이 주보를 없애고, 사순절에는 탄소 금식을 실천했다. 2022년에는 한국기독교교회협의회 생명문화위원회와 기독교환경운동연대가 성도교회를 녹색교회로 선정했다. 2022년에는 기독교환경운동연대가 그린 엑소더스 릴레이 기도회를 열었다. 고기교회의 사례를 참조하여 녹색교회추진위원회 중에 집사님 한 분이 기후 위기와 RE100 등에 대해 발표하는 시간을 가졌는데, 필자의 설교보다 더 성도들의 인상에 강력하게 남을 정도로 잘하여서 깜짝 놀랐다. 2023년 그린 엑소더스 릴레이 기도회 때에는 탄소중립위원 두 분이 역할을 나누어서 역시 같은 주제로 발표하면서 기후 위기에 대한 성도들의 인식과 수준이 상당하다는 것을 알 수 있었다.

성도교회 기후변화 특별전시회 1.5도

성도교회가 2022년 녹색교회로 선정

5) 교회 옥상 주말농장(2022년)

교회 옥상에 텃밭을 만드는 일은 2021년에 필자 혼자 시작했다. 기존 옥상에 10평 정도 되는 조경을 위한 정원에 사람의 손길이 닿지 않아 지저분하게 있던 것을 남선교회원들의 도움을 받아서 정비하고, 각종 채소를 심기 시작했다. 2022년에는 경남 교육지원청의 마을학교 사업으로 선정되어 재정적인 지원을 받게 되었다. 어린이들이 부모님과 함께 옥상 텃밭에 자기 가족의 팻말을 만들어서 가정마다 구역을 나눠 이름이 적힌 팻말을 세우고, 종자도 심고, 비료도 주어서 주말 가족 단위 농장을 일구었다. 주일에 어린이들은 자신의 텃밭에 물을 주며 돌보는 것이 주어진 책임이자 즐거움이었다. 2023년에는 옥상 텃밭을 남선교회가 본격적으로 맡아서 진행했다. 올해는 남선교회가 수확한 농작물로 독거노인을 섬기고자 하는 계획을 세웠다. 주말농장의 텃밭 농사는 남선교회 회원들이 더 좋아한다. 텃밭 농사는 그들을 치유하는 효과가 있다. 주말농장에서는 바비큐 파티가 열리기도 한다. 때로는 전교인 참여하는 바비큐 파티를 열기도 한다. 주말농장에서는 텃밭 농사만이 아니라 교인들의 사귐도 이뤄진다.

성도교회 옥상 주말농장

6) 2024년 목회 계획

금년도 교회 주제는 '치유'다. 오후 예배 시 기독교 세계관 세미나의 주제를 치유로 정해서 그에 적합한 강사를 모시고 있다. 예배 중 환우들을 위해 기도하고, 전도를 치유와 연계한다. 즉, 한 사람을 교회로 인도하는 것이 목적이 아니라 그 영혼이 어떤 상처와 아픔이 있는지를 대화하면서 위로하고 회복하는 관계를 형성하고자 한다. 교인 숫자를 늘리는 것이 목적이 아니라 관계를 형성하고 그들의 아픔이나 상처를 치유하고자 하는 것이다. 또한 상처 입은 피조 세계를 치유하는 활동들을 절기와 예배를 중심으로 진행하되 보다 평신도 중심으로, 더 많은 성도의 적극적인 참여 속에 이루어질 수 있도록 진행하고 있다. 아울러 필자는 팔용동 탄소중립마을만들기 추진위원회의 회장을 맡아서 지역사회 속에 생태적 공동체를 형성하는 사역에 더욱 적극적으로 참여하며, 성도들도 함께 참여할 수 있는 길을 마련할 계획이다.

8. 목회자로서 현재 가장 큰 어려움

믿음이 새로워지고, 교회가 새로워지고, 목회의 방향이 새로워지면서 이렇게 행복할 수 없을 정도로 행복한 목회를 하고 있다. 하지만 필자에게 동역할 목회자, 함께 공부하고 목회에 적용하면서 성장할 수 있는 동역자가 있다면 좋겠다는 바람이 있다.

9. 선교적 교회로 세우기 위해서 정책 당회나 목회를 통한 적용

필자는 설교를 통해 선교적 교회와 마을 목회를 소개한다. 선교적 교회를 주제로 여러 주일 동안 설교하기도 했다. 정다운 작은 도서관을 설립하면서도 선교적 교회를 소개했다. 교회가 왜 지역사회와 소통해야 하는지, 하나님 나라를 지역사회에 이루기 위해 이런 활동이 왜 필요한 것인지를 설명했다.

10. 선교적 교회에 대한 당회원과 제직 교육

성도교회에는 항존직 교육이나 정기적인 제직 교육은 없다.

11. 선교적 교회 세미나에서 배운 것을 부교역자들에게 교육

부교역자가 없다.

12. 선교적 교회로의 전환에서의 어려움이나 장애물

큰 장애물은 없다. 다만 필자가 목회자로서 선교적 교회에 대한 개념이나 인식이 부족하다. 필자 자신이 좀 더 많은 공부를 할 필요가 있다.

창원 성도교회 선교적 목회의 특징과 과제

황흥렬 교수

성도교회는 교회 분열로 개척한 지 9년이 된 상가교회로, 장년과 은퇴자는 증가하고 새신자는 거의 등록하지 않아 인력과 재정의 한계가 있다. 그럼에도 불구하고 박희광 목사는 처음부터 제자 훈련을 시작했다. 성도교회 제자 훈련의 특징은 "생각하는 교인"을 양성하는 점이다. 이를 위해 박희광 목사는 유대인의 교육 방식인 하브루타를 도입하여 교인들이 서로 배운 것을 질문하며 논쟁하도록 유도했다. 이런 교육 방식을 제자 훈련과 교회학교의 교육에도 도입했다. 이렇게 제자 훈련을 마친 교인 중에서 장로와 권사를 선출했다. 주일 예배에 전 세대가 참여하고 있고, 월 1회 성찬식을 거행한다. 주일 예배 순서를 교회학교가 격월로 맡고 있다.

이처럼 성도교회의 선교적 목회의 특징으로는 첫째, 역사가 짧은 상가교회이지만, 교회의 제자를 넘어선 생각하는 교인을 양성하여 장로와 권사로 세웠다. 비록 일꾼은 적지만, 일을 맡으면 열심히 잘한다. 둘째, 박희광 목사는 선교적 교회를 지역사회에 하나님 나라를 세우는 것으로 이해하고, 교인들이 교회 안에서만이 아니라 세상에서도 일하시는 하나님을 만나는 것을 중요시하고 있다. 즉, 교인들이 자신이 사는 사회와 지역에서 선교적 삶을 살도록 해야 한다(한국일, 『선교적 목회 길잡이』, 41). 박희광 목사는 교회와 가정의 이분법을 극복하기 위해서 교인 가정을 기독교 교육 공동체로 여기고 가족을 위한 성경 공부 교재를 제시했다.

셋째, 박희광 목사는 2022년에 교회의 목적과 교회의 목표를 제시하면서 선교적 교회로의 전환을 구체화했다. 성도교회의 목적은 "복음으로, 교회를 새롭게, 세상을 이롭게"이고, 교회의 목표는 "믿음을 새롭게, 교회를 새롭게, 목회 방향을 새롭게"다. "믿음을 새롭게" 하기 위해 박희광 목사가 제시한 것은 신비주의 영성과 생태적 영성이다. 신비주의 영성은 세상으로부터 도피하여 초월적 체험을 추구하는 영성이 아니라, 일상이 기적이고 신비임을 깨닫는 영성이다. 예수 그리스도의 공생애와 십자가에 기반을 둔 영성은 세상 밖으로 물러나는 것이 아니라 일상에서 이뤄진다(정승현, 『선교적 목회 길잡이』, 117). 생태적 영성은 우주 만물과 생명은 하나님께서 주신 것으로 감사하고, 생명은 서로 연결되어 있음을 자각하며, 생명을 사랑하는 것이다.

"교회를 새롭게" 하기 위해 박희광 목사가 제시한 것은 작은 교회다. 작은 교회는 교회 규모나 교인 수가 작은 것이 아니라 교인의 탐욕과 욕망을 적게 하고, 주님의 위대하심만을 드러내는 교회로, 섬김을 통해 세계와 우주에 하나님 나라가 이뤄지도록 하나님 나라의 비전을 실천하는 교회다. 소외된 이웃과 탄식하는 피조물을 섬기는 작은 교회는 녹색교회를 지향하게 된다. "목회 방향을 새롭게" 하기 위해 박희광 목사가 제시한 것은 미니멀 라이프와 환경 선교다. 미니멀 라이프는 기독교인들이 소유로부터 자유로워지는 것을 지향하는 삶이다. 환경 선교는 기후 위기 속에서 환경 선교사를 부르시는 하나님의 부르심에 응답하는 활동이다. 믿음을 새롭게 하기 위한 실천 프로그램은 영성 사경회, 중보기도, 환경주일 야외 예배, 교회 절기를 생태 영성과 연결하기다. 교회를 새롭게 하기 위한 실천 활동으로는 2021년에 녹색교회 추진위원회와 탄소중립위원회를 조직하여 활동했다. 2023년부터 매월 둘째 주일에는 창조적 기독교 세계관 세미나를 개최했다. 전 교인이 매 주일 기후헌금을 1,000원씩 드린다. 추수감사주일에는 기후 위기에 취약한 독거노인에게 작은 선물 상자와 금일봉을 전달한다. 목회를 새롭게 하기 위한 실천 활동으로는 기독교 세계관 세미나 개최와 정다운 작은 도서관 개관, 교회 옥상 텃밭을 주말농장으로 운영하는 것이다. 성도교회가 지향하는 생태적 영성과 작은 교회와 녹색교회, 미니멀 라이프와 환경 선교는 인간과 피조물을 차별하는 인간 중심성을 넘어서서 기후 위기 시대에 인간과 피조물의 공존, 샬롬을 지향하는 대안 공동체의 영성이다(정승현, 『선교적 목회 길잡이』, 121).

넷째, 성도교회는 기후 위기에 대응하는 생태도서관을 준비하다가 2021년 12월에 설립 허가를 받아 정다운 작은 도서관을 개관했다. 처음에는 정다운 작은 도서관이 기후 위기에 관심을 가진 시민을 만나는 공간으로 기대했으나, 실제로는 관장인 박희광 목사가 학교나 도서관에 가서 강의를 하게 되었다. 정다운 작은 도서관은 박희광 목사가 기후 위기에 관심을 가진 시민들과 만남의 장을 마련하는 계기가 되었다.

다섯째, 박희광 목사는 기후 위기에 대응하는 교회로 녹색교회를 제시했다. 2021년 녹색교회 캠페인을 전개했고, 녹색교회추진위원회를 구성했다. 총회 사회봉사부와 부산장신대 평생교육원이 업무협약을 체결하여 진행한 교회환경지도사과정(20주)을 박희광 목사가 수료했다. 2022년 박희광 목사는 교인에게 신비주의 영성을 소개했고, 부활주일에 반려 식물을 나누었고, 전 교인 에베소서 50독 운동을 전개했다. 종이 주보를 없앴고, 월 1회 생태 정의를 위한 중보기도를 드렸다. 2021년에는 박희광 목사가 교회 옥상에 텃밭 농사를 지었다. 2022년에는 옥상의 10평 정도의 텃밭을 교인들에게 분양하여 주말농장을 시작했다. 교육청의 지원으로 어린이와 엄마가 옥상 텃밭에 가족 팻말을 세우고, 가족 단위로 주말농장을 운영했다. 2023년에는 남선교회가 주관해서 옥상 텃밭 농사를 했다. 금년에 남선교회는 텃밭에서 거둔 농작물로 독거노인을 섬기려 한다. 텃밭은 남선교회 회원에게 치유의 효과가 있다. 가끔 옥상 텃밭에서 바비큐 잔치를 하면서 교인들의 친교가 이뤄진다. 한국기독교교회협의회 생명문화위원회와 기독교환경운동연대는 2022년 성도교회를 녹색교회로 선정했다. 2023년 성도교회는 기독교환경운동연대가 진행하는 그린 엑소더스 릴레이 기도회에 참여했다.

성도교회의 선교적 목회의 과제로는 첫째, 교회와 세상의 이분법, 신앙과 삶의 이분법을 삶의 자리에서 어떻게 극복하는가를 제시하는 것이 당면 과제다. 둘째, 성도교회에는 부교역자가 없다. 박희광 목사는 동역자를 필요로 한다. 필자가 영국 유학 중 영국 신학생들이 3~4개 교회를 섬기는 것을 보았다. 부교역자가 없는 교회에 담임목사와 동역하는 부교역자를 두되 월 1~2회 사역하는 부교역자를 2~3개 교회가 함께 재정을 지출하고, 동역하는 방안을 연구할 필요가 있다. 셋째, 박희광 목사는 설교를 통해 선교적 교회와 마을 목회를 소개해 왔다. 그렇지만 박희광 목사는 선교적 교회에 대한 보다 신학적 연구가 필요하다고 느끼고 있다.

2부

섬김과 나눔을 지향하는
신앙 공동체

— 창립 31년~100년을 맞은 교회들

부산 성덕교회

부산 광안교회

거제 신현교회

부산 소정교회

창원 새빛교회

부산 성덕교회의 선교적 목회 이야기

김찬효 목사

1. 교회의 역사와 특징, 한계

부산 성덕교회는 1951년에 창립되었다. 게일 선교사가 세운 원산 제일교회의 교인들이 1.4후퇴 때 부산으로 피난을 와서 세운 교회가 성덕교회다. 한국전쟁 이후 피난민 대부분은 서울로 올라가 광석교회를 세웠다. 서울로 가지 않고 남은 교인들이 현재 성덕교회 교인의 일부가 되었고, 이후 지역교회로 성장했다.

성덕교회의 역사에서 본 교회의 특징은 첫째, 교회 내 갈등으로 인한 교인 감소와 침체다. 필자가 부임하기 이전 목회자들은 평균 6년에서 7년 정도 재직했으며, 현재 원로목사가 없다. 가장 큰 원인은 목회자와 성도 사이의 갈등 때문이다. 이런 문제로 350명이었던 교인이 평균 출석 120~130명(재적 200명)으로 감소하면서 교회가 침체되어 있었다.

둘째, 세대 단절이다. 성덕교회는 교회의 중추적 역할을 해야 할 40대 중반부터 50대 초반까지의 교인이 거의 없고, 60대 이상 교인이

다수를 차지한다. 그로 인해 중심 세대가 단절되었다. 중심 세대가 되어야 할 1970년대에 출생한 교인이 거의 없다. 이는 교회가 여러 문제로 어려움을 겪었을 당시 갓 결혼한 성도나 청년들이 교회를 나갔기 때문이다. 그 이후 세대인 30대와 40대 초반까지의 가정은 몇 가정에 불과하다. 이들은 청년 시절부터 서로 잘 맞아 결혼하여 자녀를 양육하는 가정들이다.

셋째, 세대 단절로 인한 교회학교의 위축이다. 자녀를 양육하는 중심 세대의 단절은 곧 교회학교 숫자의 감소로 이어졌다. 교회학교에 세대별로 부서가 있지만, 부서별로 인원이 많지 않다. 유치부가 5명이고, 아동부는 10명이고, 청소년부는 11명이다. 지역의 초등학교에는 각 학년당 한 반밖에 없다. 지역의 초등학교도 저출산의 영향을 받고 있다. 이처럼 교회 내 갈등이 교인 감소뿐 아니라 세대 단절로 이어졌고, 그 결과 교회학교의 위축으로 나타났다는 것이 교회의 특징이며 한계라 할 수 있다.

2. 목회자의 부임 연도와 목회신학 및 활동, 교회 목회 현황

필자는 부산장신대학교 신학대학원을 졸업했고, 아주대학교 공공정책대학원에서 사회복지를 전공했고, 한남대학교 대학원 석박사 통합 과정(리더십)을 수료했다. 필자는 이란 선교사와 산성교회 부목사를 거쳐 2018년에 성덕교회에 부임했다.

필자의 목회신학은 말씀과 예배를 중심으로 선교적 목회를 하는 것이다. 이를 실천하기 위해 필요한 세 가지 과제는 다음과 같다. 첫째, 성덕교회가 지역사회에 보냄 받은 교회라는 정체성에 대한 교인의 인식, 둘째, 자신의 삶의 자리에 보냄 받은 선교사라는 교인들의 깨달음, 셋째, 담임목사 자신이 먼저 보냄 받은 삶의 자리에서 선교적 삶을 살기다.

필자가 2018년에 성덕교회에 부임할 때 성덕교회가 지역사회를 위해 하는 활동이 많지 않았다. 성덕교회가 이 지역사회 속에 보냄 받은 교회라는 정체성이 약한 것으로 보였다. 성도들 각자의 삶 속에서도 마찬가지였다. 교회 일에는 열심을 내었지만, 삶의 자리에서 어떻게 살아가는지는 알 수 없었다. 즉, 자기 삶의 자리에 보냄 받은 선교사라는 정체성이 부족한 것으로 보였다. 세 번째 과제인 담임목사의 선교적 삶도 마찬가지다. 필자는 선교적 교회를 주장하고 설교하지만, 주로 교회 안에서만 지내고 삶의 자리에서 선교적 목회를 실천하는 내용이 없다는 점이다. 목회자가 자신의 삶의 자리에서 실천한 것을 설교해야 교인들도 따라갈 모범을 발견할 수 있는데, 그 점에서 필자는 부족했다.

그래서 필자는 우선 설교를 통해서 선교를 지속적으로 강조해 왔다. 해외 선교도 많이 강조했지만, 특별히 지역사회 선교를 많이 강조해 왔다. 하나님께서 이 지역사회에 성덕교회를 세우시고 우리를 이곳에 보내신 이유가 지역사회를 섬기고 지역주민들을 구원하는 데 있기 때문에 지역사회를 위해서 꾸준히 기도하고 섬겨야 함을 강조해 왔다.

설교를 통해 이렇게 강조하고 기도하는 중에 지역에 큰 변화의 소식이 들려 왔다. 첫 번째 변화는 지역사회 개발 계획이다. 성덕교회 주변에는 국내 최초이자 최대 규모의 성매매 업소가 있다. 이로 인해 자녀를 양육하는 젊은 가정들이 다 떠나가고 노인들만 자리를 지키는 지역이 되었다. 그런데 최근 업주들이 스스로 성매매 업소를 폐업하고 재개발하겠다는 계획을 발표했다. 이에 맞추어 부산시 주택사업공동위원회의 승인, 서구청의 허가를 거쳐 고층 주상복합아파트 건축을 앞두고 있다. 지역사회 속에 보냄 받은 교회라는 정체성을 강조하고 지역을 위해 기도하는 중에 생긴 큰 변화라서 감사한 일이다.

두 번째 변화는 성도들에게서 일어났다. 처음 코로나 팬데믹이 발생했을 때 대부분의 교회가 그렇듯이 예배당 문을 닫게 되었다. 그때 필자는 예배당 문을 다시 여는 날, 코로나 팬데믹으로 어려움에 처한 이웃들을 돌아보기 위해서 헌금을 하자고 제안했다. 성덕교회는 가난한 성도들이 거의 대부분이라서 특별헌금 제안을 하면서도 걱정을 많이 했지만, 성도들이 무려 72만 원이나 헌금을 해준 덕분에 남부민1동 행정복지센터를 통해 코로나로 인해 어려움을 겪는 이웃들과 나눌 수 있었다.

코로나 팬데믹 와중에 성덕교회는 그런대로 방역도 잘 되고 의료체계도 잘 갖추어져 있어서 상대적으로 나은 편이었다. 그렇지만 선교지는 대책이 없는 곳이 너무 많았다. 선교지 주민들과 교인들은 외출도 못 하고 생계에 필요한 일도 못 하는 곳이 대부분인 상황이었다. 그 상황에서 사람들이 당장 먹고사는 생존의 문제를 걱정해야 하는 선교지들이 많았다. 그래서 필자가 다시 선교지를 위한 특별헌금을 어렵게 제안했다. 감사하게도 성도들이 100만 원이 넘는 헌금을 했다. 이 헌금을 성덕교회가 후원하는 에콰도르의 선교사에게 보내 코로나로 인해 어려움을 겪는 교인과 주민을 섬겼다. 이렇게 특별헌금을 선교지에 전달하는 중에 어떤 성도가 필자에게 찾아와서 무려 100만 원이 든 봉투를 주면서 아무에게도 알리지 말고 개척교회들을 위해서

써 달라고 요청했다. 그래서 코로나로 어려움을 겪는 개척교회 목회자 세 명에게 헌금을 전달했다. 그 후에 다른 성도에게 연락이 왔다. 성덕교회가 지역사회에 도움이 되는 일을 하면 좋겠는데, 지금 무더운 여름이니까 선풍기를 사서 전달하라고 100만 원을 보내왔다. 그래서 선풍기 30대를 사서 남부민1동 행정복지센터를 통해 지역주민들에게 전달했다.

2020년 말에 한 성도가 필자에게 찾아왔다. 그 성도는 필자에게 100만 원이 든 봉투를 주면서 "목사님 개인적으로 쓰세요"라고 말하고 갔다. 그러나 그 성도의 어려운 사정을 생각했을 때 100만 원이나 되는 헌금을 목회자가 도저히 개인적으로는 쓸 수 없었다. 그때 갑자기 이전에 받았던 100만 원 헌금이 생각났다. 이번에 또 누군가를 통해 100만 원을 주신 것은 그때와 동일하게 쓰라고 하나님께서 주신 돈이라고 생각하게 되었다. 즉시 전기장판을 사서 남부민1동 행정복지센터에 기증하여 지역주민들에게 전달되었다.

2021년이 되어서도 하나님께서 주시면 그 무엇이라도 지역사회를 위해 쓰겠다고 기도하고 있었다. 그런데 여름에 한 성도가 100만 원을 헌금하면서 개인적으로 쓰라고 했다. 이번에는 받자마자 다른 생각이 들지 않았다. 자꾸 나에게 100만 원이라는 헌금이 동일하게 오는 이유는 누군가를 위해서 쓰라고 하나님께서 성도들을 통해서 주시는 돈임을 필자는 알고 있기 때문이다. 그 헌금으로 지역사회 60가정에 치킨을 후원했고, 동 행정복지센터를 통해 지역주민들에게 전달되었다. 그런 가운데 필자에게 새로운 아이디어가 떠올라 어떤 성도에게 제안을 했다. 우리 두 사람이 매달 2만 원씩, 매달 4만 원을 모아서 교회이름으로 지역사회의 아동 또는 청소년에게 두 마리의 치킨을 후원하자고 제안했다. 매달 성덕교회에서 두 마리의 치킨을 후원하겠다는 소식이 지역사회에 알려지면서 사람들이 동참하기 시작했다. 치킨집 사장도, 지역사회복지협의회 회장도, 같이 후원하고 있는 성도의 지인도 그리고 성덕교회의 또 다른 성도도 계속 동참하고 있다. 비록 얼마 안 되는 적은 금액으로 성덕교회가 시작했지만, 이것이 마중물이 되어서 지역사회에서 작은 나눔 운동이 일어나고 있다. 그 결과 성덕교회는 서구청장의 추천으로 부산시 서구 나눔 파트너로 선정되었다. 부산시 서구청은 정기적으로 지역사회에 도움을 주는 회사, 단체, 가게, 교회를 부산시 서구 나눔 파트너로 선정하여 서구청장과 기관 대표와 사진을 함께 찍어서 홍보하고 있다. 현재 교회 현관 입구 외벽에 서구 나눔 파트너 현판이 부착되어 있다.

성덕교회의 나눔은 다양한 방식으로 계속되고 있다. 명절 때는 어떤 성도가 후원을 해서 형편이 어려운 성도들에게 고기를 나누었다. 2021년 가을 성도들의 300만 원이 넘는 헌금을 성덕교회가 후원하는

공한수 서구청장이 성덕교회 김찬효 담임목사에게 나눔 파트너 현판을 전하고 있다.

선교사 전체에게 특별 후원을 했다. 2022년에는 한 성도가 부친상을 치르고 감사헌금으로 100만 원을 헌금했다. 필자는 봄 이불 50채를 지역사회의 어려운 이웃들과 어려운 성도들과 나누었다. 또한 2022년 초에 통가에서 해저 화산이 폭발하여, 성도들이 모은 헌금 400만 원을 통가에 보냈다. 2023년에는 구청 주도로 남부민1동 행정복지센터 내에 지역주민이 필요한 과일, 고기, 식료품 등을 나누는 나눔 냉장고가 생겨났다. 필자는 남부민동 행정복지센터를 방문할 때마다 목회자 개인 이름으로 소액을 기부하고 있고, 지금까지 성덕교회 소그룹 모임도 기부에 동참하고 있다. 한 번의 나눔이 또 다른 나눔을 낳고, 그 나눔이 또 다른 나눔으로 이어지면서 성도들에게 큰 변화가 일어났다. 성덕교회가 이 지역사회로 보냄 받은 교회이고, 우리는 이 지역을

성덕교회 소그룹에서 식료품을 기부해서 나눔 냉장고에 전달

위해서 끊임없이 무언가를 해야 하는 교회라는 것을 모두 자각하게 되었다.

필자가 진행했던 제자 훈련 내용은 주로 기독교 교리와 성경을 가르치는 내용이었다. 기독교 교리를 가르치는 내용으로는 새가족반, 성장반, 사도신경, 십계명, 주기도문, 복음 학교를 진행했고, 성경을 가르치는 내용으로는 수요성경개관, 출애굽기, 레위기를 진행했으며, 올해 요한계시록을 진행할 예정이다. 그 외 중보기도학교를 진행하고 중보기도실을 만들어서 기도하도록 했다.

세계 선교의 경우 아직 파송 선교사는 없지만, 다수의 협력 선교사 지원을 하고 있다. 이를 위해 매월 셋째 주일을 선교주일로 지정해서 선교헌금을 하고, 그 헌금으로 여덟 가정의 선교사를 지원하고 있다. 또한 남선교회와 여전도회에서 기존 협력 선교사 중 세 가정을 추가적으로 지원하고 있으며, 그 외 다른 한 가정의 해외 선교사를 지원하고 있다.

그러나 앞으로 남은 과제가 있다. 성도 각 개인이 자신의 삶의 자리에 보냄 받은 선교사임을 인식하는 것과, 담임목사가 자신의 삶의 자리에서 보냄 받은 선교사로 살아가는 모습을 보여주는 것이 선교적 교회로서의 성덕교회의 과제다. 이를 위해 먼저 제자 훈련의 변화를 고민하고 있다. 그동안 한국교회의 제자 훈련은 교회 일에만 헌신하는 제자를 길러왔다. 이제는 성도들의 삶의 자리에서 헌신하는 제자를 길러내기 위해 제자 훈련의 내용을 고민하고 만들어 가야 할 때라고 생각한다. 이것은 필자가 스스로 연구하고, 자료를 참고하고, 다른 교회 목회자들을 통해 배우면서 해결해야 할 과제일 것이다. 이에 필자는 선교적 교회마을목회연구소에 새로운 제자 훈련을 위한 교재 개발을 제안했다.

3. 교인들의 특징과 욕구

교인 연령별 구성은 10대 이하 교인 12.9%, 20~30대 교인 14.5%, 40~50대 교인 20.9%, 60~70대 교인 36.1%, 80대 이상 교인 15.6%로 구성되어 있다. 60대 이상 교인이 절반 이상으로, 초고령 교회의 기준(65세 이상 교인이 전 교인의 20% 이상)의 두 배를 훨씬 웃돈다. 교인 연령 형태로 보면 전형적인 역삼각형 구조다. 이는 교회의 지속가능성의 관점에서 볼 때 당장 특단의 대책을 실천하지 않으면 심각한 위기를 맞을 수 있다는 경고로 보인다. 교인 거주지의 경우 걸어서 올 수 있는 교회 최인접 거주자의 비율은 적지만, 대부분의 교인이 20분 내로 교회 올 수 있는 인접 거주자이며, 30분 이상 걸리는 먼 지역 거주자는 소수이다. 이는 지역사회 주민과 친교를 나누고, 섬길 수 있는 여건임을 보여준다. 경제적으로는 부유한 성도가 많지 않고, 직업으로도 사업이나 전문직이 거의 없다. 이것은 곧 교회 예산이 많지 않다는 것을 보여주기도 하지만, 성도들 간의 위화감이 덜하고 특정 개인의 경제적 힘에 의존하지 않는다는 장점도 있다.

4. 교회의 지역적 특징과 욕구

성덕교회가 자리 잡은 부산 서구 남부민동은 구도심이지만, 교회 인근에 자갈치역이 있고, 자갈치 시장이 있으며, 남포동이 가까운 거리여서 교통이 나쁘지 않다. 서구의 경우 65세 이상 노인 인구가 전체 인구의 28%로 부산에서 노인 인구 비율이 제일 높은 지역이다. 또한 서구는 젊은 층의 유입이 없고, 출생 인구가 점점 줄어드는 지역으로,

인구가 계속 감소하여 지역 소멸의 위험이 높다. 지역의 주택들도 노후하여 지역사회의 큰 관심사가 재개발이다. 지역 발전 문제가 지역 주민의 큰 관심사이자 욕구다.

이 지역 발전의 가장 큰 장애물은 성매매 업소 밀집 지구였다. 성매매 업소로 인해 젊은 세대들이 이 지역 이주를 꺼렸기 때문이다. 그러나 최근 성매매 업소 자리에 주상복합 아파트 건설 계획이 허가를 받으면서 지역 발전에 대한 기대감을 높이고 있다.

이러한 지역 변화에 따른 선교를 위해 필자는 2023년 10월 항존직 수련회에서 참석자들의 토론 결과를 바탕으로 이전의 전통적 전도 방법과 사회봉사 방법을 재고하자고 제안했다. 지역사회의 변화에 따른 대안적 선교를 마련하는 태스크포스를 조직했다. 연로한 교인들이 거리로 나가 전도하기보다는 교회가 지역사회의 발전에 참여하거나 기여하고 주민들이 교회로 찾아오도록 하는 프로그램을 준비하려고 한다. 그리고 지역사회의 발전으로 새롭게 이주한 주민을 전도하기 위한 계획을 수립하고 있다. 또한 필자는 이미 남부민1동 사회복지협의체 위원으로 참여하고 있지만, 동장의 요청으로 2024년부터 주민자치위원이 되었다. 이는 지역사회 속으로 더 가까이 다가가서 영향력을 끼치기 위한 노력의 일환이다.

5. 선교적 교회에 대한 목회자의 이해

필자는 선교적 교회와 관련하여 다음과 같은 세 가지 생각을 가지고 있다. 이것을 끊임없이 강조하고 실현할 때 우리 교회는 선교적 교회라고 말할 수 있다고 생각한다. 첫째, 우리 교회가 이 지역사회 속에 보냄 받은 교회라는 정체성을 형성하는 것이 중요하다고 생각한다. 둘째, 성도들 각자가 자신의 삶의 자리에 보냄 받은 선교사라는 정체성을 자각하는 것이 중요하다고 생각한다. 셋째, 한국교회에서는 담임목사의 역할이 중요하기에, 담임목사가 선교적 교회의 개념을 끊임없이 강조해야 하되, 담임목사가 먼저 보냄 받은 삶의 자리에서 선교적인 삶을 사는 모습을 보여주어야 한다고 생각한다.

6. 선교적 교회 세미나로부터의 인상적인 배움/교훈

필자는 지역사회 봉사를 많이 하는 것보다는 전통교회가 선교적 교회로 전환하는 것에 관심을 갖게 되었다. 성덕교회가 선교적 교회로 전환하는 것을 고민하던 필자는 선교적교회마을목회연구소가 2023년 7월 진행했던 선교적 교회 탐방에 참여하면서 방문했던 주안장로교회의 사례를 인상 깊게 보았다. 필자는 선교적 설교와 선교적 예배를 시도하는 주안장로교회를 성덕교회의 모델로 삼았고, 주승중 목사의 선교적 설교와 같이 지속적인 선교적 설교의 중요성을 깨달았다.

7. 선교적 교회에 대한 배움을 교회에 적용 및 계획

필자는 성덕교회에서 선교적 설교와 선교적 예배가 이뤄지도록 어떤 설교든지 적용 부분에서 선교적 교회로 초점을 맞추었고, 성도들이 은혜를 받고 훈련을 받아 보냄 받은 삶의 자리에서 복음대로, 말씀대로 살아가도록 권면하기 위해 개인적으로 노력하고 있다.

8. 목회자로서 현재 가장 큰 어려움

현재 단절된 세대를 연결하는 것이 어려운 문제다. 올해 목회 계획 중 한 가지가 30대와 40대 초반의 성도들을 소그룹으로 분리해서 50대 중후반 장로가 리더로 인도하는 계획인데, 앞으로 3년 동안 진행하고자 한다. 이는 세대 단절을 극복하기 위함이다. 30대와 40대 초반의 성도들은 자녀를 양육하느라 바쁜 관계로 시간을 내기 어렵다. 반면에 50대 중후반 장로 그룹은 교회 일을 열심히 하려는데 동역하는 성도를 찾기 어렵다. 가뜩이나 세대 간 단절의 문제로 어려운데 서로 상황이 달라 소통이나 동역하는 데 어려움이 가중될 수 있다. 그렇기 때문에 두 세대는 교회 일로 만나기보다는 먼저 소그룹으로 삶을 나누는 만남/코이노니아가 필요하다. 두 세대가 허심탄회하게 만나 서로를 진정으로 이해할 수 있을 만큼 소통하고 삶을 나누는 것이 선행되어야 한다. 이를 위해 30대와 40대 초반 성도들과의 대화의 시간 그리고 그들만의 특별 수련회를 통해 그들과 소통하려고 한다.

9. 선교적 교회로 세우기 위해서 정책 당회나 목회를 통한 적용

지난 2023년 정책 당회에서 필자는 선교적 교회를 위한 태스크포스의 필요성을 나누고 구성을 제안했다. 지금까지 단 한 번도 '선교적 교회'라는 단어를 공식적으로 사용하지는 않았다. 그것이 해외 선교와 혼동을 일으킬 수 있다는 이유 때문이다. 그렇지만 성덕교회가 지역사회에 보냄 받은 교회인 것과 모든 성도가 자신의 삶의 자리에 보냄 받은 선교사라는 점을 끊임없이 강조해 왔기 때문에 성덕교회 교인들은 '선교적 교회'라는 용어만 모를 뿐 '선교적 교회'의 개념은 안다고 할 수 있다.

10. 선교적 교회 세미나에서 배운 것을 부교역자들, 교회학교 지도자들 교육

성덕교회의 부교역자는 부목사 1명(이상훈 목사)과 교육목사 1명(강동원 목사, 2023년 부임)이다. 필자는 아직 부교역자와 선교적 교회에 대해 나눈 적은 없다. 올해부터는 부교역자와의 나눔의 기회가 많을 것이다. 왜냐하면 올해부터 전 세대 설교 본문을 동일하게 맞추었기 때문이다. 그래서 필자는 매주 부교역자들과 설교 준비 모임을 하고 있다. 분당구미교회의 김대동 목사가 2021년부터 3년 동안 전 세대 설교 본문을 동일하게 진행한 데서 아이디어를 얻었다. 전 세대 제자 훈련의 필요성을 느껴 설교 시간을 통해 교육하고 있다.

11. 선교적 교회에 대한 당회원과 제직 교육

필자는 매년 정책 당회와 전 항존직 수련회 그리고 제직 세미나에서 선교적 교회에 대한 내용을 소개하고 있다. 선교적 교회라는 용어만 사용하지 않았을 뿐 선교적 교회의 개념은 지속적으로 강조하고 있다.

12. 선교적 교회로의 전환에서의 어려움이나 장애물

필자는 사람의 변화가 단시간에 이뤄지는 것은 아니라 장기간 변화되어 가는 과정이라고 생각한다. 따라서 아직까지 어려움으로 느껴지는 일은 별로 없고, 있다고 해도 서두르지 않을 계획이다.

13. 선교적 교회에 대한 개인적 연구

필자는 전통적 교회가 선교적 교회로의 전환을 다루는 이슈를 선교적교회마을목회연구소가 다루기를 원하며, 선교적 목회의 모델을 다양하게 제시하기를 원한다. 작년 탐방했던 주안장로교회가 큰 교회로서 선교적 교회로의 전환의 모델을 보여줘서 큰 격려를 받았다. 다른 좋은 사례를 계속 제시할 필요가 있다.

2023년 전 교인 수련회

부산 성덕교회 선교적 목회의 특징과 과제

황홍렬 교수

　　성덕교회 선교적 목회의 특징은 첫째, 김찬효 목사의 선교적 교회에 대한 명확한 인식이다. 즉, 김찬효 목사는 성덕교회가 지역사회에 보냄 받은 교회라는 교인의 인식, 교인 개개인이 자신의 삶의 자리에 보냄 받은 선교사라는 교인의 깨달음을 강조하고 있다(한국일, 『선교적 목회 길잡이』, 41). 더구나 김찬효 목사 자신이 삶의 자리에서 보냄 받은 선교사로서 선교적 삶을 살아야 함을 고민하고 있다. 둘째, 김찬효 목사는 선교적 교회로의 전환을 위해 먼저 설교와 예배에 집중하고 있다. 2023년 7월 선교적교회마을목회연구소에 속한 목회자 10명이 선교적 교회 탐방을 했다. 김찬효 목사는 주안장로교회처럼 대형 교회가 선교적 교회로 전환하는 모습과 주승중 목사가 선교적 설교를 2~3년에 걸쳐 연속적으로 하는 것에 감동을 받았다.

　　셋째, 선교적 설교와 예배를 통해 교인들에게 변화가 일어나고 있다. 나눔이 나눔을 낳고 또 다른 나눔으로 이어지는, 하나님 나라의 나눔, 오병이어의 기적이 일어나고 있다. 코로나 팬데믹으로 인해 예배당 문을 닫았다가 다시 모여서 예배드리는 날 김찬효 목사는 코로나로 어려움을 겪는 이웃을 위해 헌금하자고 제안했다. 어려운 형편 중에 교인들의 헌금 72만 원을 행정복지센터를 통해 이웃과 나누었다.

어렵게 헌금하거나 목회자 개인이 사용하도록 한 100만 원을 김찬효 목사는 코로나로 어려움을 겪는 선교사에게, 개척교회 목회자에게 보냈다. 명절에는 성도의 후원으로 어려운 형편의 교인에게 고기를 보내기도 했다. 성덕교회는 여름에 선풍기를, 겨울에 전기장판을 구매하여 행정복지센터를 통해 이웃과 나누었다. 한 교인이 부친상을 치르면서 감사헌금을 드린 것으로 이불 50채를 사서 어려운 이웃과 나누었다. 또 100만 원 헌금이 들어와서 지역의 어려운 60가정에 치킨을 보냈다. 김찬효 목사가 한 교인에게 제안하여 매달 2만 원씩 헌금하여 지역의 어려운 청소년 두 명에게 치킨을 후원했다. 이 소식이 전해지면서 교인을 비롯하여 치킨 가게 사장과 지역사회복지협의회장도 치킨 후원에 동참하고 있다. 2022년 초 통가의 해저 화산이 폭발해서 400만 원의 헌금을 보냈다. 이런 모든 일은 기적 같은 일이다. 이는 성덕교회나 김찬효 목사가 계획하여 일어난 일이 아니라 하나님의 선교에 성덕교회 교인들과 김찬효 목사가 참여하면서 일어난 선교 운동성, 선교적 역동성이라 할 수 있다(한국일, 『선교적 목회 길잡이』, 44). 성덕교회나 목회자가 선교 활동을 벌인 것이 아니라, 하나님의 선교가 성덕교회 교인들과 김찬효 목사를 움직인 것이다.

넷째, 성덕교회의 선교적 교회의 특징은 성육신적 선교다. 선교는 프로그램이나 프로젝트가 아니라, 그리스도인의 존재론적 성품에서 나오는 것이다. 성육신적 선교는 하나님의 선교를 위해 부르심을 받고 보내심을 받은 자들이 복음을 들어야 할 사람들의 문화 속으로 들어가 그들과 하나가 되고 그들이 하나님 나라를 경험하도록 만드는 것이다(최동규, 『선교적 목회 길잡이』, 76-77). 선교적 설교와 예배를 통해 변화를 받은 성덕교회 교인들이 어려운 형편 중에 드린 헌금이 선교사와 개척교회 목회자뿐 아니라 가난한 이웃들과 나누고, 교인들의 나눔이 지역사회의 주민들에게도 전해져 그들도 마음이 열려 나눔에 함께 참여하는 일은 하나님 나라의 사건이라 할 수 있다.

성덕교회의 선교적 목회의 과제로는 첫째, 김찬효 목사가 언급한 것처럼 목회자 자신이 선교적 삶을 사는 것이다. 이는 목회자들이 일반적으로 간과하거나 다루기 어려운 부분이다. 김찬효 목사는 교인만이 아니라 목사 자신이 삶의 자리에서 선교적 삶을 살아야 할 것을 고민하고 있다. 귀한 고민이 아닐 수 없다. 둘째, 30~40대 성도와 50대 중후반 성도 사이를 연결하여 세대 단절을 극복하는 과제다. 김찬효 목사는 올해 50대 중후반 성도를 소그룹 인도자로, 30대와 40대 성도를 소그룹 구성원으로 하여 이 과제를 해결하고자 시도한다. 전 세대 예배 설교 본문을 통일하여 선교적 교회를 비롯하여 동일한 주제로 교인 교육을 시도하고 있다. 이런 모든 시도가 교회의 중간 세대를 회복하고 다음 세대로 신앙을 이어가는 데 기여하기를 바란다. 셋째, 지역이 가장 고령화된 지역이고, 인구 소멸의 위험이 있는 지역이라면 어르신 건강 돌봄을 위한 교육을 통해 어르신 건강 돌보미를 양성하여 지역의 어르신을 섬기는 것도 고려해 볼 만하다(이원돈, 새롬교회 사례).

부산 광안교회의 선교적 목회 이야기

함영복 목사

1. 교회의 역사와 특징, 한계

한국전쟁으로 부산으로 피난 온 김형석 교수(연세대 철학과)와 몇몇 성도들이 1953년 1월 4일에 광안교회를 설립했다. 1년 동안 김형석 교수는 평신도로서 말씀을 전하며 교회를 목회했다. 이후 11명의 목회자가 광안교회를 섬겼고, 필자는 5대 위임목사다. 그런데 필자가 부임하기 10년 전부터 교회 내분이 있었고, 필자가 부임할 때도 갈라진 교인들은 1층과 2층에서 따로 예배를 드렸다. 부임 6개월 후 합쳐졌지만, 서로에 대한 상처와 갈등으로 교회를 떠난 성도들도 있었다. 그러나 그런 갈등 속에서도 치유하시는 하나님의 은혜 속에서 회복과 성숙의 교회로 나아가는 중이다.

2. 교회의 지역적 특징과 욕구

광안동은 부산에 속하지만 주민 대다수가 부족함을 느끼지 않는 사람들이다. 필자는 서울 창신동, 약수동이란 산동네에서 살면서 도시 빈민의 삶을 경험했다. 광안동 지역에도 가난한 자들이 살지만, 전체적으로는 교회가 지역을 섬길 영역이 그렇게 많지 않다. 필자가 광안교회에 부임한 후 다음 세대를 위해서 전·현직 교사인 권사와 집사 중 선발해서 어린이들에게 영어를 가르치려고 홍보했다. 그런데 지역 주민들은 "학원에 가면 더 좋은 강사에게 배울 수 있는데 왜 교회를 가야 하느냐?"는 반응이었다. 이처럼 지역사회에서 광안교회가 할 수 있는 섬김의 영역이 많지 않았다. 어떤 의미로 잘 찾아내지 못한 것이기도 했다.

3. 목회자의 부임 연도와 목회 철학 및 선교 활동

1) 목회 철학

필자는 2009년 4월에 광안교회에 부임했다. 부임 후 첫 10년 동안은 치유와 회복의 기간을 설정하고 목회했다. 상처의 얼룩을 지우기 위해서였다. 그 이후 거기 머물러서는 안 되고, 실질적으로 힘을 모아서 나아가려고 지역 연합 봉사, 해외 선교지 확장, 이웃 섬김 등을 실현하면서 분열의 편에 섰던 사람까지 직분자와 사역자로 세우게 되었다. 2023년 교회의 주제는 "하나님을 의지하고 담을 뛰어넘나이다"(시 18:29)였고, 올해 교회의 주제는 "오라 쉬게 하리라!(마11:28) 가라 함께 하리라!(마28:20)"로 정하여 광안교회는 회복과 치유를 넘어 섬김과 선교의 모습으로 나아가려고 한다.

2) 선교적 교회와 선교 활동

(1) 교구별 섬김의 현장

필자가 선교적 교회를 알게 되어 모이는 교회와 더불어 흩어지는 교회가 되기를 고민했다. 필자는 2012년 당회에 매월 마지막 주일은 교구 중심으로 예배를 드리자는 제안을 했다. 이것이 받아들여진 것은 2015년이었다. 교구 중심으로 예배를 드리고, 지역사회를 섬기도록 했다. 교구장 중심으로 섬김의 현장을 결정하여 교구별로 방문했다. 섬김의 현장은 청소년 쉼터, 양로원, 독거노인, 고아원, 소년보호시설 등이다. 그러나 코로나로 인해 중단되었다. 2021년부터 한 교구에서 반찬 봉사를 시작하면서 2023년부터는 교회 차원에서 하게 되었다. 광안교회는 2023년 수영구청과 복지관이 추천한 20가정에 매주 반찬 봉사를 했다. 특히 2024년부터 결손 청소년 가정의 한 아이에게 집중해서 공부를 가르치고 피아노를 가르치고 있다. 더 나아가 마을(교구)들이 반찬 나눔을 넘어서서 선교적 마인드를 갖고 교회 본질을 찾아가는 일을 해보기로 했다. 각 목장(구역)별로 구역원들과 나눔을 하면서 생명 살리는 일을 찾기로 했다. 광안교회는 교구를 마을로, 구역을 목장으로 이름을 변경했다. 사역은 비슷하지만 새로운 마음으로 하자는 취지였다. 그동안 구역장만 세우고 권찰은 별도로 세우지 않았다. 그런데 구역 안에서 젊은 세대와 연결이 잘되지 않았다. 젊은 여집사들을 중심으로 권찰 역할을 하는 섬김이를 세우게 되었다. 섬김이들이 다양한 제안을 하면서 모임이 활성화되고 있다.

(2) 교회 중심의 섬김으로부터 앎브릿지 사역으로의 전환

필자는 전도지를 나누는 전도가 아니라 마을을 청소하는 일을 통해서 전도가 이뤄지기를 바랐다. 교육은 그냥 교육으로 남는 것이 전통적인 교회의 한계라고 생각한다. 시대가 빨리 변하는 데 반해서 교인들은 잘 변하지 않는다. 이런 측면에서 보면 목회자의 바람을 교인들이 감당하기가 쉽지 않다. 지역사회 청소를 광안리에 소재한 7개 교회가 월 1회씩 석 달 청소하기를 진행한 적이 있다. 그런데 갈수록 참석인원도 줄고, 각 교회가 청소를 마치는 시간도 차이가 났다. 지역사회가 교회를 필요로 하는 부분은 많지만, 목회자와 교인들이 함께 대응하는 것이 쉽지 않다. 모이는 교회에 익숙한 교인들은 흩어지는 교회에 부담을 가지는 것 같았다. 그래서 필자는 사역의 주체를 교회로부터 비영리단체인 앎브릿지로 전환하게 되었다.

앎브릿지는 지역사회를 알고, 지역사회의 문제점을 해결해 가며, 예수 그리스도의 사랑을 전하는 가운데 지역사회와 하나님을 연결하는 가교역할을 하는 것을 목적으로 2013년에 설립되었다. 앎브릿지 설립 배경으로는 지역사회를 섬기는 일에 교회가 앞장서면 지역주민은 "교회가 자신을 전도한다"라고 생각하여 교회가 사랑의 마음으로 다가가려 해도 주민들은 마음의 문을 닫는다. 지역주민을 교회에 나오게 하는 것은 두 번째 문제다. 하나님께서 선한 자나 악한 자 모두에게 햇빛을 비추시는 것처럼, 교회가 하나님의 사랑을 전하되 교회가 앞장서지 말고, 교회와 연결되지만 직접 연결되지 않는 기관이나 구청과 연계해서 지역사회를 섬기는 활동을 할 수 있다. 이런 접근방식에 대해 일부 교인들은 교회가 앞장서야 한다고 주장한다. 그러나 선교적 교회는 하나님의 사랑을 지역주민과 자연스럽게 나눔을 통해 그들에게 그리스도에게로 돌아올 수 있는 기회를 부여하는 교회라고 생각한다. 필자는 이와 같이 교회가 직접적으로 나서지 않고 간접적으로 지역사회를 섬기고 지원하는 것이 더 효과적이고 이 시대에 적합한 선교라고 생각한다. 앎브릿지의 대표는 이선태 안수집사(광안교회)이고, 회원 20명 대부분 광안교회 교인이지만, 후원자 중에는 다른 교회 교인들도 있다. 앎브릿지는 2013년부터 독거 어르신을 방문하여 생신 파티를 시작했다. 2014년부터 취약 계층의 난방비를 지원했고, 2016년부터 저소득 가정의 대학생들에게 장학금을 전달했다. 앎브릿지는 2017년부터 구청의 도움으로 독립유공자의 후손들에게 장학금을 지급하는 사업을 시작했다. 2018년 앎브릿지가 비영리단체로 승인을 받은 후에 홀트와 수영 종합복지관과 업무 협약을 체결했다. 앎브릿지는 2021년 12월 80가정에 김장을 지원했다. 그동안 앎브릿지는 모두 독거 어르신 150가정을 방문하여 생신 파티를 열고 생필품을 전달했고, 난방유와 난방 텐트(1,000만 원)를 전달했다. 앎브릿지는 2022년에 청청노노(淸淸老老) 브릿지 사업을 전개했다. 청청노노 브릿지 사업은 청소년, 청년, 사회복지 교육사가 함께 독거 어르신을 매월 1회 1:1로 만나 돌보도록 하는 사업이다. 그동안 청소년과 청년은 교역자나 교사를 통해 참여를 권유받았으나 2022년에는 청소년과 청년들이 스스로 적극적으로 참여했다. 한 팀이 한 가정을 맡아 돌보면서 외식이나 나들이를 하기도 했다. 이처럼 청소년과 청년들이 능동적으로 당위성을 갖고 참여하도록 격려했다.

광안교회는 앎브릿지 사업에 재정을 후원함으로써 간접적으로 참여하고 있다. 주일 점심 식사는 교회가 무료로 제공하지만, 어려운 이웃을 자발적으로 도울 수 있도록 헌금함을 비치했는데 약 120명의 교인이 동참하고 있다. 이 헌금으로 사랑의 우물 파기 사업을 지원했다. 이 사업은 베트남, 캄보디아, 우간다, 필리핀 등으로 확대되면서 비영리기구(NGO)와 연계해서 2013년부터 지금까지 계속하고 있다. 사랑의 우물 사업으로부터 지원 사업을 좀 더 포괄적으로 하자는 의견이 나와 2022년에는 우크라이나 전쟁 난민 후원, 튀르키예 지진 피해 후원 등 재난 지원으로 확대되었다.

앎브릿지 독거노인 나들이

앎브릿지 독거노인 생신 축하

앎브릿지 독립유공자 후손 장학금

앎브릿지 난방유 지원

(3) 광안동 지역의 7개 교회의 연합 사역과 협력 사역(고신, 합동, 통합, 독립교단)

　지역사회에 이단(사랑하는교회)이 들어오는 문제 때문에 광안동에 자리 잡은 7개 교회가 공동으로 대처하면서 2015년 광안동 7개 교회의 연합과 협력 사역이 시작되었다. 우선 7개 교회는 강단 교류를 했고, 매해 7개 교회 체육대회와 연합 추수감사주일 찬양제를 코로나 이전까지 진행했다. 7개 교회 목회자들은 선교적 교회를 비전으로 공유하고, 한남제일교회와 동산교회 등 선교적 교회의 모범 사례가 되는 교회들을 1박 2일로 탐방했다. 7개 교회 교인들이 함께 오후 예배 시간에 한남제일교회 부목사를 강사로 초대해서 세미나처럼 강의를 들었다. 7개 교회 목회자들은 서울에서 열리는 선교적 교회 세미나에 참여하기도 했고, 장로회신학대학교 성석환 교수를 강사로 초대해 강의를 들었다. 7개 교회 목회자들은 지역사회를 위해 함께 섬기자고 마음을 모았다. 지역 학교의 어려운 학생들에게 아침 식사를 제공하기 위해서 서울과 경기도에서 이런 사역을 모범적으로 실천하는 목사를 초청해서 강의를 들었다. 7개 교회는 지역 중학교의 결식 학생들에게 회비를 모아 중학교에 전달하여 아침 도시락을 지원하는 "아침머꼬"라는 프로그램을 전개했다. "아침머꼬" 프로그램은 지금도 지속하고 있다. 그렇지만 교단이 서로 다른 7개 교회의 연합 사역과 협력 사역은 기다림의 시간이 필요하고, 신학과 생각의 차이, 사역 방법의 차이 등으로 쉽지 않다. 코로나 이후 7개 교회의 연합 사역과 협력 사역은 중단되었다.

광안동 7개 교회 목회자들의 선교적 교회 탐방

(4) 광안교회의 세계 선교

광안교회는 40년 전 마카오에 광안교회를 설립하여 본격적인 선교를 시작했다. 그 이후 현재 11개 지역의 선교지를 섬기고 있다. 2023년 인도네시아 라소에 광안 라소교회당을 건축하고 현지인 목사를 지원하였으며, 인도네시아 지역에 두 번째 광안교회 건축을 계획하고 있다. 국내에는 여덟 지역을 돕고 있으며, 매년 청년들과 청소년들을

광안동 7개 교회 연합 체육대회

중심으로 단기 선교를 다녀오고 있다. 2022년과 2023년에는 태국으로 단기 선교를 다녀왔다.

광안교회의 인도네시아 선교

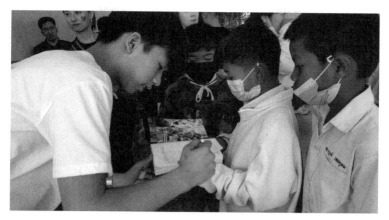
광안교회의 캄보디아 선교

4. 교인들의 특징과 욕구

교인 중 인접 지역에 사는 교인은 대략 63.45%이고, 먼 지역에 사는 교인은 36.55%이다. 교인 연령별 구성을 보면 전체 교인 262명 중 10대 이하가 12%, 20대와 30대가 14%, 40대와 50대가 19%, 60대 이상이 54%이다. 65세 이상 인구가 20%를 넘으면 초고령사회라 한다. 교회는 이미 초고령 교회가 된 지 긴 시간이 흐른 것 같다. 20대와 30대 교인, 40대와 50대 교인을 늘리는 것은 교회의 미래와 직결되는 심각한 당면 과제다.

교인들의 욕구는 목회자가 교인들에게 관심을 더 가져달라는 것이다. 성숙한 그리스도인으로서 복음적 사역을 감당할 수 있는 교인들이 되어야 한다. 실제로는 교인들이 힘든 현실에 살기 때문에 그렇겠지만, 자신의 필요를 목회자가 충족시켜 줄 것을 요청한다. 그래도 일부 성숙한 교인들, 복음의 요구에 순종하려는 교인들은 목회자의 주장에 공감하면서 교회의 사역에 동참하고 있다. 필자는 좀 더 많은 교인들이 가난한 이웃과 지역사회를 섬기는 사역에 동참하면 좋겠다는 아쉬움이 있다.

5. 선교적 교회에 대한 목회자의 이해

선교적 교회의 핵심은 예수 그리스도께서 성육신하셨던 사건처럼, 복음을 교회와 교인들의 삶의 자리에 성육신하는 것이다. 하나님의 사랑이 육신이 되어 이 땅에 오신 것처럼 교회와 교인들은 하나님의 사랑과 마음을 이 땅에서 실천하고 행동해야 한다. 포괄적이며 구체적인 하나님의 사랑을 성육신한 공간이 바로 교회다. 선교적 교회는 하나님의 사랑을 알게 하고 참 생명, 영생을 얻게 하는 통로로, 이런 교회됨을 실현하기 위해 노력하는 교회다.

6. 선교적 교회 세미나로부터의 인상적인 배움/교훈

필자는 작년 선교적 교회 세미나에 제대로 참여하지 못했다. 강의 동영상 파일로 세미나에서 진행된 강의를 듣고, 여러 교회의 사역들도 소개받았다. 필자가 관심을 가진 사역은 미혼모 사역으로, 개인적으로 사역하고 교회적으로 가능하면 함께 하고 싶다. 필자는 3명을 입양해서 함께 살고 있다. 광안교회는 10년 전에 10대 미혼모를 2년 동안 돌보았다. 필자와 교인들이 미혼모를 직접 찾아가서 만나고 도왔다. 광안교회가 미혼모 사역을 하게 되면서 많은 교인들 또한 관심을 갖고 동참했지만, 미혼모 자신이 지닌 문제로 교회를 떠나게 되어 아쉬웠다. 미혼모 섬김은 자립이 목표다. 필자는 미혼모 사역을 선교적 교회와 관련시켜 진행하면 좋겠다. 미혼모 사역을 교회의 본질적 사명과 연계시켜 미혼모가 이전 삶에서 벗어나 새로운 삶을 사는 계기가 되도록 하고, 목회자와 교인들도 미혼모 돌봄을 통해 자기 삶의 자리에서 새로운 삶을 사는 계기가 되기를 바라고 있다. 그리고 보육원에서 자란 청소년들이 성인이 되어 시설을 떠나게 될 때 정부가 지원하는 자립 지원금이 비현실적이어서 홀로서기가 현실적으로 거의 불가능한데, 필자는 성인이 되어 시설을 떠나는 청년들을 돌보는 사역을 하는 것이 개인적 꿈이다.

7. 목회자로서 현재 가장 큰 어려움

필자는 종종 기울어진 운동장에 서 있는 것 같은 느낌이 들 때가 있다.

시대는 급박하게 변하는데, 교회는 이 시대 변화에 앞서가야 하는데, 현실적으로 교회는 변화하는 현실에 맞춰가지 못하고 오히려 뒤처져 있다. 이런 상황에서 "목회자가 아무리 해도 성도는 변하지 않는다"라고 말하는 목회자들이 많다. 초고령 교회로서는 시대의 변화를 수용하기 어렵지만, 이런 변화는 젊은 사람들이 받아들이기 쉽다. 그런데 젊은 세대들이 교회를 떠나는 상황에서 교회의 변화가 어렵다. 제직회에서 젊은 집사가 발언하면 연장자들이 잘 들으려 하지 않는 것 같다.

젊은 세대들의 의견에 부정적으로 반응하는 교회 기관들로 인해 젊은 사람들이 제직회에도 다른 기관에도 열심히 참여하지 않는 것 같다. 교회는 큰 가정과 같아서 서로 다른 구성원들이 서로를 존중하며 하나의 공동체를 이루고 유지해 나가야 한다. 그런데 오늘날 교회는 가정이 아니라 큰 교회로만, 큰 조직으로만 남아 조직에서 소외된 청년들이나 젊은 세대들이 교회를 떠나고, 그럼으로써 시대 변화에 발맞추는 변화는 더 어려워지는 악순환이 일어나는 것이 아닌가 하여 심히 염려된다.

8. 선교적 교회 세미나에서 배운 것을 부교역자들에게 교육

이전에는 교역자들과 선교적 교회들을 탐방하기도 했다. 그런데 부교역자들이 자주 교체되어 교육을 새로 해야 한다.

9. 선교적 교회로 세우기 위해서 정책 당회나 목회를 통한 적용

정책 당회를 통해서는 선교적 교회가 할 수 있는 반찬 나눔과 같은 사역을 제안하고 있다.

10. 선교적 교회에 대한 당회원과 제직 교육

선교적 교회에 대해 청년 대상으로는 세미나를 몇 차례 진행했다. 세미나에 참여했던 청년들이 후에 앎브릿지 사업에 참여하게 되었다. 대표인 이선태 안수집사를 비롯해서 10여 명의 청년들이 지금도 앎브릿지 사업에 참여하고 있다. 그런데 50~60대 이후의 연장자들은 "교회가 직접 하는 것이 옳지 않느냐?"는 생각만 가지는 듯하다. 시대에 맞는 선교적 교회를 이루어 가야 하는데, 연장자인 교인들에게는 교육을 통한 변화가 쉽지 않다는 것을 느낀다. 시대의 변화를 이해하고 수용하여 전도와 선교의 방식이 변해야 한다는 것을 장년 세대는 이해하기 어려운 것도 같다.

11. 선교적 교회론을 교회학교 지도자들과도 공유

선교적 교회에 대해 부교역자와 청소년부 지도자는 긍정적이다. 청소년부는 월 1회 주일 예배 후 독거노인 생신 파티를 하고 있으며, 연 1~2회 독거노인들을 모시고 부산 가까운 곳으로 소풍을 가기도 했다. 2024년 이후 필자는 앎브릿지 대표인 이선태 집사와 함께 선교적 교회론을 더 적극적으로 청년부와 마을(교구)에 적용하려고 한다.

부산 광안교회 선교적 목회의 특징과 과제

황홍렬 교수

 광안교회 선교적 목회의 특징은 첫째, 함영복 목사의 부임 이전에 있었던 교회 내분의 상처로 인해 함영복 목사는 치유와 화해를 통해 선교적 교회로 나아가고자 했다. 둘째, 함영복 목사는 선교적 교회를 하나님의 사랑을 지역주민과 자연스럽게 나누어 그들에게 그리스도에게로 돌아올 수 있는 기회를 부여하는 교회로 이해한다. 선교적 교회의 핵심은 예수 그리스도께서 성육신하신 것처럼 복음을 교회와 교인의 삶의 자리에 성육신하는 것이며, 하나님의 사랑과 마음을 이 땅에서 실천하고 행동하는 것이다. 이러한 이해는 하나님의 선교를 위해 부르심을 받고 보내심을 받은 자들이 복음을 들어야 하는 사람들의 문화 속으로 들어가 그들과 하나가 되고 그들이 하나님 나라를 경험하도록 하는 성육신적 선교를 강조한다(최동규, 『선교적 목회 길잡이』, 77).

 셋째, 광안교회는 지역사회를 섬기기 위해서 2015년부터 코로나 이전까지 매월 마지막 주일에 교구 중심 현장 예배를 드렸다. 교구장이 선택한 섬김의 현장을 교구 교인들이 방문하여 섬긴다. 섬김의 현장으로는 청소년 쉼터, 양로원, 독거노인, 고아원, 소년시설 등이다. 2022년에 한 교구가 반찬 봉사를 시작했다. 이후에는 교회 차원에서 반찬 봉사를 하고 있다. 교구 중심 현장 예배는 교인들이 현장에 가서 섬긴다는 의미도 있지만, 현장에서 섬김을 통해 교인들이 하나님의 사랑과 마음을 새롭게 깨닫고 자기 삶의 자리에서 새로운 삶을 살게 한다. 즉, 성육신적 선교는 프로그램이나 프로젝트 이전에 그리스도인의 존재론적 성품에서부터 나오는 자연스러운 행위다(최동규, 『선교적 목회 길잡이』, 76). 교구 중심 현장 예배는 신앙과 삶의 일치를 지향한다.

넷째, 함영복 목사가 강조하는 성육신적 선교는 교회 안에 갇힌 영성이 아니라 일상에서 실천하는 영성이다. 일상에서의 영성은 교인들이 일상에서 하나님의 선교에 참여할 때 형성된다(정승현, 『선교적 목회 길잡이』, 118). 위에서 언급한 섬김의 현장은 교인들이 살아가는 삶의 자리에서 만날 수 있는 일상이고, 그 일상에 하나님의 사랑과 마음을 가지고 가서 섬기면서 교인들도 현장으로부터 오는 도전을 받아 새롭게 살도록 해야 한다.

다섯째, 함영복 목사는 선교적 교회로의 전환을 위한 일꾼들은 젊은 교인들에게서 나오며, 이들에게 선교적 교회에 대해 교육하는 것을 중요시하고 있다. 목회자로서 가장 큰 어려움이 시대는 급변하는데 교회가 시대에 앞서거나 시대의 변화를 따르기보다는 뒤처져 있다는 점이다. 시대의 변화를 수용하는 것은 초고령 교회로서는 어렵지만, 젊은 세대에게는 가능하다. 그런데 교회가 큰 가정 같아야 하는데 오히려 큰 조직과 같아서 청년과 젊은 세대들이 교회를 떠나고 있다. 이러한 악순환을 극복하기 위해서 함영복 목사는 청년들에게 선교적 교회에 대해 교육했다. 이들이 현재는 지역사회 선교를 위해 중요한 역할을 하고 있다. 교구를 마을로, 구역을 목장으로 이름을 바꿨다. 구역 안에서 젊은 세대들과 소통이 잘 이뤄지지 않고 있어서 함영복 목사는 젊은 집사들을 세대를 연결하는 섬김이로 임명했다. 이들이 다양한 제안을 하면서 목장이 활성화되고 있다.

여섯째, 함영복 목사는 젊은 세대의 교육과 더불어 다음 세대에 큰 관심을 갖고 올해부터 청년부와 청소년부가 주일 예배를 장년과 함께 드리도록 하고 있다. 매월 마지막 주일에는 아동부도 주일 예배에 참석하여 전 세대가 예배를 드린다. 이는 전 세대가 함께 예배를 드림과 아울러 선교적 교회로의 전환에 전 세대가 동참해야 함을 의미한다고 볼 수 있다.

일곱째, 함영복 목사는 교회가 주관하는 지역사회 선교를 2013년에 조직한 앎브릿지를 통해 실천하고 있다. 교회와 교인이 사랑의 마음으로 지역사회에 다가가도 주민들은 교회가 전도한다고 오해하고 마음 문을 닫는다. 성숙한 그리스도인은 복음적 사역을 감당하는 교인이지만, 상당수의 교인은 목회자가 지역사회보다는 교인들에게 더 관심 갖기를 바란다. 이런 이유들로 인해 함영복 목사는 교회의 직접적인 지역사회 선교보다는 앎브릿지를 통한 간접적 선교가 더 효과적이며, 이 시대에 적합한 선교라고 생각한다. 앎브릿지는 2018년에 비영리단체로 승인을 받았고, 홀트와 수영 종합복지관과 업무 협약을 체결하여 협력하고 있다. 앎브릿지 대표인 교회의 안수집사와 회원 20명 중 10명(교인)은 함영복 목사로부터 선교적 교회에 대해 교육을 받았다. 앎브릿지는 이전에는 독거 어르신 생신 파티, 취약 계층 난방비 지원, 저소득층 대학생 장학금 지급, 독립유공자 후손에게 장학금 지급 등의 활동을 해 왔다. 최근에는 청청노노(淸淸老老) 브릿지 사업을 통해 청소년, 청년, 사회복지 교육사와 독거 어르신을 일대일로 만나고 돌보게 한다. 광안교회는 앎브릿지 사업에 재정 지원을 한다. 주일 점심 식사비는 무료이지만 120명의 교인이 앎브릿지 사업을 위해 헌금하고 있다. 이 헌금은 사랑의 우물 파기를 지원하다가 최근에는 우크라이나 전쟁 난민을 지원하고, 튀르키예 지진 피해자 지원에도 사용되고 있다.

여덟째, 함영복 목사는 선교적 교회로의 전환을 광안동 지역의 7개 교회와 더불어 연합 사역과 협력 사역으로 이루고자 했다. 7개 교회는 고신, 합동, 통합, 독립교단 등 다양한 교단에 속하지만, 이단에 공동 대처하기 위해 모이기 시작했다. 7개 교회는 강단 교류, 연합 체육대회, 추수감사주일 찬양제 등의 행사를 통해 친교를 했다. 선교적 교회를 공동의 비전으로 삼기 위해서 선교적 교회 세미나를 개최했고, 선교적 교회의 모범 사례가 되는 교회들을 탐방했다. 지역의 중학교 학생 중 아침 식사를 못 하는 학생들에게 아침 도시락을 제공하는 "아침 머꼬" 사업을 공동으로 진행했다. 코로나 이후에는 협력 사업이 중단되었다. 이는 교단이 다양해서 기다림의 시간이 필요했고, 신학과 생각의 차이가 있고, 사역 방식의 차이가 있기 때문이었다.

아홉째, 광안교회는 10년 전에 미혼모 돌봄의 사역을 2년 진행했다. 함영복 목사 가정은 3명을 입양해서 함께 살고 있다. 함영복 목사의 개인적인 꿈은 보육원에서 성인이 되어 떠나야 하는 청년들을 돌보는 것이다. 이처럼 함영복 목사는 누구보다도 성육신적 선교를 목회자 본인의 가정에서부터 실천하고 있으며, 개인적 꿈도 그 연장선상에 있다.

광안교회 선교적 목회의 과제로는 첫째, 함영복 목사가 강조하는 것처럼 젊은 세대와 다음 세대에게 선교적 교회에 대한 교육을 강화할 필요가 있다. 이는 광안교회가 다음 세대의 활성화를 통해 교회의 지속가능성이 확대될 뿐 아니라, 급변하는 시대에 적합한 교회로 변화하고 그에 적절한 선교 활동을 하기 위해서도 중요하다. 둘째, 함영복 목사가 강조하는 성육신적 선교를 위해서는 교인들을 성숙한 그리스도인으로 양육하는 제자 훈련이 필요하다. 선교적 지역교회의 신앙 공동체 육성을 위해서는 역사적이고, 공동적이며, 경험적이고, 역동적인 실천을 필요로 한다(황홍렬, 『선교적 목회 길잡이』, 184). 셋째, 30대 부부와 40대 부부 모임을 통해 교회의 중간 세대를 강화할 필요가 있다. 넷째, 1인 가구가 40%인 시대에 교인 중 1인 가구를 별도의 마을이나 목장으로 조직하여 돌봄과 친교의 공동체를 이루는 것이 바람직하다.

거제 신현교회의 선교적 목회 이야기

서용진 목사

1. 교회의 역사와 특징, 한계

경남 거제시 고현동에 위치한 신현교회는 1954년 3월 10일 손종길, 신창수, 윤봉근 씨가 신창수 씨 집에 모여 최초의 예배를 드리면서 시작되었고, 한 달 뒤 포로수용소에서 미군이 철수하고 난 막사로 이전하여 고현교회로 현판을 걸고 예배를 드렸다. 이후에도 가정집과 막사를 오가는 어려움이 있었고, 김철주 전도사로부터 시작하여 여러 분의 교역자들이 있었지만 대부분 두 달에서 일 년을 머물러 사역하기 어려운 미자립교회였다. 1970년대 정부의 조선업 부흥 전략에 의해 거제에 대우조선해양, 삼성중공업, 삼성조선소가 설립되며 산업 역군으로 청년들이 거제에 대거 유입되었다. 1976년에 신현교회에 부임한 박병률 목사의 목회 활동 시기에 고등학교를 갓 졸업한 청년들이 교회에 들어오면서 교회가 성장하기 시작했다.

그렇지만 신현교회가 오늘날의 모습을 갖춘 것은 1992년에 부임하여 20년을 목회한 유종하 목사의 목회 활동 시기였다. 유종하 목사는 부임 초기부터 목회의 모토를 "평안과 선교"로 정하고 모든 사역을 교회의 평안과 선교에 집중하였다. 교회 내부에는 하나됨을 강조하고, 평안하여 든든히 서가는 교회로서 평안한 교회를 강조하였다. 특히 선교하는 교회로서의 정체성 확립과 사역의 지경을 확대해 갔는데, 거의 모든 곳에 '선교'라는 명칭을 달았다. 교육관을 지어도 이름을 '선교교육관'이라고 붙일 정도이었다. 그렇게 이뤄진 선교 사역은 우선 해외 선교에 집중하였다. 1994년 중국과 모스크바에 교회를 세우기 시작하면서 유종하 목사가 사역하는 20년간 8개국에 20개의 교회당을 건축했다. 주로 현지 선교사들과 연계해서 교회 공동체가 세워진 곳에 교회당을 건축하였고, 자립이 안 된 교회에 계속해서 선교비를 지원했다. 그 외 초등학교 2개, 고등학교 1개도 건축하였다. 필리핀에 세운 초등학교는 지금도 선교비를 지원하여 운영되고 있다. 매년 해외에 세워진 교회당은 주로 신현교회 교인들의 헌금으로 세워진다. 가정의 기념일이나 개인의 기념일에 평생에 기념할 만한 일로 해외 교회 건축헌금을 하고, 이에 세워진 교회당은 그 가정의 자손들과 함께 기억하고 나눌 소중한 이야기가 되었다.

교회당 건축이 완공되면 입당을 위해 선교팀이 꾸려지고, 교회당을 세우기 위해 헌금한 가정과 다른 교인들이 참석하여 입당 예배를 드린다. 참여한 교인들은 선교 현장에서 선교에 대한 도전을 받고 다음 교회당을 세워가는 선순환으로 이어졌다. 매년 청소년부와 청년부의 비전 트립(단기 선교)팀이 이곳을 방문하는 비전 트립(단기 선교)을 통해 교회는 자녀 세대에게 선교의 꿈을 꾸게 한다. 이렇게 전 교회와 교인이 선교에 힘쓴 것이 유종하 목사의 목회 핵심이었다. 물론 교회당과 각종 학교 건물을 지은 것만을 선교라고 할 수는 없다. 때로 사회

주의 나라에 지은 교회는 흔적도 없이 사라진 경우도 있다. 그러나 건축과 더불어 이어지는 운영 지원과 장학 지원은 현지 교회와 선교를 활성화하는 데 도움이 되었던 것은 틀림이 없다.

2. 신현교회의 지역적 특징과 욕구

거제시는 포로수용소가 있던 곳으로, 포로 사이에 갈등이 있었고, 피난민을 수용한 도시다. 거제시는 포로수용소가 있을 당시 주민 10만 명, 포로 15만 명, 피란민 15만, 유엔군 등 42만 명 이상이 거주했던 곳이다. 현재 인구가 23만 명이다. 필자가 부임할 때 인구 25만 명보다 상당히 감소한 편이다. 시민의 평균 연령이 30대 초반이었으나 조선 경기의 불황으로 청년들이 거제시로부터 빠져나가고 있다. 거제시는 조선 경기의 영향을 많이 받는 도시다. 경제인구 10명 중 6명이 조선업에 종사한다. 외환위기(IMF) 당시에 조선업이 호황이었고, 달러로 대금을 받아 거제시 또한 호황이었다. 당시 근로자들은 연봉의 두 배를 보너스로 받았다. 개도 만 원짜리 화폐를 물고 다닌다는 말이 나올 정도였다. 신현교회도 당시에 교육관을 건축했다. 주일 예배에서 대표 기도자가 "양대 조선소가 많은 물량을 수주하게 하소서"라는 기도를 드린다. 그런데 거제 시민들이 연합하기가 쉽지 않다. 거제시는 대우조선소와 금속노조의 원산지로 노동운동과 어르신들이 많이 참여하는 태극기 부대 사이에 갈등이 심각하기 때문이다. 즉, 보수와 진보의 양극단이 공존하고 있다.

거제에는 180여 개의 교회가 있는데, 고신이 45개로 가장 많고, 통합 교단 교회는 38개로, 교회의 연합 사역이 쉽지 않다. 교회에는 보수

성향의 교인과 태극기 집회에 참여하는 교인이 많다. 당황스러운 것은 보수 교단은 동성애, 인권조례를 반대하는 데 반해, WCC 회원교회인 통합 교단은 마치 동성애를 지지하는 것처럼 보는 교인들이 많다는 점이다. 이런 이슈로 성도들 사이에서도 갈등이 있다. 지금까지도 사상적·정치적 갈등이 지속되고 있다. 지역교회도 그런 영향을 무시할 수 없다. 연세가 있는 교인과 목회자가 보수적 성향을 지녔다면, 노동자 계열의 젊은 근로자 교인은 진보적인 성향을 지녔다.

3. 목회자의 부임과 선교적 교회 이해 및 활동

1) 선교하는 교회로부터 선교적 교회를 지향하며

2012년 12월에 유종하 목사의 후임으로 청빙되어 담임 목회를 시작한 필자는, 신현교회에 주신 선교하는 교회로서의 비전을 계승하고 발전시키기로 했다. 상당수의 교회에 후임자가 오면 전임자의 사역을 이어가기보다 새로운 비전을 제시하고 새로운 목회 방법들을 적용하며 교회가 한동안 불안정한 상태에 놓이게 된다. 때로는 이런 상태가 교회에 갈등을 일으키고, 새로운 담임목사가 교회에 정착하는 데 많은 어려움을 겪게 한다. 필자는 새로운 담임목사에 의해서 교회가 새로운 비전과 사역으로 방향 전환을 하는 것이 아니라 교회에 주신 비전과 방향에 새로운 담임목사가 맞춰 사역을 이어가야 한다고 생각한다. 모세에게 주신 사명을 여호수아가 이어 이스라엘 백성들을 가나안으로 인도했다. 교회에 주신 사명을 이어가는 것은 후임 목사의 사명이자 목회 방향이라 생각하고 그동안 선교 중심의 사명을 이어갔고 더욱 발전시키려 하였다. 필자가 목회해 온 지난 10여 년간 코로나 팬데믹의 어려움도 있었지만, 3개국에 12개의 해외 교회당 건축과 고아원, 유치원, 신대원 건물, 선교센터 등을 건축하고, 현지 선교사와 함께 선교 지원과 장학 지원을 이어 왔고, 해외 협력 선교지도 넓혀 왔다.

선교하는 교회로서의 신현교회를 목회해 오면서 필자가 진지하게 고민한 것은 어느 순간부터 교인들이 선교란 해외에 있는 선교사들이 하는 것이며, 교회는 이들을 위해 지원하고 교회당을 건축하는 것이라고 믿고 있다는 것을 알게 되면서다. 즉, 선교와 교회를 분리하여 생각하고, 선교가 본질이 아닌 여러 프로그램 중 하나라고 생각하고 있음을 깨닫게 되면서부터다. 우리가 믿는 삼위일체 하나님은 선교의 하나님, 교회를 세상으로 보내시어 하나님의 선교에 동참하게 만드시는 하나님이시다. 교회의 본질적 사명은 선교이며, 교회를 위해 선교가 존재하는 것이 아니라 선교를 위해 교회가 존재하는 것이다. 선교적 교회는 죄로 가득 찬 세상을 회복시키는 하나님의 선교에 동참하는 신실한 제자들의 공동체다.

대한예수교장로회 총회는 코로나 팬데믹을 지나며 위기 속의 한국교회를 바라보며 회복해야 할 세 가지를 진정한 복음, 교회의 공공성, 하나님 나라에 입각한 성경적 교회론을 언급하였다. 세상 속으로 흡수된 무기력한 교회나 교회의 거룩성을 편협하게 이해하여 세상으로부터 고립된 교회가 아닌 세상으로 보냄을 받은 교회가 되어야 함을 말한 것이다. 필자는 신현교회를 본질에 충실한 교회로 선교적 교회를 세우기 위해서 교인들이 선교적 삶을 살게 하는 것을 강조하고자 했다. 이는 신현교회가 공적 교회로서의 역할을 해야 함을 의미한다. 필자는 대학원에서 상담을 공부했다. 한때 내적 치유가 유행하던 시기가 있었다. 치유를 위해서는 기술적 테크닉보다는 본질을 바로 세우는 것이 중요하다. 마찬가지로 한국교회가 경배와 찬양을 강조하는 시기가 있었다. 본질은 예배의 회복이다. 서구 교회는 기독교 세계(Christendom)로 인해 선교를 교회와 교인의 삶의 본질에서 벗어나 해외 선교로 환원시켰다. 이는 서구 교회만의 문제가 아니라 오늘 한국교회에도 동일한 문제가 있다. 선교와 삶을 분리하고 선교적 삶이 퇴색하니 한국교회가 이기적 집단으로 비춰지고 있다.

신현교회는 거제시 전체가 조선 경기 불황의 늪에 빠지기 시작한 2015년에 새로운 예배당 건축을 시작하여 2017년에 완공하고 입당하여 새로운 시대를 열어 갔다. 3,000평에 가까운 예배당을 건축하며 들어간 예산이 지역사회에 쓰였다면 하는 생각에 거룩한 부담감이 생겼고, 거룩한 부담감과 교회의 다음 세대를 살려야 한다는 교회 건축의 당위성 사이에 갈등하며 새로운 예배당 건축을 진행하였다. 입당 후 부흥 성장하는 과정에 코로나 팬데믹으로 어려움을 겪었지만, 이 기간에 교회가 더욱 지역사회에 필요한 존재로서 자리매김해야 한다는 중요성도 뼈저리게 깨닫게 되었다. 서구 교회의 몰락과 함께 선교에 대한 새로운 정의와 교회의 본질을 재정립하게 된 것처럼, 위기는 도리어 본질에 대한 고민과 더불어 선교하는 교회에서 선교적 교회로의 전환을 꿈꾸게 하였다.

2) 선교적 교회를 지향하는 신현교회의 사역 소개

(1) '일곱기둥 봉사선교단'

선교하는 교회로서 사명을 강조한 유종하 목사는 대사회적 활동에도 '선교'를 붙였다. 1999년에 창설된 '일곱기둥 봉사선교단'은 지혜가 세운 완전한 집의 일곱 기둥(잠 9:1)으로 예수님의 사랑을 실천하기 위하여 어려운 가정을 도우며, 올바른 신앙관을 확립하여 교회의 가정들에게 기독교 문화를 전파하는 데 목적을 두고 출발하였다. 일곱기둥 봉사선교단은 교회 내 후원자들의 후원과 헌신된 회원들의 섬김으로 돌봄 사역을 하고 있다. 모두 네 개의 그룹이 어려운 이웃을 섬기고 있다. 임마누엘팀은 독거노인 가정을, 샬롬팀은 소년 소녀 가장 가정을, 베데스다팀은 장애인 가정을, 실로암팀은 난치병 가정을 지원하고 있다. 24년째 진행되는 이 사역은 매년 이 가정들을 모시고 행복나

신현교회 일곱기둥 봉사선교단

들이를 하며 서로의 관계를 더욱 돈독하게 하며, 그리스도의 사랑을 전하고 있다. 이제 이 사역을 확장하여 교회 사회봉사부와 함께 집 고쳐주기 프로젝트를 진행할 계획을 세우고 있다.

(2) 신현아기학교

신현아기학교는 이웃을 사랑하고, 다음 세대를 세우며, 가정을 회복하고 도와 치유와 회복을 경험함으로써 건강한 가정으로, 건강한 교회로 세우기 위해 시작한 사역이다. 그동안 운영하던 선교원을 폐쇄하고, 멈췄던 지역사회에 아이 돌봄 사역을 신앙 교육과 연계해 지역사회에 필요한 프로그램으로 아기학교를 선정하여 2012년부터 운영하고 있다. 주일에 교회에서 이루어지던 신앙 교육의 지경을 넓혀 주중에 가정에서 신앙 교육이 이루어질 수 있도록 주중 신앙 교육 프로그램으로 진행하였다. 예수님의 성품을 배우고 아이들의 신체 발달에 따라 오감을 자극하는 다양한 교육 활동들을 진행하였고, 엄마(보호자)가 아기를 양육하며 겪는 어려움과 힘든 마음들을 함께 모여 이야기하고 교제하며 어려움을 해소하는 위로의 시간을 가지며, 하나님의 말씀으로 자녀를 양육할 것을 다짐하며, 다양한 육아 상식과 또래 엄마들의 경험을 공유할 수 있는 시간을 가지도록 하였다.

신현아기학교는 거제 지역에서 처음으로 신설되어 유일하게 운영되고 있다. 신현아기학교의 참여 대상은 교인으로 한정하지 않고, 지역사회의 영유아(생후 18개월부터 36개월까지)와 보호자들이면 누구나 참여할 수 있도록 참여 대상을 확대했다. 신현아기학교는 발달 연령에 맞는 다양한 신앙 교육을 제공함으로써 지역사회를 위해 새로운 형태의 나누고 베푸는 섬김의 사역이다. 전반기와 후반기로 진행되는 아기학교는 코로나 팬데믹으로 현장 교육이 어려운 시기에도 영상을 제작하여 온라인으로 교육을 이어갔고, 현장과 온라인을 병행하여 사역의 지경을 넓히게 되었다. 신현아기학교는 지금까지 총 1,300여 명의 아기와 엄마가 참여해 왔고, 매 학기 불신 가정이 이를 계기로 교회에 등록하는 복음 전파의 역할을 하기도 하였다.

신현아기학교

(3) 이웃 교회와 함께하는 예배

하나님 나라의 확장에 동역자인 교회로서 형제애를 실천하기 위해 2015년부터 시작한 사역으로, 매년 전반기와 후반기 총 2회를 진행한다. 거제시에 자리 잡은 180여 교회 중 우선 농어촌교회와 미자립교회를 섬기기 위해 교구와 청년부가 연합하여 6개 교회를 선정하고, 주일 오후에 찾아가 함께 오후 예배를 드리며 교제한다. 교단과 교파를 초월하여 교회를 선정하면 각 교구 목사와 지도자들이 합의하여 준비하고 진행한다. 오후 예배에서 이웃 교회의 담임 교역자가 설교를 하고, 맡은 교구가 기도와 특송, 헌금과 간식, 설교자를 위한 선물과 사례, 그 교회 교인들에게 전달할 선물을 준비하여 진행한다. 매 주일 오후 예배에 몇 명의 교인만 앉아 예배를 드리다가 70~80여 명의 교인들이 함께하여 꽉 채워진 예배당에서 담임 교역자들은 감격하며 설교를 한다. 우리 교인들은 많은 은혜를 받고 연합의 아름다움을 경험하게 된다. 특히 담임 교역자의 사모들은 자신들이 겪는 목회 현장의 어려움과 외로움을 이 예배를 통해 해소하고, 위로받고 힘을 얻게 된다고 한다. 초창기에 이 뜻이 왜곡되어 에어컨이나 간판, 각종 필요한 것을 요구하고 그것을 해줘야 하는 부담감에 문제가 있었다. 추후에도 자꾸 요구하게 되고, 그것을 들어주지 않으면 오후 예배를 거부하는 일이 벌어지기도 하였다. 하지만 이제는 그런 오해는 없어지고 경쟁자로서의 이웃 교회가 아니라 형제교회로서의 동역 의식을 갖게 되었다. 특히 이 행사는 지역사회의 복음화를 위해 함께 하는 시너지 효과를 내고 있다.

(4) 러브거제 기프트 박스 사역

매년 성탄절 전에 거제 지역의 어려운 이웃을 돕기 위해 시청에 이웃돕기 성금을 전달하였다. 2017년 새로운 예배당에 입당한 신현교회는 지역사회에 책임을 다하고 지역선교의 선한 영향력을 끼치기 위해 이 일을 발전시켜 나갔다. 2015년부터 거제는 외환위기(IMF) 때에도 경험해 보지 못한 불황을 경험하였다. 조선업이 주를 이루던 거제에 조선 경기 불황이 오고, 많은 사람이 정리해고가 되며, 거제를 떠나는 사람들이 늘었다. 많은 가정이 실직의 어려움을 겪으며 각종 생활고에 시달리게 되었다. 이에 2017년 연말부터 생활필수품을 준비하여 거제시에 기탁하였다. 물론 이런 사역은 이미 많은 교회에서 시행하고 있다. 신현교회도 다른 교회에서 행하는 사역을 참고하여 목회에 접목하였다. 추수감사절이 지나고 교회는 교인들에게 약 20리터 용량의 박스를 제공한다. 예배 후 참여를 원하는 교인들이 자발적으로 교회에서 제공한 20여 가지 생필품과 식료품 목록과 함께 박스를 가지고 간다. 교인들은 생필품 목록을 가지고 직접 지역의 마트에서 장을 보고, 박스에 채워 교회에 가져오면 교회에서 준비한 카드를 넣고 포장하여 기증한다. 각 박스마다 약 10만 원 상당의 생필품과 식료품을 준비하는데, 이는 생활에 꼭 필요한 용품과 식품들로 받는 가정에 실질적으로 도움이 되는 것들이다. 직접 장을 보고 박스를 채워서 교회에 들어올 때 교인들의 얼굴에는 기쁨과 뿌듯함이 넘친다. 이러한 교인들의 얼굴을 보는 것도 이 사역의 큰 보람이다. 그리고 이 사역은 지역 상권의 활성화에 도움을 준다. 또 한꺼번에 많은 생필품을 구입하여 동일한 박스에 담는 교인들을 보고 묻는 지역주민들에게 이 사역의 취지를 알리는 계기가 되어 지역사회에 좋은 홍보 효과가 되기도 한다. 이렇게 모인 기프트 박스는 지역 내 다문화가정과 사회복지시설, 면·동 주민센터를 통해 어려운 이웃에게 전달하고 있다. 생필품과 식품으로 구성된 러브거제 기프트 박스를 받아본 주민들의 만족도가 상당히 높다고 한다. 조선 경기 불황으로 힘든 시간을 보내는 지역 사회에 조금이라도 도움이 되고자 시작한 이 사역은 매년 그 규모를 키워가고 있다. 2023년 말 신현교회는 러브거제 기프트 박스 425개를 지역사회와 나누었다. 교회의 야외 주차장(700평)을 활용한 지역사회 나눔 사역을 진행할 계획이다.

2023년 러브거제 기프트 박스

(5) 지역사회와 함께하기 위한 여러 사역

코로나 팬데믹을 지나며 삶과 신앙이 분리되어 나타난 그리스도인의 이중적 모습에 교회가 많은 비판을 받았다. 교회가 지역사회에 필요한 존재로서 세워지기 위해 이 기간 방역에 애쓰는 보건소와 선별진료소를 찾아 위로하고 간식을 전달했다. 아울러 2021년 1월 필자는 거제 시장을 만나 거제시에 희망 나눔 곳간 설치를 제안했다. 그해 4

월 거제시는 코로나19 장기화 및 조선 경기 침체로 생계형 범죄 및 은둔형 생계곤란자 등 위기가구 증가가 예상되는 가운데 주민들의 안정적인 생활 지원의 중요성을 인식하고 9개 동 주민자치센터에 희망 나눔 곳간을 설치하고, 끼니를 해결하기 어려운 취약 계층에게 먹거리를 제공하였다. 각 지역 교회와 시민단체의 기부로 희망 나눔 곳간은 풍성하게 운영되고 있다. 교회 내 열린 공간인 카페 도레아는 2017년 예배당을 준공할 당시 지역사회와 접촉점 역할을 하기 위해 교회와 분리해서 시작하였다. 무급 봉사를 원칙으로 수익금은 이웃돕기와 문화 사역을 위해 사용하고 있다. 여전도회가 지역주민의 프리마켓과 결합하여 직거래 장터를 시도하려 했으나 프리마켓이 소상공인 조합을 형성하여 유치하는 데 비용 및 어려움이 있어 보류 중이다.

코로나 환자 반찬 나누기

코로나 긴급 생필품 키트 지원

거제시 희망 나눔 곳간

(6) 코로나 이후 교회의 회복

2023년 하반기까지도 코로나로 인한 여파로 교회 예배 참석률이 코로나 전보다 80% 정도에 그쳤다. 여기에는 팬데믹 이후 중계 영상으로 예배드리는 교인이 생긴 것과 그 기간 생계를 위해 타 도시로 이주한 교인이 늘어난 것으로 분석된다. 우선 필자는 신현교회의 예배 회복에 집중했다. 필자는 재작년에 성대 결절이 와서 어려움을 겪다가 작년에 성대결절을 회복하고, 교회의 공동체성 회복과 개인의 영성 회복을 위한 여러 프로그램을 진행했다. 작년 연말 성탄절에 이르니까 필자는 교회의 회복을 확신하게 되었다. 교회학교 전 가족 성탄 예배는 본당에 교인들이 다 들어오지 못할 정도로 꽉 찼다. 송구영신 예배도 그런 분위기였다. 2023년 결산은 지난 10년 동안 최고점에 이르렀다. 아직 예배당 건축 부채도 많이 남아 있다. 그렇지만 올해 필자는 신현교회의 교인들과 함께 다양한 활동을 적극적으로 펼치고자 한다.

3) 선교적 교회로의 전환을 위하여

선교는 교회의 본질이기도 하지만 교회인 성도의 삶의 본질이기도 하다. 2023년 신현교회의 표어는 "선교적 삶으로 복음을 전하는 교회"라고 정하였다. 지난 30년간 우리 교회는 선교하는 교회였다. 이제 모든 성도가 삶의 자리에서 선교적 삶을 살아내는 선교적 교회로서 전환이 되어야 한다. 사역도 중요하지만, 우선 교회의 본질을 세우고 성도들의 삶을 선교적 삶으로 동기화하기 위해 선행되어야 할 것이 있다. 선교적 교회로서의 정체성을 확립하기 위해 지난 2022년부터 설교와 사역에 집중하고 있다. 교인들이 본질에 집중하여 선교적 삶을 살아내는 복음의 사람으로, 영적 예배자로 세워져 가길 기대한다. 코로나 기간 교회를 강력하게 지탱한 것으로 조사된 소그룹을 활성화하여 구성원들 사이에 친밀하고, 일반 사회에서 경험하기 어려운 상호 간 관심과 사랑, 정서의 안정과 신앙 체험을 할 수 있도록 돕고자 한다. 아울러 30~40대 젊은 가정을 중심으로 세워 교회의 자녀 세대를 견고하게 세우고자 이들을 중심으로 한 세움교구를 구성하고 진행하였다. 또한 젊은 여성들을 위한 마더와이즈 프로그램을 세워 회복과 세움에 집중하였다. 필자는 신현교회와 한국교회가 주님이 세우시길 원하시는 복음의 본질에 충실한 교회가 되어 세상을 살리는 복음을 전하는 교회가 되기를 바란다.

필자는 지역사회에 보다 열린 마음으로 다가가고자 한다. 교회가 아동 돌봄과 사회참여 프로젝트에 참여하지 않으니까, 불교가 이런 활동을 활발하게 하면서 지역사회에 대한 영향력이 커졌다. 필자는 젊은 목사들과 워크숍을 하면서 나눔과 교제를 이어가고 있다. 교회가 청소년 돌봄과 아동 돌봄에 좀 더 주력하기를 희망한다. 무엇보다 신현교회 때문에 거제시와 시민들이 복을 받기를 바란다. 거제 시민들이 교회를 평가하여 거제시에 꼭 필요한 교회로 인식하길 바란다. 또한 신현교회의 다음 세대가 세상에 나가서 자랑스럽게 여길 수 있는 교회가 되기를 희망한다.

4. 교인들의 특징과 욕구

현재 신현교회 연령별 교인 구성은 1~9세 231명, 10대 519명, 20대 358명, 30대 340명, 40대 550명, 50대 463명, 60대 324명, 70대

143명, 80대 48명, 90대 12명으로 총 2,988명이다. 8년 전인 2016년 당시 가장 많은 연령대가 1~9세였다. 그리고 그 뒤를 그들의 부모 세대인 30대였다. 8년이 지나고 현재 1~9세가 급격히 줄었고, 그들의 부모 세대인 30~40대도 줄었다. 당시 가장 많았던 세대가 성장하여 현재 10대가 가장 많은 세대가 되었고, 그들의 부모 세대인 40대가 두 번째 많은 세대가 되었다. 그 원인 중 하나는 거제 조선업의 불황이다. 2015년부터 시작된 불황은 2만여 명을 희망퇴직이라는 명목으로 정리해고했고, 임금도 70%까지 줄이게 되었다. 고용 불안과 임금 감소는 젊은 세대가 거제를 떠나게 되고, 거제 인구의 평균 연령을 높이는 계기가 되었다. 60대 이상 교인 비율은 17.6%이고, 20대와 30대 교인이 23.3%이고, 10대 이하가 25.1%이고, 40대와 50대 교인이 33.9%를 차지한다. 신현교회는 이전에 비하면 젊은 세대가 많이 줄어들었지만, 한국교회 대부분이 초고령 교회(65세 이상이 20% 이상)인 데 반해서, 60대 이상 교인 비율이 17.6%로 고령 교회(65세 이상 교인이 14% 이상)에 해당한다. 그렇지만 40대 교인과 50대 교인이 33.9%이고, 10대 이하 교인과 20대와 30대 교인이 48.4%를 차지하여 피라미드 형태를 이루고 있다. 이는 신현교회가 연령 구조로 볼 때 지속가능성이 양호함을 보여주고 있다. 다만 8년 전에 비하면 10세 이하 어린이와 부모 세대인 30대와 40대가 줄어들었다. 이는 지역사회의 변화, 조선업의 불황 영향일 것이다. 따라서 신현교회는 이에 대한 대책을 수립하는 것이 필요하다.

지금 신현교회 교인 거주지를 분석하면 교회학교(청년 포함)를 제외한 장년들은 교회 인접 지역 거주자가 1,310명(상동 280명, 고현 268명, 장평 266명, 중곡 258명, 수월 238명)이고, 먼 지역 거주자는 260명(옥포,

아주, 장목)으로 약 85% 대 15% 정도다. 이는 신현교회의 교인 대부분이 지역사회에 거주하기 때문에 지역사회 주민들과 친교하고, 그들을 섬기는 것이 자연스럽게 이뤄질 수 있음을 보여준다.

최근 몇 년간 미취학 아동들의 감소로 어린이집, 유치원이 문을 닫는 경우가 늘고 있다. 그만큼 젊은 세대가 거제를 떠나고 있다는 증거다. 교회 또한 그런 영향을 받은 것이다. 현재 30~40대는 자녀 신앙교육에 더 적극적이다. 교회의 교육 환경이나 교육 시스템을 보고 등록하는 경우가 많다. 부모들이 모임에 참여하는 동안 자녀들이 안전하게 마음껏 놀 수 있는 놀이시설에 대한 요구도 많아 야외 놀이터뿐 아니라 실내 놀이터도 준비하고 있다.

최근 조선업이 다시 수주가 늘어가고 있고 임금도 이제 조금씩 올라가는 편이나 과거 조선업 호황기에 비하면 아직 상당히 어려운 편이다. 거제는 강남, 울산, 포항 등과 더불어 연봉이 높은 지역/도시였다. 조선업 경기가 안 좋다 보니 교인들은 과거의 좋은 시절을 많이 기억하고, 순복음교회가 강조하는 물질의 복을 중시하기도 한다. 중공업 회사의 정년은 58세이고, 임원이 되어도 1~2년 안에 해고될 수 있어 늘 고용 불안에 시달린다. 그러므로 평안한 삶에 대한 욕구가 강하다.

5. 선교적 교회 세미나로부터의 인상적인 배움/교훈

선교적 교회 세미나로부터 배운 것 중 필자에게 가장 인상적인 것은 선교적 설교와 성경 공부다. 필자가 신현교회에 부임한 초기부터 본질 회복을 강조했지만, 최근 2~3년 동안 선교적 교회를 설교와 성경 공부를 통해 강조하게 되었다. 2022년 교회의 주제는 "복음의 삶으로 세상을 비추는 교회", 2023년 교회의 주제는 "선교적 삶으로 복음을 전하는 교회", 2024년 교회의 주제는 "예수로 충만하여 성장하는 교회"다. 복음의 본질이신 예수로 충만하면 복음의 본질인 선교적 교회로 성장할 것을 기대하며 정한 주제다. 하여 예수의 말씀과 사역을 강조하면서, 월 1회 선교적 교회에 대해 설교하려고 한다. 작년 설교에서도 매월 한 주는 선교적 교회를 주제로 했다. 또한 올해에는 교구를 마을로, 구역을 사랑방으로 명칭을 바꾸고, 마을 중심 목회를 하려고 한다. 마을지기/사랑방장 교육, 항존직 교육(피택자 교육 — 목회 비전/선교적 교회 훈련)에서도 선교적 교회를 나누고자 한다. 아울러 생태적 환경조성을 위해 작년부터 교육받은 교인을 중심으로 초록발자국 동아리를 만들어 환경문제에 대한 주의를 기울이게 했다. 올해 초 텃밭부터 시작하여 야외주차장까지 이르는 산책로를 만들어 예배 후 교인들이 가볍게 산책할 수 있도록 조성하여 더욱 자연 친화적인 환경을 조성하였다.

6. 목회자로서 현재 가장 큰 어려움

필자는 선교적 교회를 주제로 설교도 하고 강조하고 있다. 그렇지만 교인 중에는 신현교회는 원래 선교하는 교회라고 오해하는 교인도 있고, "왜 우리 교회가 다른 교회가 하는 일을 해야 하는가?"라는 오해도 있다. 즉, 선교적 교회를 해외 선교를 많이 하는 교회나, 다양한 사역을 하는 교회로 오해하는 교인이 있다. 필자는 부산장신대 세계선교연구소가 출간한 『선교적 목회 길잡이』(동연출판사, 2022)를 교인들과 나누었다. 그런데 다른 교회는 이런저런 일을 하는데 우리 교회도

해야 하지 않나 하는 뜻밖의 반응도 있었다. 교회의 서로 다른 상황을 이해하고, 선교적 교회에 대한 보다 깊은 이해가 필요하다고 본다.

7. 선교적 교회 세미나에서 배운 것을 부교역자들에게 교육

필자는 부교역자들과 선교적 교회 관련 도서를 사서 나누기도 했고, 『선교적 목회 길잡이』를 나누기도 했다. 그렇지만 부교역자들은 자주 임지를 이동한다. 작년 2~3명이 다른 교회가 임지를 변경했다. 그러다 보니 새로 부임한 부교역자를 합해 거의 80%가 이동했다. 더구나 부교역자들은 목회에 너무 바빠서 책 읽는 시간을 내기가 쉽지 않다. 교역자 수련회 가서 담임목사가 부교역자들에게 교육하거나 워크숍처럼 하는 교회도 있지만, 부교역자들의 반응은 긍정적이지 않은 것 같다. 그런데 코로나 기간 중 부교역자들이 무기력감을 호소하며 교회 뒷산 등산로에 버려진 땅을 텃밭으로 만들어 보자고 제안했다. 필자도 한 고랑을 맡아 방울토마토를 심었는데, 제대로 관리하지 않았는데도 잘 자라 기쁨과 신비를 맛보았다. 무농약 유기농으로 재배하였기에 유치부 어린이들을 데려가서 방울토마토를 따 먹게 했다. 작년에는 텃밭을 제대로 만들어 보고자 방울토마토, 가지, 오이 등을 키워 농장처럼 운영하여 어린이들이 텃밭 체험을 하게 했다. 필자가 직접 텃밭 농사를 지으면서 설교의 예화로 사용하고 사진을 올리니 교인들의 반응이 좋았다.

거제 신현교회 선교적 목회의 특징과 과제

황홍렬 교수

거제 신현교회 선교적 목회의 특징은 첫째, 선교하는 교회로부터 선교적 교회로의 전환이다. 서용진 목사의 전임자 유종하 목사가 신현교회를 "평안과 선교"의 모토로 교회의 안정을 이루고, 그 힘을 바탕으로 해외 선교에 집중하여 20년 동안 8개 국가에 20개의 교회당을 건축했다. 서용진 목사는 2012년에 신현교회에 부임한 후 전임자가 강조한 해외 선교를 이어받아 10년간 3개 국가에 12개의 교회당을 건축했다. 한편 서용진 목사는 교회의 본질을 세우고, 교회의 본질이 선교임을 강조해 왔다. 총회는 코로나로 인한 위기 극복을 위한 대안으로 복음, 교회의 공공성, 하나님 나라에 입각한 성경적 교회론을 제시했다. 서용진 목사는 죄로 가득 찬 세상을 회복하기 위해 하나님의 선교에 동참하는 신실한 제자들의 공동체가 되도록 목회를 해 왔다. 지역경제의 근간을 이루는 조선업의 불황이 시작된 2015년에 예배당 건축을 시작하여 2017년에 입당했다. 이에 대해 서용진 목사는 지역사회에 대해 부담감을 느끼면서 신현교회가 지역사회에 필요한 존재, 공적 교회가 되고자 했다. 2020년에 시작한 부산장신대 세계선교연구소가 주관하는 선교적 교회 세미나도 이러한 전환에 도움을 줬다.

둘째, 서용진 목사의 선교적 교회에 대한 이해는 신현교회에 2023

년 교회 모토처럼 "선교적 삶으로 복음을 전하는 교회"다. 서용진 목사는 교회의 본질을 회복하고, 성도의 삶을 선교적 삶으로 세우고자 했다. 2022년부터 선교적 교회의 정체성을 확립하는 설교와 사역에 초점을 맞춰 목회를 해 왔다. 성도들이 복음의 사람이 되게 하고, 영적 예배자로 살도록 했다. 이는 그리스도인들이 지역사회에서 선교적 삶을 살아가게 하고, 세상 속에서 실천하는 제자도, 직업적 소명, 일상을 선교 현장으로 여기는 선교적 목회다(한국일, 『선교적 목회 길잡이』, 40-41). 이는 교회 안에서의 영성만이 아니라 일상에서의 영성을 추구한 것이다. 즉, 기독교인의 일상은 하나님의 선교에 참여하는 소중한 기회다(정승현, 『선교적 목회 길잡이』, 116-118).

셋째, 신현교회의 선교적 목회의 특징은 교인들의 친교를 바탕으로 이웃 교회와의 친교로 확대하고, 지역사회의 이웃과의 친교로 확대하고 있다는 점이다(한국일, 『선교적 목회 길잡이』, 45-46). 코로나 기간 중 소그룹 활성화를 통해 교인들 사이의 친교가 심화되었다. 2015년부터 신현교회의 일부 교인들은 이웃의 작은 교회 6개 교회의 오후 예배에 참여하면서 사귐을 갖기 시작했다. 2017년부터 신현교회는 러브거제 기프트 박스를 조선업 불황으로 어려움을 겪는 이웃과 사회봉사 시설과 주민자치센터를 통해 나누었다. 최근에는 서용진 목사가 거제시에 제안하여 '희망 나눔 곳간'을 9곳에 설치하여 신현교회가 세 곳을 지원하고, 다른 교회나 기관들이 동참하고 있다. 카페 도레아는 교회와 지역사회를 잇는 역할을 하고 있다. 이러한 지역사회와의 친교 확대는 전임자 시절에 지역사회를 섬겼던 일곱 기둥 봉사단(독거노인, 소년가장, 장애인, 난치병 환우 등), 신현아기학교 등을 토대로 이뤄졌다. 그동안 1,300명의 아기와 엄마가 다녀간 신현아기학교, 카페 도레아, 희망 나눔 곳간 등은 성육신적 선교를 위한 근접 공간이라 할 수 있다. 근접 공간은 복음을 알지 못하는 사람들과 친밀한 관계를 형성할 수 있는 공적 공간으로 성육신적 선교의 모델 중 하나다(최동규, 『선교적 목회 길잡이』, 90-91). 서용진 목사가 거제시와 시민이 복을 받기를 원하며, 거제 시민이 신현교회를 평가한다는 이해가 지역사회와의 친교로 이어지고 있다. 러브거제 기프트 박스를 비롯하여 신현아기학교, 희망 나눔 곳간 등은 신현교회가 거제 시민들의 삶의 자리를 이해하고 조선업 불황으로 어려움을 겪는 이웃의 아픔과 고통에 연대하는 활동이다(최동규, 『선교적 목회 길잡이』, 84-89).

넷째, 서용진 목사는 선교적 교회로의 전환을 위한 교회 교육에 힘을 쏟고 있다. 2023년부터 서용진 목사는 월 1회 선교적 교회를 주제로 설교하고 있으며, 당회원과 부교역자와 『선교적 목회 길잡이』를 함께 읽으며 선교적 교회에 대한 이해를 공유하고 있다.

다섯째, 신현교회는 선교적 교회를 위한 설교, 교회 교육, 교인들 사이의 사귐 등 모이는 교회와 다양한 형태로 이웃을 섬기는 지역사회 선교, 지역사회의 이웃과의 친교 등 흩어지는 교회 사이의 균형과 통전을 이루고자 힘쓰고 있다(한국일, 『선교적 목회 길잡이』, 52).

신현교회의 선교적 목회를 위한 과제로는 첫째, 역사적이며, 공동적이며, 경험적이고, 역동적 실천을 통해 이뤄지는 선교적 지역 교회의 신앙 공동체 육성이다(황홍렬, 『선교적 목회 길잡이』, 184). 제자 훈련이 교회 내 봉사나 교회의 일을 넘어서 지역사회를 섬기는 일꾼 양육을 지향하며, 지역사회의 문제에 대응하는 섬김과 나눔의 경험 속에서 공동체적으로 이뤄지기를 기대한다. 이는 교회 교육을 통해 이뤄질 수 있다. 그리고 지역사회의 다양한 선교 활동과 하나님의 새로운 활동에 대한 증언 그리고 지역사회 선교 활동의 어려움과 고통을 겪는 이웃에 대한 기도회를 통해 이뤄질 수도 있다. 둘째, 한국교회의 고령화에 대한 대응으로 30대와 40대 부부 모임을 보다 더 활성화시킬 필요가 있다. 그리고 한국 사회 1인 가구가 40%인 시대에 신현교회에도 1인 가구 구역이나 교구가 필요할 것이다. 셋째, 청년을 비롯하여 다음 세대에 대한 획기적인 방식으로 그들과 소통하고, 그들의 문화를 상황화를 통해 수용하고, 그들에게 적절한 교육 방식과 돌봄의 방식을 개발하는 데 최선을 다해야 할 것이다. 넷째, 교인들 대부분이 지역사회에 거주하기 때문에 독거노인을 비롯하여 고령 주민들의 건강을 돌보는 교육을 거친 건강 돌보미 양성, 학교폭력에 대한 대안으로서 회복적 생활 교육 같은 훈련을 받는 교사와 학부모들 중심으로 평화로운 학교 만들기, 직장 신우회 활성화를 지원하기, 부부 상담과 자녀 상담을 통한 가정의 회복 등을 고려해 볼 수 있다. 다섯째, 코로나로 부교역자들이 힘들어하면서 텃밭 가꾸기를 제안했다. 서용진 목사가 직접 텃밭을 가꾸면서 방울토마토가 열매 맺는 기쁨과 신비를 맛보았고, 유치부 어린이들이 텃밭 체험을 했더니 반응이 긍정적이라 했다. 이러한 움직임은 코로나 위기를 비롯하여 기후 위기에 교회가 대처하는 한 모범 사례라고 생각한다. 주변의 텃밭 가꾸기 체험을 교회학교로 확대하고 학부모들이 참여하게 하면서, 남선교회로 확대하여 교인들의 생태적 영성을 함양하고, 기후 위기 시대에 교회의 생명 선교의 과제를 인식하고 체험하는 소중한 기회가 될 것이다. 이를 위해서는 환경주일 예배를 드리고, 교회학교를 비롯하여 전 교인에 대한 환경 교육이 필요할 것이다. 총회가 제안한 "생명의길 초록 발자국" 교육을 수료한 여전도회원과 남선교회원들이 동아리를 만들어 활동하는 것이 앞으로 기대된다. 여섯째, 서용진 목사는 지역 목회자들과의 선교적 목회 세미나를 통해 선교적 교회를 지향하는 교회들이 증가할 뿐 아니라, 선교적 교회로의 전환을 위해 힘쓰는 이웃 교회와의 사귐을 통해 상호 수정과 상호 풍성함을 누릴 수 있다.

부산 소정교회의 선교적 목회 이야기

이근형 목사

1. 교회의 역사와 특징, 한계

소정교회는 대한민국 최초의 국립대학교인 부산대학교의 설립자 윤인구 박사가 대학생 신앙 지도와 지식인 전도를 위해 1958년에 부산대학교 대학생 봉사회 기숙사 2층 다락방을 빌려 교인 50명과 함께 시작한 교회다. 윤인구 박사는 부산 구포에서 고등학생 신분으로 독립선언서 배부에 참여했고, 학교를 중퇴하고 일본으로 건너가 동경 명치신학교에서 신학을 공부했다. 미국 프린스턴 신학대학원, 영국 에딘버러 신학대학원에서 유학한 후 귀국하여 1931년에 전주 옥봉교회를 담임했다. 하지만 농촌 지도자 양성이 중요함을 깨닫고 교회를 사임한 후 믿음의 농촌 지도자 양성을 위한 복음 학교를 설립했다. 해방 후에는 부산의 기존 학교들을 통합하여 1946년에 부산대학교를 국립대학으로 설립하는 데 앞장섰으며 "교육이 종교의 길을 걷지 않으면 인류에게 미래가 없다"라는 목회 철학으로 부산대학 봉사회 기숙사에서 소정교회를 개척하게 되었다.

이렇게 시작된 소정교회는 화재로 인해 인근 지역으로 옮기면서 지역교회로 발돋움하였다. 대학생 선교에 대한 빚진 마음으로 청년부 교육과 장학사업에 집중하며 1988년 그 어려운 시절에 9층의 교육관을 건축할 만큼 젊은이들과 다음 세대를 위한 사랑이 뜨거웠다. 소정교회는 1,200명까지 부흥했으나 교회에 내홍이 생기면서 일부 교인들이 교회를 떠났고, 청년들은 장년 세대와 융화되지 못하여 결혼 후에는 교회를 옮기거나 직장 등을 이유로 타지역으로 흩어지곤 하였다.

소정교회는 지역사회의 하나님 나라 선교에도 관심이 많았다. 교회 내에 기독문화대학을 만들어 여러 문화 강좌를 통해 지역사회와 소통했고, 주일마다 200여 명의 노숙인들에게 아침 식사와 여비를 제공하고, 인근 지역 독거 어르신들에게 매주 월요일마다 방문하여 일주일 분량의 반찬을 제공하는 일 등을 30년 넘게 지속해 왔다. 이는 2대 담임목사인 김두봉 목사(제63회 총회장 역임)가 어려운 이들을 늘 살피고 새벽 기도회를 마치고 직접 나가 노숙인에게 빵을 나눠주던 것에서 영향을 받았다고 하겠다. 하지만 시대의 필요에 맞는 새로운 사역들이 개발하지 못하고 기존의 사역에만 머물면서 급변하는 시대와 사회 속에서 제기되는 새로운 선교적 도전에 대응하는 데 한계가 있었다.

2. 교회의 지역적 특징과 욕구

소정교회가 위치한 곳은 부산 금정구 장전동이지만, 교회 맞은편에 있는 홈플러스로부터 길을 건너면 동래구다. 즉, 소정교회는 금정구에 속하지만, 동래구 경계에 인접해 있다. 교인은 주로 금정구와 동래에서 오며, 일부 교인들은 해운대와 양산 등 먼 지역에서도 온다.

교회 옆 동래온천 지역은 일제시대부터 유명한 유흥가이자 번화가였지만, 최근 아파트 단지가 생겨나면서 점차 주거지로 전환되고 있다. 하지만 불교문화가 강하고 기독교 인구가 적은 탓에 대규모 아파트 단지가 들어와도 기독교인들의 수평 이동은 그다지 눈에 띄지 않는다.

부산이 대체로 그렇지만 특히 금정구는 금정산이 가까워서 불교와 사찰의 영향력이 컸었다. 불교문화 속에 있는 지역주민들은 소정교회에 대해서는 비교적 잘 알지만, 교회를 좀처럼 가까이하려 들지 않는다. 지하철 입구에서 승려가 목탁을 두드릴 때는 거부감 없이 시주를 해도, 교인들이 전도하면 좋지 않게 여기는 분위기다. 이러한 지역주민과의 소통을 위한 채널이 필요하다. 교회 반대편 지역에는 청년들이 주로 거하는 원룸 빌딩들이 있지만, 이 청년들과 접촉점을 찾기도 쉽지 않다.

금정구와 동래구는 교육의 도시로 부산대학교, 부산외대, 부산예고, 브니엘고 동래중·고 등 학군이 좋은 지역으로 소문나 있다. 그런 이유와 소정교회가 부산대학교 학생들에서 시작되었기 때문에 교인 중에는 학구적인 교인, 고학력자가 많은 편이다.

3. 교인들의 특징과 욕구

교인 연령별 구성은 10대 이하 12.6%, 20~30대 19%, 40~50대 20%, 60대 이상 35%, 미지정이 약 12%이다. 60대 이상 교인이 35%로 초고령 교회이지만, 20대~30대 교인과 40대~50대 교인 비율이 각 19%와 20%로 교회의 존속 가능성을 위해 심혈을 기울여야 할 때다.

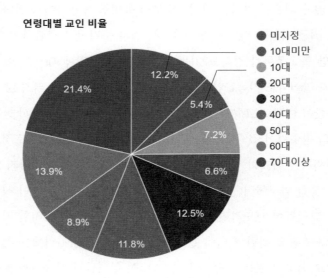

연령대별 교인 비율

- 미지정
- 10대미만
- 10대
- 20대
- 30대
- 40대
- 50대
- 60대
- 70대이상

12.2%
5.4%
7.2%
6.6%
12.5%
11.8%
8.9%
13.9%
21.4%

　　교인 중 교회 인접 지역의 거주자는 약 40%이고, 먼 지역 거주자는 약 60%이다. 소정교회는 분열 없이 교인이 서로를 품고 함께 하려고 노력하는 교회라는 특징이 있다. 비교적 성숙한 교인들이 많기 때문이 아닐까 싶다. 청년으로 시작된 소정교회의 역사 때문에 교회는 청년을 적극 지원하고 협력하려는 분위기가 조성되어 있다. 그럼에도 불구하고 필자가 부임하기 전에는 청년들이 결혼하면 다른 교회로 옮기는 일이 반복되었다고 한다. 장년들이 생각하는 청년들에 대한 생각과 청년들의 입장이 다른 것 같다. 교회 내의 세대 간 소통이 절실하다. 특히 1인 가구는 여기에서 사각지대인 것 같다. 50세가 넘는 1인 가구 교인은 대체로 남선교회나 여전도회에 참여하기가 용이하고 30대 1인 가구는 청년부에 참여하면 되지만, 40대부터 50대 초반까지의 1인 가구가 틈새여서 별도의 교구를 만들어 돌볼 필요가 있다.

4. 목회자의 부임 연도와 목회 철학 및 활동

1) 구제재난헌금 제안 및 실천

필자는 2016년 11월에 소정교회 4대 담임목사로 부임했다. 필자가 가장 먼저 당회에 요청하여 만든 것이 구제재난헌금이었는데, 이 헌금은 서울광염교회(일명 감자탕교회)의 지역 선교를 모델로 삼은 것이다. 그동안 교회는 큰 재난이 일어나면 특별한 헌금을 하여 대응하는 방식을 취해 왔다. 필자는 이러한 재난 기금을 미리 준비했다가 신속하게 대응하는 방식으로의 전환을 원했다. 이를 위해 필요한 것이 구제재난헌금이었다. 필자는 구제재난헌금을 수시로 받되, 새롭게 시작하는 연 2회의 특별새벽기도회헌금과 각 가정의 대심방 감사헌금을 구제재난헌금으로 사용하자고 제안했다. 부임 다음 해인 2017년부터 구제재난헌금을 시작했다. 이러한 노력은 어느 정도 성공적이어서 매년 5천만 원 정도의 헌금이 모였고, 폭염이나 수해 지진 등 지역사회에 급한 도움이 필요할 시 별도로 모금하거나 지체됨이 없이 곧바로 돕고 섬길 수 있게 되었다. 소정교회는 처음에는 인근 주민자치센터들과 연계하여 폭서기에 쉼터를 제공하고 어려운 가정에 선풍기와 쿨매트 등을 지원하는 등의 섬김을 시작했다.

2) 코로나 기간에 빛난 구제재난헌금과 사랑의 편지

코로나 기간에는 주로 금정구청과 협력하면서 지역사회에 나눔을 하던 인근 사찰들과 어깨를 나란히 했다. 당시에는 금정구청과 협력하여 지역을 섬기는 지역교회는 거의 없었다.

2020년 코로나 초기, 마스크 대란이 일어나 마스크 한 장을 구하기 위해 긴 줄을 서야 했던 그때 교회도 전격 온라인으로 전환되었다. 이때 교회는 성도들을 위해 비축했던 마스크 전량을 방역에 힘쓰는 금정구청에 기증했고, 방역예산이 부족한 구청을 위해 1천만 원을 기탁했다. 2020년 부활절에는 기프트 박스 300개를 만들어 코로나로 고통받던 지역사회 소상공인들에게 나누어드렸다.

이때 단순히 선물만 전달한 것이 아니라 정성껏 준비한 위로의 편지글을 함께 드려 주님의 사랑이 마음에 닿을 수 있도록 했다. 이러한 섬김의 방식은 성탄 선물을 지역의 소년 소녀 가장과 미혼모 가정에 전달할 때도 적용하여 성탄 선물과 함께 정성의 메시지를 담은 성탄 카드를 나누었다. 이를 통해 많은 분이 더욱 감동했다는 피드백을 받을 수 있었다.

이듬해인 2021년에도 소정교회는 그와 같은 사역을 지속하였으며 금정 희망의 집에 거하는 노숙인들의 겨울용품 구입비와 필리핀 미혼

코로나 기간 중 나눔

모 여성의 자녀 양육비도 지원했다. 이렇게 2021년 한 해를 지나고서 돌아보니 1년 동안 약 1억 원 규모의 구제와 나눔을 할 수 있어서 하나 님께 감사드렸다.

3) 지역사회와 우호적 관계를 이루게 하는 지역사회 섬김과 나눔
   : 부산 시장상(나눔 부문)

소정교회는 교회와 가장 가까운 곳에 있는 이웃들과도 우호적인 관계를 유지하기 위해 노력했다. 2021년 여름 큰 태풍으로 인해 교회와 인근 지역에 큰 피해가 났었다. 전봇대 변압기가 터지면서 교회 옆 상가들 모두가 정전되었다. 한여름인지라 식당에 식재료가 상하고 횟집 수족관의 물고기들이 폐사할 위기에 처했다. 마침 교회는 따로 전기를 공급받아서 전기가 들어오고 있었다. 교회도 상황은 좋지 않았다 마당 나무가 뿌리째 뽑히고 교육관 유리창들이 수십 장 파손되어 온 주차장에 흩어져 있었지만 다른 것을 돌아볼 여유가 없었다. 긴급하게 전파사에 달려가 릴선 십여 개를 구입했다. 인근 상가에 즉시 연결하여 전기를 공급해 드림으로 자영업자들의 피해를 최소화할 수 있었다.

태풍으로 교회와 이웃집 사이에 담장이 무너졌는데, 교회는 50%만 책임을 진 것이 아니라 전체를 책임지고 담장을 새로 설치했고, 담장 너머에 아름다운 원목 담장에 야간 무드 조명까지 달아 드렸다.

지역사회 섬김

무너진 담장 설치

　이런 노력들을 통해 소정교회에 대해서 냉담하던 이웃들이 "큰 형님 같은 교회가 있어서 든든하다"라고 고백하기에 이르렀다. 한번은 화재가 나서 중국집 가게가 전소한 이웃 자영업자(개화반점)가 재개업할 때 지원금(200만 원)을 보내드려 격려했다. 그런 소문이 나서인지 2021년 12월에 소정교회는 나눔 부문에서 부산 시장상을 받았다.

　한번은 금정구청장이 지역 유지들을 초대해서 대화 모임을 가진 적이 있었다. 지역의 기업 회장, 광명사 사찰 대표도 참석했는데 교회 목사는 필자가 혼자였다. 코로나로 인해 교회는 지역사회로부터 지탄받고 있는데 사찰들은 지역사회를 위해 많은 봉사를 하는 것을 보면서 도전을 받았고 소정교회가 지역사회를 위해 앞장서서 섬길 것을 다짐했다.

4) 코로나 이후의 새로운 도전들

　코로나 기간에 어쩔 수 없이 노숙인 식사 봉사를 중단했다. 하지만

2023년 하반기부터 주일 아침 시간에 하던 노숙인 식사 제공을 재개할 수 있었다. 처음에는 두세 명밖에 오지 않아서 지속 여부를 고심했지만, 인내심을 가지고 지속한 결과 점차 인원이 늘어 지금은(2024. 3. 현재) 100명 넘는 분들이 매주 식사하고 계신다. 2023년 여름부터는 주차장이 없는 교회 인근 상가의 어려움을 돕기 위해 교회 주차장을 그곳 손님들에게 무료로 개방하여 큰 호응을 얻었다. 코로나 때 중단했던 주일 점심 식사도 재개했다. 힘들어도 주방 봉사에 헌신하는 귀한 분들 때문에 이 일이 가능했다.

온라인 생중계는 고령화로 인해 건강의 이유로 교회에 나오지 못하는 성도들이 늘어나는 추세에 있기 때문에 지속하기로 했다. 올여름에는 청년들을 중심으로 장년과 함께하는 아웃리치를 기획하고 있으며, 해외 단기 선교도 준비하고 있다.

현재 소정교회는 주일 현장 예배 출석 700명이며(청년 100명 포함) 온라인으로 실시간 참여하는 100명을 포함하여 총 800명이 매주 예배드리고 있다. 제자 훈련은 10주의 알파 코스, 12주의 일대일 제자 훈련, 6개월의 리더 제자 훈련, 4개월 항존직 교육 등이 진행 중이다.

5) 앞으로의 전망

필자는 위의 노력을 통해 소정교회가 선교적 교회로 나아가고자 노력했다. 그렇지만 진정한 선교적 교회로 전환하기 가기 위해서는 성도들의 능동적이고 세밀한 섬김과 풍성한 나눔이 더욱 절실하다고 본다. 이를 위해서 필자는 제직 교육과 피택자 교육을 하면서 선교적 교회에 대한 비전과 자료를 공유하며, 무엇보다 설교를 통해서 선교적 교회에 대한 가치관을 담으려고 노력한다. 지금은 한국교회가 사회로 부터 비난을 받고 전 세대들에게 외면받고 있는 때다. 교회를 지탄하는 이들을 나무랄 것이 아니라 우리 그리스도인들이 예수 그리스도의 말씀대로 살지 못하고 이웃을 순수하게 사랑하지 못한 것에 대한 반성을 먼저 해야 한다. 성도들은 복음을 전할 뿐 아니라 구제 자체를 목적으로, 순수한 사랑의 마음으로 그리스도의 복음을 실천하는 것도 우선적인 과제라고 생각한다. 필자는 21세기의 교회의 대안이 선교적 교회임을 확신하면서 소정교회가 그러한 롤모델이 되기 위해 노력하고자 한다.

5. 선교적 교회에 대한 목회자의 이해

선교적 교회는 지역사회와 이웃에게 진정한 친구가 되는 교회, 복음의 본질을 실천하는 교회다. 코로나 기간에 많은 교회들이 본질로 돌아가자고 외쳤지만, 복음의 본질에 대한 이해가 서로 다른 것 같다. 복음을 지역사회에 실천하는 과정을 보면 차이가 나는 것을 볼 수 있다. 성경에 나타난 예수 그리스도의 메시지, 초대교회의 메시지인 어려운 이들을 공감하고, 사랑으로 그들을 품고 함께 살면서 복음을 바르게 전달하는 그런 교회가 필자가 이해하는 선교적 교회다.

6. 선교적 교회 세미나로부터의 인상적인 배움/교훈

필자는 선교적 교회로의 전환을 위해서 목회자가 그 방향으로 설교하면 되는 것으로 생각했었다. 그런데 선교적 교회로 전환하기 위해서는 교인들을 구체적으로 설득하는 과정이 반드시 필요하다는 것을 알게 되었다. 각 교회의 상황과 지역 상황에 따라 선교적 교회의 모습이 다를 수 있다. 소정교회에 필요한 교육 커리큘럼과 지역사회 섬김의 방식을 개발해야 함을 배웠다.

7. 목회자로서 현재 가장 큰 어려움

복음을 기준으로 교회의 잘못된 관행을 바로잡고 미래를 향해 나아가기 위해서는 당회와 목회자의 리더십이 관건이다. 이를 해서 최근에 필자는 제직 수련회에서 장로교 교회의 정체성과 핵심적인 틀과 구조, 헌법 등에 대해 제직에게 설명했고, 제직을 대상으로 하는 제자훈련에도 더욱 힘쓸 계획이다.

8. 선교적 교회 세미나에서 배운 것을 부교역자들에게 교육

부교역자들은 생각보다 선교적 교회에 대한 지식이나 열정이 적어 보인다. 교회와 당회 지침에 따라 사역하니 별문제는 없어 보이지만 장기적으로는 심각한 문제가 아닐 수 없다. 선교적 교회에 대한 바른 이해는 신학교에서부터 신학생들이 배우고 비전으로 삼는 것이 필요해 보인다. 부교역자의 교육을 위해서는 팀 켈러의 선교적 교회론이 센터처치의 목회적 경험에서 나온 것이기 때문에 선교적 교회의 좋은 모델이 된다고 본다. 그와 관련한 책들을 부교역자들뿐 아니라 제직들과도 공부하며 나눌 계획이다.

9. 선교적 교회로 세우기 위해서 정책 당회나 목회를 통한 적용

선교적 교회의 개념을 정책 당회에서 설명하기에는 한계가 있다. 필자는 설교 본문이 선교적 교회에 해당할 때마다 선교적 교회의 사례를 제시하면서 전체 교회가 이해할 수 있도록 하며 복음을 삶에서 실천하는 방법들을 제시하고 있다.

10. 선교적 교회로의 전환에서의 어려움이나 장애물

선교적 교회의 실천을 위해 성도들에게 구체적인 예를 제시하기 위해서는 먼저 성도들의 삶을 이해해야 한다. 필자가 대심방을 통해서 어느 정도는 파악할 수 있지만 전부는 아니었다. 설교 준비로 시간을 많이 할애해야 하는 담임목사 입장에서 성도들의 삶의 현장을 보다 자세히 이해하기 위한 노력을 할 필요가 있다. 선교의 대상인 지역사회를 이해하는 데도 한계가 느껴진다. 지역 사람들과의 접촉이 많지 않다 보니 어떻게 그들을 알고 소통하고 선교적으로 다가갈 수 있을지가 고민이다.

부산 소정교회 선교적 목회의 특징과 과제

황홍렬 교수

소정교회는 부산대학교를 창립한 윤인구 박사가 대학생 신앙지도와 지식인 전도를 위해 1958년에 설립한 교회로 고학력 교인이나 학구적인 교인들이 많고, 청년들을 지원하고 청년들의 활동에 협력하는 교회 전통을 세웠다. 그리고 소정교회 교인들은 분열 없이 모든 교인을 품고 함께 가려고 노력하는데, 이는 성숙한 교인들이 많기 때문이다. 그렇지만 이근형 목사가 부임하기 오래전부터 청년들이 결혼하면 교회를 떠나는 흐름이 계속되어 현재 40대와 50대 교인이 많지 않다. 교회가 자리 잡은 금정구는 교육도시라 할 수 있다. 종교적으로는 불교인이 많아 교회에 긍정적이지 않은 주민들이 많다. 대학교가 있어 원룸촌에 기거하는 청년들이 많다.

소정교회 선교적 목회의 특징으로는 첫째, 이근형 목사는 2016년 부임 후 구제재난헌금을 통해 지역사회를 지속적으로 섬기고 재난에 신속히 대응하는 활동을 함으로써 소정교회가 지역사회와 이웃에게 진정한 친구가 되고자 했다. 소정교회 2대 담임목사이었던 김두봉 목사가 새벽기도회를 마친 후 노숙인에게 빵을 나누는 것에 영향을 받아 일부 교인들이 20년 넘도록 노숙인 200명에게 식사를 제공하고, 독거 어르신에게 주 1회 반찬을 제공해 왔다. 전임자 채규웅 목사는 이를 교회의 사역으로 전환했다. 이러한 전통은 이근형 목사가 지역사회를 섬기고 재난에 긴급하게 대응하도록 구제재난헌금을 하자는 제안을 수용하는 데 도움이 되었다. 소정교회가 지역사회와 이웃에게 친구가 되고자 하는 것은 성육신적 사역을 위한 상황화 과정 중 연대에 해당한다. 이웃과의 연대는 그들의 아픔과 고통을 공유할 때 가능하다(최동규, 『선교적 목회 길잡이』, 88-89). 이웃의 아픔과 고통을 공유함은 뒤에 나오는 것처럼 선물 상자에 교인들이 정성껏 쓴 사랑의 편지에서 볼 수 있다.

둘째, 소정교회는 매년 약 5천만 원 상당의 구제재난헌금을 네 개의 주민자치센터를 통해 어려운 이웃과 나누었다. 코로나 기간 중에는 금정구청과 협력하여 교회가 보유한 마스크를 금정구청에 기증했고, 방역 물품 구입비로 천만 원을 기증했다. 2020년 부활절에 소정교회는 어려움을 겪는 이웃의 소상공인에게 기프트 박스 300개를 나눴다. 기프트 박스에 교인들이 정성껏 준비한 위로와 사랑의 편지를 동봉했다. 2021년 성탄절에는 금정구청을 통해 소년가장, 미혼모 가정, 장애인 가정, 조손 가정, 저소득층 아동 등에게 성탄 선물을 전달했다. 이때도 사랑의 편지를 동봉해서 전달했다. 금정 희망의 집 노숙인들에게 겨울용품을 전달했고, 필리핀 미혼모 가정의 자녀 양육비를 지원했다. 특히 2021년 여름에 태풍으로 인해 지역사회가 큰 피해를 입었다. 교회당과 맞닿은 담이 무너져 50% 수리비를 부담하면 되지만, 교회가 수리비 전액을 부담해서 수리했다. 태풍으로 인해 단전되면서 인근 상가의 물고기들이 폐사할 위험에 처해 교회 전력을 상가에 먼저 공급했다. 그동안 소정교회에 대해 냉담했던 인근 상가 주민들이 이런 일을 겪으면서 "지역에 형님 같은 교회가 있어 든든하다"라고 말했다. 2021년 구제재난헌금은 1억 원이었다. 2021년 12월 소정교회는 나눔 부문에서 부산 시장상을 받았다.

2022년부터는 구제와 재난 대응 상황을 전체 교인과 공유하면서 한마음으로 참여하도록 유도하고 있다. 예전에는 주중에 교회 주차장을 개방했다가 차를 가져가지 않는 주민이 있어 폐쇄했다가 작년 여름부터 주차장이 없는 인근 10개 상가에 주차장을 개방했다. 이처럼 소정교회는 자신이 속한 사회와 지역에서 선교적 삶을 살기 위해 노력하며, 일상을 선교 현장으로 여기고 있다. 그리고 선교적 목회를 실천하는 목회자는 자신을 교회 제도가 요구하는 일에 제한하지 않고, 교인들의 친교를 넘어서 지역주민과의 친교를 회복함으로써 교회가 선교적 운동성을 갖도록 하고 있다(한국일, 『선교적 목회 길잡이』, 43-45). 소정교회는 지역사회의 일상에서 일어나는 고통이나 아픔에 공감하면서 하나님의 사랑으로 이웃을 섬기고 있다. 이는 소정교회가 지닌 영성이 세상 밖으로 물러난 영성이 아니라, 예수 그리스도의 공생애와 십자가에 기반을 둔 일상에서의 영성임을 보여준다(정승현, 『선교적 목회 길잡이』, 117).

소정교회 선교적 목회의 과제로는 첫째, 성도들이 구제와 지역사회 선교에 능동적으로 참여할 수 있도록 지속적으로 교인 교육을 실시하고, 제직 교육과 피택자 교육을 통해 선교적 교회에 대해 교육하고, 교육 커리큘럼을 개발할 필요가 있다. 둘째, 목회자들이 심방을 넘어서 교인들의 삶의 자리를 이해할 수 있는 대화의 창구를 만드는 것이 바람직하다. 셋째, 교회의 고령화를 극복하기 위해서는 30대, 40대 부부 모임을 구역이나 교구로 만들어 돌봄과 친교의 공동체로 나아가게 하는 것을 연구하고 실천하는 것이 필요하다. 1인 가구가 40%에 달하는 시대에 교회 내 1인 가구를 조사하여 특별 구역이나 교구로 만드는 것도 바람직하다. 넷째, 교회 인근에 있는 원룸촌에 거주하는 청년들과 접촉점을 만들기 위해 노력해야 할 것이다. 다섯째, 교회 내 소통의 채널을 만들고, 지역사회와의 소통의 채널을 만들고 확대하는 것을 당면 과제로 세우면 좋겠다. 여섯째, 1인 가구를 비롯하여 지역조사를 통해 변화된 시대와 지역사회 상황에 적합한 선교 방식을 새롭게 개발할 필요가 있다.

창원 새빛교회의 선교적 목회 이야기

조신제 목사

1. 새빛교회의 역사와 전통, 특징, 한계

새빛교회는 1991년에 부산진교회 100주년 기념교회로 예배당 건축을 지원하여 필자가 개척한 교회다. 개척 초기 20년 동안 다른 교회에서 신앙생활을 했던 교인이 적고, 대부분의 교인이 새빛교회에서 신앙생활을 시작했다. 다른 교회에서의 신앙생활 경험이 없으니까 교인들은 새빛교회가 하면 다른 교회도 그렇게 하는 줄 알고 잘 따른다. 주일 예배 1부(오전 9시)는 주일 봉사자 중심으로, 2부(오전 11시)는 장년과 다음 세대가 함께하는 전 세대 예배를 드린다. 부모를 따라서 참석하는 아동부와 중고등부 학생들이 있기 때문이다. 따라서 필자는 어린이와 청소년이 이해할 수 있도록 쉽게 설교하려 한다. 주일 예배 설교 본문은 성서 정과에 따르고, 아동부 예배와 중고등부 예배의 설교 본문도 동일하다. 새빛교회는 주일 오후 예배를 드리는 대신에 오후에 주일학교로 모인다. 처음에는 공간의 부족 때문이었지만, 이것이 나름대로(?) 교회 전통이 되었는데, 부모와 함께 오지 않는 학생들의 경우는 이 시간이 예배 참석에 더 용이한 것 같다.

2022년 새빛교회 여름성경학교 물놀이

2. 필자의 교회 개척과 목회 철학 및 현황

필자는 1991년에 새빛교회를 개척하여 은퇴까지 7년 정도 남았다. 개척 초기에는 특별한 프로그램을 하지 않았다. 필자가 두 날개 프로그램에 참여한 후 개척 10년 만에 제자 훈련을 시작했다. 현재 제직들은 모두 제자 훈련을 수료한 교인들이다. 교인들은 필자의 제자 훈련을 비롯해서 목회 활동에 잘 따라왔다. 한편 청년들은 절반 이상이 아동부와 중고등부를 거쳐 대학청년부까지 교회학교 과정을 거쳤기 때문에 구심력이 강하다. 청년들이 성장기에 창원을 떠나지 않고 교회에 계속 출석할 수 있었던 것은 부산장신대의 역할이 컸다. 청년들이 대학에 입학할 무렵 부산장신대가 반값 등록금을 실시했고, 당시 고등학교 3학년들이 부산장신대 신학과와 사회복지상담학과로 많이 진학했다. 새빛교회 청년들은 교회에서도 선후배이고, 대학교에서도 선후배다.

필자는 신학교 졸업반 때 서울 무학교회 산업부(야간학교 졸업생 중심) 교육전도사로 봉사했다. 당시 본 교단에서는 서울에 연동교회와 도림교회 그리고 무학교회 야간학교가 있었는데, 무학교회의 요청으로 야간학교 총무를 겸임했다. 그 후 산업 선교 실무자 교육을 받았고, 부산진교회와 연결되어 경남 창원에 새빛교회(경남노회 소속)를 개척했다.

한편 경남노회에서는 목회자생활비 평준화위원회(현 동반성장위원회)와 노회21세기위원회, 노회100회기 사업위원회 실무임원으로 섬기면서 노회의 발전에 기여할 수 있었다. 그리고 이와 같은 신학적인

2023년 새빛교회 설립 32주년 기념 찬양콘서트

실천과 목회적인 경험은 녹색교회를 추진하고 노회 탄소중립위원회 설치에 큰 도움이 되었다.

그러나 아쉬운 점은 교회의 지역사회 선교 활동이 아직도 활발하지 못하다는 것이다. 의료 및 미용 봉사, 경로당 방문, 교회 인접 중학생 장학금 전달, 연말 읍사무소에 사랑의 쌀 전달하기, 멋진 음악회 정도라고 할 수 있다.

3. 교인들의 특징이나 욕구

교인 연령별 구성은 10대(5명, 6%), 20대(25명, 28%), 30대(8명, 9%), 40대(9명, 10%), 50대(26명, 29%), 60대(10명, 11%), 70대(5명, 6%), 80대(2명, 2%)다. 전 교인 90명 중 10대, 20대, 30대 교인이 42.2%, 40대, 50대 교인이 38.8%, 60대 이상 교인이 18.8%로, 연령 구조 형태로는 피라미드 형태로, 지속가능성의 측면에서 볼 때 매우 바람직하다. 60대 이상 교인이 18.8%로, 대부분의 한국교회가 초고령 교회인 것을 감안하면 미래가 희망적인 교회라 할 수 있다. 교인 거주지는 교회 인접 지역(차량으로 10분 이내)이 54명(60%)이고, 먼 지역이 36명(40%)이다. 이는 새빛교회가 지역사회 선교 활동을 하거나 지역주민과의 친교 활동을 하는 데 유리한 여건임을 알려준다.

새빛교회 교인들 다수는 다른 교회를 다닌 경험이 없거나 신앙 연륜이 짧은 편이다. 새빛교회를 다른 교회와 비교하지 않고 목회자를 잘 따르기 때문에 교인들은 새빛교회에 대한 불만이 거의 없는 편이다. 다른 교회를 다닌 교인들은 때로 새빛교회의 여러 활동에 대해 다른 의견이나 의문을 갖기도 하지만 다수 교인의 의견을 따르는 편이다. 일부 교인은 새빛교회를 방문해서 자신의 관점에서 판단하고 새 신자로 등록했다. 어떤 사람이 코로나 기간에 교회를 방문했다가 2년 만에 교회를 다시 방문했는데, 아들을 데리고 왔다. 몇 주 뒤에는 이모 부와 함께 교회에 출석했다. 어떤 사람은 교회를 한 번 방문하고서는 장애가 있는 아들이 교회를 다닐 수 있는가를 판단한 후 가족 전체가 새빛교회에 등록했다. 그 교인은 장애가 있는 아들이 출석할 만한 교 회를 찾기 위해서 여러 교회를 방문하다가 새빛교회를 선택했다고 한 다. 이렇게 해서 이들은 새빛교회에서 새가족 5주 교육을 받았다.

4. 새빛교회의 지역적 특징과 욕구

새빛교회는 경남 창원시 외곽 지역(주남저수지 입구)에 있다. 육군종 합정비창 군무원 아파트를 제외하고 50~60호로 이루어진 마을로 구 성된 읍지역이며 고령자가 많다. 그리고 카페와 식당이 많이 있기 때 문에 타지에서 찾아오는 방문객이 많은 편이다. 따라서 적절한 시기에 지역교회에서 전원교회로의 전환이 필요하지 않을까 고민하고 있다.

5. 선교적 교회에 대한 이해

필자는 선교적 교회를 교회의 본질, 복음의 핵심 가치를 회복하는 교회라고 이해한다.

6. 선교적 교회 세미나 중 인상적인 배움/교훈

지난 10년 동안 새빛교회는 세계 선교를 위해 비전 트립을 많이 다녔다. 선교를 교회의 한 부분으로 이해했다. 필자는 선교적 교회 세미나에 참여하면서 선교는 세계 선교만이 전부가 아니라 교회가 본질을 회복하는 것도 선교임을 배웠다. 따라서 해외만이 아니라 새빛교회 자체에 초점을 맞추는 것도 중요하다고 생각하게 되었다.

2016년 새빛교회 싱가포르 비전 트립

7. 선교적 교회에 대한 배움을 교회에 적용 및 적용할 계획

　　선교적 교회에 대한 배움을 아직 새빛교회에 제대로 적용하지 못했다. 필자는 이런 배움을 통해 자신의 신학을 재정립하고 있다. 교회에 적용하지 못하는 이유가 눈에 보이지 않는 장애물도 있겠지만, 그보다는 목회자 혼자의 변화로 공동체를 이끌어 나가는 것은 힘들다고 보고 대안으로 녹색교회를 제시했다. 2021년 총회 사회봉사부와 부산장신대 평생교육원이 주관하는 '교회 환경지도사 교육과정'에 필자와 부교역자 2명이 참여한 것이 계기가 되었다. 그 후 2022년에는 한국기독교교회협의회 생명문화위원회와 기독교환경운동연대로부터 2022년에 새빛교회가 녹색교회로 선정되었다. 2024년에는 항존직 중심으로 선교적 교회 탐방 프로그램을 추진함으로써 선교적 교회로 전환하기 위한 동력을 얻으려고 한다.

2022년 새빛교회 환경주일 연합예배

8. 목회자로서 가장 큰 어려움

소그룹이 교회에서 잘 운영되어야 하는데, 코로나 이후 줌 교육을 하니 맛을 잃은 소금처럼 되었다. 적절한 변화가 필요하다. 소그룹 리더 교육을 월 1회 모여서 교육하는데, 필자가 좀 더 강하게 밀고 가지 못한 것이 아쉽다.

9. 선교적 교회 세미나에서 배운 것을 부교역자들과 나눔

필자는 부교역자들과 자주 식사하며 목회 관련해서 피드백을 많이 하는 편이다. 교회학교 부서는 모두 부교역자들이 맡고 있다. 필자는 부교역자들과 함께 강의를 듣고 책을 읽는 것이 중요하다고 생각한다.

10. 선교적 교회로 세우기 위한 정책 당회나 목회 활동

항존직의 선교적 교회 탐방을 통한 현장 교육과 이에 대한 피드백을 통해 새빛교회의 순차적 과제를 선정하는 데 중점을 두겠다.

11. 선교적 교회에 대한 당회원과 안수집사 교육

선교적 교회라는 제목의 강의나 교육은 없었다. 그러나 그런 주제와 비슷한 주제의 교육은 했다.

12. 선교적 교회로 전환할 때 가장 큰 어려움이나 장애물

가장 큰 어려움이나 장애물은 선교적 교회라는 비전을 교인들과 어떻게 공유하느냐의 문제다.

창원 새빛교회 선교적 목회의 특징과 과제

창원 새빛교회의 선교적 목회의 특징으로는 첫째, 조신제 목사의 선교 이해는 선교를 해외 선교로만 이해하는 것으로부터 교회의 본질을 회복함을 선교적 과제로 이해하는 선교적 교회론의 선교 이해로 전환했다.

둘째, 조신제 목사는 교인 중 제자 훈련 과정을 수료한 자들을 제직으로 세우고, 교회학교 아동부로부터 청소년부를 거쳐 청년부에 이른 청년이 청년부의 절반에 이르고, 이들이 교회의 중심을 이루고 있다. 이처럼 조신제 목사는 선교적 지역 교회의 신앙 공동체 육성에 힘을 쏟아 왔다(황홍렬, 『선교적 목회 길잡이』, 184).

셋째, 새빛교회는 전 세대 예배와 설교 본문의 통일을 통해서 그리고 교회학교 부서의 별도 교육을 통해 선교적 지역교회의 신앙 공동체 육성에 기여했다.

넷째, 조신제 목사는 기후 위기 시대에 새빛교회를 녹색교회로의 전환을 통해 선교적 교회로의 전환하는 동력을 확보하고자 했다. 그뿐만 아니라 새빛교회의 신앙 공동체 육성이 개인적, 반역사적, 추상적 실천이 아니라 기후 위기 시대에 대응하는 역사적이고 공동적이며, 경험적이고, 역동적인 실천을 함으로써 선교적 지역교회의 신앙 공동체 육성임을 확증했다.

다섯째, 새빛교회에는 탄소중립위원회를 조직하여 기후 위기에 대응하는 활동을 탄소중립위원회가 주도하고 있다. 조신제 목사가 제자 훈련을 통해 양성한 제자들은 탄소중립위원회를 조직하고 그 일원이 됨으로써 피조물을 향한 하나님의 계획을 나타내고 선포하는 사람을 형성하며, 조신제 목사의 리더십이 선교적 리더십임을 보여주고 있다 (황홍렬, 『선교적 목회 길잡이』, 185).

여섯째, 새빛교회는 교회당과 교육관의 공간 이외에 넓은 잔디밭이 있다. 코로나 기간임에도 불구하고 이 공간은 어린이와 청소년들이 함께 뛰노는 소중한 공간임을 확인했다.

일곱째, 새빛교회가 2022년 녹색교회로 선정됨으로써 그동안 기후 위기에 대응하는 활동이 인정받았고, 앞으로의 활동을 격려받았다. 이처럼 새빛교회는 마을 목회의 한 유형인 녹색교회로 교회 전체를 기후 위기에 대응하는 형태와 내용을 갖추고자 노력하고 있다.

새빛교회의 과제로는 첫째, 조신제 목사가 언급한 대로 선교적 교회에 대한 비전을 교인들과 공유하기 위해서 과거에 제자 훈련을 한 것처럼 선교적 교회를 위한 제자 훈련 과정을 개설하는 것이 바람직하다. 선교적 교회를 위한 제자 훈련 과정은 선교적 지역교회의 신앙 공동체 육성이 역사적이고, 공동적이며, 경험적이고, 역동적 실천이라는 맥락과 연계되도록 해야 한다. 둘째, 소그룹을 활성화시킬 필요가 있다. 블루라이트 강남교회의 사례처럼 소그룹은 교회 활동에서 가장 중요한 기초이기 때문에, 목회자가 소그룹 리더와의 만남과 교육을 강화하고 이런 자리를 통해 교인들을 이해하는 창구가 되도록 하는 것이 바람직하다. 셋째, 초고령 교회화 되는 것을 방지하기 위해서는 30대 부부와 40대 부부 모임을 새로운 구역이나 소그룹으로 조직하여 서로 대화하고 격려하며, 이들에게 적절한 돌봄과 지지를 개발하고 실천해야 할 것이다. 넷째, 새빛교회는 노인 건강 교육을 통해 노인 건강 돌보미를 양성하여 돌봄을 실천할 수 있고, 학교폭력에 대응하는 회복적 정의 교육을 교사나 학부모에게 실시함으로써 평화로운 학교 만들기에 참여할 수 있고, 위기 가정을 부부 상담이나 자녀 상담을 할 수 있도록 지원하거나 연계할 수 있고, 직장 신우회를 지원할 수 있다. 다섯째, 새빛교회가 지역사회와 자연스러운 접촉점을 형성하기 위해서는 근접 공간을 새롭게 만들거나 주민자치센터와 협력할 필요가 있다. 근접 공간은 성육신 선교의 한 모델로, 복음을 알지 못하는 사람들과 친밀한 관계를 형성할 수 있는 공적 공간이다. 지역사회 선교는 먼저 교인의 친교를 지역사회 주민들과 확대하는 과정에서 이뤄지는 것이 바람직하다. 또는 교회의 지역사회 구제나 섬김을 주민자치센터를 통해 함으로써 교회와 지자체가 거버넌스(협치)를 이루는 것이 바람직하다. 주민자치센터는 교회보다는 지역사회와 주민에 대한 많은 정보와 경험을 지니고 있기에 이를 활용하는 것이 중요하다.

3부

하나님 나라를 향한
선교적 교회

— 창립 100년을 넘은 교회들

부산진교회

김해교회

구포교회

부산 항서교회

부산진교회의 선교적 목회 이야기

신충우 목사

1. 교회의 역사와 특징, 한계

부산진교회는 1891년 호주 선교사들이 부산진 지역주민들과 예배를 드리면서 시작되었다. 1894년 4월 22일 호주 선교사의 어학 선생이었던 심상현과 2명의 여성이 베어드 목사에게 부산에서 최초로 세례를 받았다. 1904년에는 왕길지 목사(제1대 당회장)가 심취명을 장로로 장립하여 부산·경상도에서 처음 당회를 조직하였고, 심취명은 1912년 부산 및 경상도의 첫 한국인 목사가 되었다. 이처럼 역사가 오래된 부산진교회에는 여러 대에 걸쳐 교회에 출석하는 집안들과 친인척으로 연관된 교인들이 있다. 133년의 교회 역사에는 긍정적인 면도 많다. 호주 선교사들의 헌신, 교육 유산, 선교적 유산과 일신기독병원 등이다. 그렇지만 교회의 오랜 전통에는 아픈 기억이나 한계도 있다. 아픈 기억은 때로 트라우마가 되어서 새롭게 도전하는 데 장애물이 되기도 한다. 또한 교인들 사이에 갈등이 깊으면 교회가 앞으로 나가는 데 걸림돌이 되기도 한다. 필자는 이런 상황에서 복음으로 화평을 제시하는 것을 목회 방향으로 잡았다. 갈등 해결을 위한 성품 교육, 특히 성령의 아홉 가지 열매를 강조했다. 아울러 다른 교회보다 조금 더 천천히 가야 하고, 기다려 줘야 하고, 작은 반대나 이견에도 귀를 기울이고 이해하려고 노력하고 있다. 섣불리 접근하면 갈등과 충돌이 일어날 수 있다.

2. 교회의 지역적 특징과 욕구

부산진교회가 자리 잡은 부산 동구는 구도심으로, 도심공동화(都心空洞化) 현상으로 인해 젊은이들과 이사 갈 여력이 있는 주민은 지역을 떠나고 어르신들만 남아 있어 대도시 가운데 가장 고령화된 지역의 하나다. 부산에서는 영도와 동구(부산진)가 가장 고령화된 지역이다. 부산진교회 바로 위의 지역에 있던 금성중등학교와 좌성초등학교가 몇 해 전에 폐교했다. 이는 필자가 부임한 이후에 일어난 일이다. 현재 금성고등학교의 학생들은 한 학년당 100명이다. 교장을 맡고 있는 한 교인에 의하면 다른 지역은 학교가 새로 설립되는 곳도 있지만, 교회 인근 지역의 학교는 대체로 폐교되고 있다고 한다. 고령화 지역은 생산 인구가 적고 수입이 적어 상권이 잘 형성되지 않으며, 이는 다시 일자리를 찾기 어려워 청년과 젊은 세대들이 기피하는 지역이 되고 가난한 지역이 되며, 악순환이 일어난다. 이를 극복하는 것이 지역사회의 생존 과제다.

3. 교인들의 특징과 욕구

2023년 9월 말을 기준으로 볼 때 부산진교회 성도들의 연령대별 현황을 보면 아래와 같다.

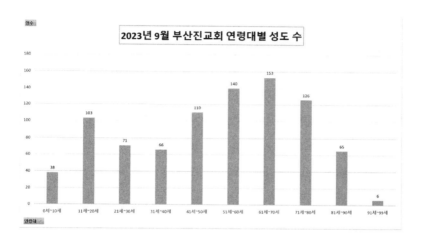

위 그래프를 보게 되면, 60대가 정점을 이루고, 50대가 그다음을 차지하며, 30대와 20대가 성인들 가운데에서는 가장 낮은 수치를 보여주고 있다. 또한 30대의 성도 수는 10세 이하 아동들의 수와 연동되어 있다. 60대 이상 교인이 39.8%로 초고령 교회 기준(65세 이상 20%)에 거의 두 배에 해당하고, 40대와 50대 교인이 28.5%, 20대와 30대 교인이 15.6%, 20세 이하 교인이 16%로 역삼각형 구조를 지니고 있다. 이러한 수치는 교회가 지속가능성을 위해 중간 세대와 다음 세대와 소통하고, 그들의 요구에 적합한 교회로의 전환이 당면한 심각한 과제임을 보여준다. 그리고 거주 지역별로 보면, 먼저 교회로부터 근거리로는 동구가 있고, 중거리로는 서구, 사상구, 사하구, 남구, 부산진구가 있다. 또한 중장거리로는 북구, 금정구, 연제구, 동래구, 수영구가 있고, 원거리로는 해운대구와 기타 부산 외곽 지역이 있다. 이를 비율로 보면 다음과 같다.

거리별	지역별	비율
근거리	동구	36%
중거리	서구, 사상구, 사하구, 남구, 부산진구	32%
중장거리	북구, 금정구, 연제구, 동래구, 수영구	24%
원거리	해운대구, 기타 부산 외곽지역	8%

이를 보면 물론 근거리 교인들이 교인들의 36% 정도를 차지하지만, 중거리 교인은 32%, 그 외 중장거리, 원거리 교인들도 32% 정도로, 상당한 비율을 차지하고 있음을 볼 수 있다. 즉, 교인들의 3분의 2 정도가 중거리 및 원거리 지역에서 오고 있음을 보여준다.

부산진교회 교인들의 특징으로는 교회 역사가 오래되어 기본적으로 신앙이 깊다는 점이다. 반면 교인들이 너무나 오랜 세월을 함께 지내며 갈등의 골 역시 깊어질 수 있다. 초고령 교회로서 부산진교회의 두 가지 과제는 고령화된 어르신을 잘 섬기는 것과 다음 세대를 키워내는 것이다. 연령 분포로 본 부산진교회는 역삼각형 구조의 교회다. 이 문제를 어떻게 해결할 것인가에 대한 불안감이 교인들에게 있다.

4. 목회자의 부임 연도와 목회 철학 및 활동

1) "가난한 성탄절"로부터 이웃 교회와 함께 드리는 성탄절 예배로, 수요 선교의 밤으로

필자는 부산대학교에서 철학을 전공했고, 장로회신학대학교에서 신대원 과정을 마쳤으며, 대학원(Th.M)에서는 성서학 중 신약학을 전공하였다. 그리고 동 대학 목회전문대학원에서 목회학 박사 과정으로 선교학을 공부하였다. 특히 대학원 과정에서 공부했던 성서학에 대한 학문적 토양은 필자의 목회적 토대를 형성하는 데 큰 힘이 되었다.

필자는 2017년 12월에 부산진교회에 부임했다. 교회를 알아가는 데도 시간이 필요했고, 무엇을 해야 할지 방향성을 찾는 데에도 시간이 필요했다. 물론 교인들은 새로운 목회자를 통해 새로운 변화를 원한다. 하지만 교회를 파악하기 전에 섣부른 변화가 긍정적인 결과보다는 그렇지 못한 결과를 가져오기도 한다. 필자는 먼저 교회를 파악하는 데 시간을 보냈고, 교회를 나에게 맞추려 하기보다는 나를 교회에 맞추려고 노력했다. 이를 위해서는 서로에게 기다림의 시간이 필요했다. 돌아보면 이는 꼭 필요한 시간이었다.

필자는 2017년 연말 성탄절을 맞으며 "가난한 성탄절"을 보내자고 제안했다. 우리를 부유하게 하기 위해 가장 가난한 모습으로 이 땅에 오신 그리스도를 기억하며 가난한 성탄절을 제안했다. 그래서 성탄헌금 전액(2,000만 원)을 지역에 있는 공적 기관(부산 동구청, 행정복지센터, 일신기독병원 등)에 기증해서 지역사회를 섬겼다. 필자는 부임 초기에 교인들을 심방하면서 교인들이 교회가 마땅히 해야 하는 선교를 못하고, 섬김을 못하는 것에 대한 선한 결핍을 느끼는 것을 발견했다. 그래서 필자가 제시한 것이 가난한 성탄절이었다. 제안 후 1년을 기다렸고, 이듬해(2018년)부터 시행했다. 2018년 성탄절에 필자는 가난한 성탄절 보내자고 설교했다. 예수님께서 자신을 모두 비워서 세상을 충만하게 하신 것처럼, 교회도 자신을 비워서 세상을 부유하게 하자고 설교했다. 2019년 이후 "가난한 성탄절"은 교인들에게 부산진교회가 지역사회를 위해 무엇인가를 행한다는 선한 자부심을 갖게 했다. 2019년부터 현재까지 성탄절헌금 전액은 이웃을 위해 사용하고 있다.

필자는 교인들에게 평생에 한 번은 성탄절에 예수님처럼 가장 가난하고 어려운 교회를 찾아가서 예배를 드리고, 성탄절 케이크를 나누고, 헌금 일부를 드리자고 제안했다. 2021년부터 성탄절 예배를 농어촌 교회나 자립 대상 교회에서 드리기를 원하는 교인들이 신청하면 해당 교회 목회자의 허락을 받아 함께 예배를 드리도록 하고, 성탄헌금 일부를 그 교회에 드리도록 하고 있다. 부산진교회가 후원하는 네 개의 미자립교회 중 두 교회의 성탄절 예배에 교인들이 참석해서 찬양을 드리고 선물을 나누고 헌금도 일부를 드렸다. 두 교회도 부산진교회의 교인들이 성탄절 예배에 동참한 것을 기뻐하고 감사했다.

2023년부터 월 1회 수요 예배 시간에 선교의 밤을 열고, 후원하는 선교사나 미자립교회 목회자를 초청해서 말씀을 듣고 그 교회나 선교지를 위해 기도를 드리고 있다. 필자는 성탄절 방문했던 교회 목회자를 초청해서 수요일 예배에서 설교를 들음으로써 후원과 나눔 이전에 교회 사이의 사귐을 갖도록 하는 것이 중요하다고 생각한다. 필자는 빌립보서를 통해 빌립보교회가 재정적 후원에 앞서 교제에 대해 감사하는 것을 보고 교회 사이의 사귐의 중요성을 깨닫게 되었다. 선교사나 선교지 교회에 선교비를 보내는 것도 중요하지만 후원하는 교회와 사귐을 갖는 것이 중요하다. 이런 차원에서 성탄절 예배를 함께 드리도록 하고, 헌금도 드리도록 했다. 그런데 교인들은 성탄절에 다른 교회에 가는 것을 부담스러워했다. 처음에는 좀 어색해했지만, 시간이 지나면서 조금씩 나아지고 있다. 그리고 성탄절에 다른 교회를 방문해서 예배를 드린 교인들이 "그 교회도 위로를 받았고, 우리도 은혜를 받았다"는 간증을 함으로써 앞으로 교인들이 더 적극적으로 참여할 것으로 기대한다.

2) 교회의 사명과 기초

필자가 제시한 교회의 사명은 "삶의 현장을 하나님 나라로"이다. 이러한 교회의 사명을 이루기 위해서 제시한 비전이 치유가 있는 교회, 회복이 있는 교회, 아름다운 유산을 남기는 교회다. 치유는 병든 부분을 치료하는 것으로, 우리가 살아가는 삶의 현장은 치유가 필요한 현장이다. 회복은 건강한 상태로 돌아감을 의미하며, 치유가 필요한 우리의 삶의 현장을 하나님 나라로 회복해 가자는 것이다. 유산이라 함은 우리의 걸음 뒤에는 발자취가 남는데 아름다운 발자취를 남기자는 것으로, 우리가 남긴 신앙의 흔적을 다음 세대와 후배에게 아름다운 유산으로 남기자는 것이다.

교회의 사명을 이루기 위해 필요한 것이 먼저 교회의 기초를 다지는 것으로 하나님 나라의 관점에서 읽는 공동체 성경 읽기다. 이는 본회퍼의『신도의 공동생활』이라는 책에 볼 수 있듯이 공동체가 서로를 정결하게 세워주는 역할을 하게 됨을 말한다. 이처럼 공동체 안에서 자신의 죄와 연약함을 고백할 때 변화의 능력이 그 안에서 생겨난다. 그리스도인들이 성경을 하나님 나라 관점에서 함께 읽을 때 공동체 서로에게 힘이 되고, 공동체 자체를 변화시키고, 결국 자기 삶의 현장을 바꾸는 힘이 생기게 된다. 피택자 4개월 교육 중 3개월을 공동체 성경 읽기를 하며 훈련한다. 피택자는 교육 중 한 달에 한 번 바인더 교재를 받아 가고, 일주일에 6일 동안 읽을 내용(10~15분 정도)을 교재의 안내에 따라 읽는다. 또한 전교인 공동체 성경 읽기는 드라마 바이블 음원과 카카오 채널을 활용하여 하루 15~20분 정도 읽으며 일 년에 성경을 일독하게 되었다. 카톡방은 원하는 교인들과 같이 성경을 읽도록 묶어 준다. 카톡방의 조장이 아침 8시 교회에서 보내 준 영상 주소를 카톡방에 공유하면 교인들이 성경을 읽은 후에 감상을 적지 않고 "오케이" 또는 "읽었습니다"만 올리도록 했다. 그래서 성경을 읽지 않은 교인이 선한 부담을 갖고 공동체의 도움으로 성경을 읽을 수 있도록 했다. 이로 인해 교인 대부분이 성경 일독을 중간에 탈락하지 않고 끝까지 하게 된다. 조장은 성경을 진도 대로 따라오지 않은 교인을 격려한다. 주일에는 읽기 분량이 따로 없고 못 읽은 분량을 보충하도록 한다.

둘째, 성품 교육이다. 필자는 선교적 교회 세미나에서 선교적 교회에 중요한 것이 성품이라고 배웠다. 선교는 우리의 존재에서 비롯된다는 의미로 성품 교육을 진행하고 있다. 필자가 수요기도회의 설교를 통해 10주 정도 성령의 열매에 대해 설교했고, 주일 예배 설교를 통해서는 11주 정도로 설교했다. 피택자 교육에서도 성품 교육을 강조했다. 필자는 하나님의 일꾼들이 힘 있게 일할 수 있도록 하나님의 일꾼을 무장시키는 힘이 성품임을 발견했다. 성품 교육 강의안을 정규 교육과정으로 만들 계획이다. 일 년에 두 차례 정도 성품학교를 열어 교회의 일꾼들에게 기능적 준비가 아니라 일을 할 수 있는 성품을 만들 계획이다.

셋째, 교육부를 통해 기독교 세계관을 가진 미래의 지도자를 양성하려고 한다. 장학 제도를 개선해서 금액과 대상을 확대했다. 동시에 장학금 신청자는 세계관 학교를 이수하도록 할 계획이다. 부산진교회는 세계관 학교를 방학 때 4~5주 정도, 4년 8학기로 학기마다 주제를 다르게 해서 진행하여 청년들을 기독교 세계관을 가진 지도자로 양성하고자 한다. 장학 제도를 구제로부터 기독교 세계관을 가진 지도자 양성으로 방향을 전환하려 한다.

3) 다음 세대 양육

다음 세대를 키우기 위한 대안으로는 첫째, 장학 제도의 확대다. 부산진교회가 1년에 지급하는 장학금은 2,000만 원으로 교회 내 학생뿐 아니라 외부 학생들에게도 지급하고 있다. 그런데 교회 청년들도 아르바이트를 해야 하기 때문에 교회 봉사가 쉽지 않다. 그래서 교회 봉사에 대한 장학금을 대폭 늘리도록 장학 제도를 개선했다. 둘째, 다음 세대 아카데미다. 다음세대 아카데미는 다음 세대에게 교회학교 교육과 더불어 각자에게 주신 음악이나 언어 등 다양한 재능을 개발하기 위해서 전문 강사로부터 배우고 훈련하여 기독교 세계관을 가진 미래의 지도자로 양육하는 데 목적이 있다. 다음세대 아카데미 앙상블은 교회학교 학생들이 교회 안에서 신앙으로 자라나며, 각자에게 주신 재능을 통해 하나님을 찬양하고 교회와 지역에 봉사하며 선한 영향력을 끼치는 다음 세대의 리더들로 양육하기 위한 부산진교회의 교육 프로그램이다. 클래식 악기를 지도하는 다음세대 아카데미 앙상블팀은 2021년 9월 창단하였고, 그해 12월 크리스마스 예배에서 1기 단원들이 첫 공연을 했다. 2022년과 2023년 성탄절에는 1기와 2기 단원들이 연합해서 공연을 했다. 다음세대 앙상블은 지금까지 총 세 번의 정기 공연과 두 번의 하우스 콘서트 등을 공연했다. 다음세대 아카데미 JJ(Just Jesus)밴드는 예배를 돕기 위해 다양한 연주 활동을 통해 하나님을 찬양하며 음악적인 소양을 키워나가기 위한 예배 인도자로, 전공 교사들의 실기 지도를 통해 배우며, 교회학교에서 예배로 섬기고 있다. 다음세대 아카데미 언어 영역인 부산진 아카데미 영어 수업은 강의식이 아닌 함께 참여하는 영어 수업으로, 영미권 순수 창작 동화책을 읽고 노래함을 통해서 어린이들이 영어를 자연스럽게 습득할 수 있도록 돕는다. 이를 통해 지역 아동들을 섬기고 하나님의 꿈과 비전을 심어주는 통로가 되기를 바라고 있다. 다음세대 아카데미 센싱 더스토리(sensing the story)는 성경의 이야기 속으로 어린이를 초대하여 성경의 여러 인물을 통해 말씀하시는 하나님과의 만남을 다양한 교구와 다감각적인 활동을 통해 가까이, 세밀하게, 상상하며 만나고 체험하는 프로그램이다.

다음세대 아카데미 앙상블팀과 자원하는 다음 세대 아이들과 인솔 교사 총 22명이 1주일 일정으로 2024년 1월에 호주를 다녀왔다. 다음세대 아카데미 앙상블 졸업생들은 부산과 경남 지역에 호주 선교사를 파송한 빅토리아 여전도회와 멘지스 선교사 출신 지역 연합교회를 방문하여 공연회를 개최했다. 공연회는 한편으로는 선교사를 통해 복음을 전한 데 대한 감사의 의미와 다른 한편으로는 옛 기억 위에 새로운 사귐의 관계를 만들어 가자는 의미를 지녔다. 나아가서 두 교회 사이의 사귐을 통해 새로운 선교적 과제를 갖자는 제안도 있었다. 100여년 전에는 복음을 전하는 자와 복음을 받아들이는 자의 관계였지만, 이제는 선교의 동역자가 되어서 새로운 선교를 위한 파트너가 되자는 제안이었다. 먼저 부산진교회는 비전 트립 방문팀을 통해 서신으로 호주 교회에게 이런 제안을 전달했다. 호주 교회도 이런 제안을 기쁘게 환영했다. 부산과 경남 지역의 선교를 시작했던 빅토리아 여전도회는 자신의 선교 열매라 할 부산진교회의 다음세대 아카데미 앙상블의 공연을 감명 깊게 들으며 어린이들을 환대했다. 필자는 자신의 새로운 제안에 대해 호주 교회가 긍정적으로 답변할 것을 기대하고 있다. 호주 교회와 한국교회가 청년 교류를 통해 서로의 문화와 언어, 신앙을 함께 나누게 된다면 서로에게 큰 유익을 가져다주는 시간이 되리라 기대한다.

부산진교회 다음세대 아카데미 앙상블 1, 2기 졸업생 호주 교회 방문

부산진교회 다음세대 아카데미 앙상블 1, 2기 졸업생 호주 교회 공연

　　다음세대 아카데미 앙상블과 JJ밴드는 현재 3기를 모집 중이다. 1
기와 2기의 모집 대상은 교인 자녀들이었지만, 3기부터는 외부에서도
참여하고 있다. 필자는 지역사회에서 교회가 선교적 역할을 할 때 음
악적 요소가 중요하다고 생각한다. 또 교회 스스로 음악적 인재를 양
성하기가 어려운데, 다음세대 아카데미는 교회 안에 이런 음악적 인
재를 양성하는 효과를 내고 있다. 이를 통해 교회를 떠났던 아이들이
돌아오는 효과도 있다. 또한 초등학교 어린이 중심의 영어교실은 금
년이 2년째로 소규모로 진행되고 있다. 부산진교회의 부속기관인 어
린이집과 유치원은 믿지 않는 사람을 대상으로 운영을 확대하여 선교
적 기회를 모색하고자 한다.

4) 코로나 심방

교인 중 코로나 확진자가 나오면 교회로 연락한다. 그러면 필자와 사모가 갈비탕을 사서 문 앞에 전달하고 전화 심방을 했다. 코로나 확진자가 급증할 때는 확진된 가정에 부목사들이 음식과 편지, 검진 키트와 해열제가 담긴 사랑의 상자를 전달했다. 코로나 기간이 길어지면서 모든 교인이 고통을 받게 되자, 목회자와 장로와 권사들이 전 교인 가정에 수박을 들고 심방했다. 교인들의 대다수가 코로나로 인한 어려움을 겪었지만, 동시에 이는 교회 공동체의 사랑을 확인할 수 있는 계기가 되었다. 위기는 또 다른 사랑과 위로 속에 교회가 하나로 연합하는 기회가 되었다.

5) 이웃 교회와의 섬김과 나눔과 사귐

수정동 성결교회가 예배당을 건축해야 하는 시점에 코로나가 생겨서 주변의 학교를 예배 장소로 빌릴 수 없자 부산진교회 예배당을 주일 오후에 대여해 줄 것을 요청했다. 부산진교회 교인 90% 이상이 주일 오후에 예배당을 대여하는 데 동의했다. 수정동 성결교회 교인들은 2021년 6월 6일부터 2022년 11월 13일까지 1년 6개월 동안 부산진교회 예배당에 와서 주일 예배를 드렸다. 그 이후에는 잠시 부산 YMCA 공간을 빌려 예배를 드리다가 작년 11월에 입당 예배를 드렸다. 이렇게 예배당 공간을 이웃 교회와 나눔으로써 교인들이 이웃 교회와 사귐과 나눔과 섬김이 있는 교회라는 자부심을 갖게 되었다.

6) 지역사회 섬김과 나눔

부산진교회 출신 목회자인 한남식 목사가 진구 쪽방 상담소를 섬기는데, 2023년 고난 주간 금식헌금으로 준비한 선물을 진구 쪽방 상담소에 전달했다. 이는 "내가 기뻐하는 금식은 흉악의 결박을 풀어주며, 멍에의 줄을 끌러 주며, 압제 당하는 자를 자유하게 하며, 모든 멍에를 꺾는 것이 아니겠느냐?"(사 58:6)는 말씀을 따른 것이다. 하나님께서 기뻐하시는 금식은 죄성으로 인해, 욕심과 죄악으로 인해 소외되고 고통받는 사람들의 삶을 회복시키는 회복의 삶이다. 올해에는 좀 더 확대해서 사순절 전체 금식헌금을 쪽방 상담소와 나눌 계획이다.

부산진교회는 2019년부터 부산 동구청과 행복복지센터에 연말에 이웃을 돕기 위해 지원을 하고 있다. 연초에 동구청과 행복복지센터의 담당자가 교체되면 담당자가 부산진교회를 방문하여 필자를 만나고 간다. 행정복지센터가 부탁할 일이 있으면 교회에 찾아와서 요청한다. 작년에는 행정복지센터가 주민을 위한 도시락 사역인 "나눔 냉장고"를 하고 싶다고 해서 교회 예산으로 지원했다. "나눔 냉장고"는 냉장고에 음식을 비치하여 필요한 주민이 필요한 때 가져가게 한다. 부산 동구 지역 목회자협의회는 10개 지역교회로 구성되어 어려운 이웃에게 김치를 나누고, 필요한 것을 나누고 있다.

5. 선교적 교회에 대한 목회자의 이해

선교적 교회는 보냄 받은 자로 인식하고 보냄 받은 자의 사명을 감당하는 교회다.

6. 선교적 교회 세미나로부터의 인상적인 배움/교훈

선교적 교회 세미나 중 선교적 성품에 대한 부분을 짧게 언급한 적이 있다. 선교사들에게서 가장 중요한 것이 무엇이냐는 질문에 강사가 선교사 자신이라고 답하면서 선교는 존재 자체로부터 비롯되기 때문이라 했다. 선교사(교인)의 존재 속에 나타나는 성령의 9가지 열매가 있어야 선교가 이뤄진다. 선교를 위한 준비로 가장 중요한 것은 성령의 성품으로 준비된 선교사의 존재 자체다. 필자는 선교적 교회가 성령의 9가지 열매를 지닌 교인 존재 자체에 좌우된다는 것을 배웠다. 둘째 마을 목회에 대한 새로운 배움이다. '마을 목회'라는 용어 자체가 목회의 방향성을 정한다고 본다. 목회자에게 목회는 교회 안이 1차적 관심이 될 수밖에 없다. 그렇지만 선교적 교회는 목회자의 관심을 마을로 확장하도록 하는데, 이 부분이 필자에게 도전이 되었다.

7. 선교적 교회에 대한 배움을 교회에 적용 및 계획

필자는 부임 후 교회의 사명을 "삶의 현장을 하나님 나라로"라고 정하고, 비전으로 치유가 있는 교회, 회복이 있는 교회, 아름다운 유산을 남기는 교회를 제시했다. 2022년에 필자는 교회가 지향하는 "삶의 현장을 하나님 나라로"의 의미를 1월부터 전교인 대상으로 12주의 설교로 제시했다. 설교 내용을 가지고 상반기 중에 교회의 사명과 비전에 대해 교육 교재로 만들어 교육 커리큘럼으로 준비하고 있다. 사명과 비전은 부산진교회가 지속적으로 바라보고 가야 할 관점이기 때문에 반복 교육이 필요하다.

필자는 교회의 사명과 비전을 실천하기 위해 부문별로 기본에 충실할 것을 요청했다. 우선 교육 부문은 생애주기에 따른 교육으로 교육 대상인 자녀와 가정에 대한 교육 패러다임의 변화를 요청했다. 즉, 교육 대상을 다음 세대 아이들로만 한정할 것이 아니라 아이들의 부모를 교육 대상에 포함시킬 것을 당부하였다. 부모를 도와야 아이를 더 잘 도울 수 있기 때문이다. 이에 따라 생애주기에 따른 교육의 개념을 제안하였다. 둘째, 가정 부문에서는 가정에서 자녀들과 함께 할 수 있는 신앙 교육 프로그램(부모가 읽어주는 성경 이야기 등)을 개발하고 있다. 셋째, 예배 부문에서는 비대면과 대면 예배를 병행하되, 대면 예배 참여를 독려하고 있다. 넷째, 훈련 부문에서는 하나님 나라 관점에서 읽는 전교인 공동체 성경 읽기(유튜브와 카톡방 등을 통해 온라인으로 운영)를 활성화하고 있다. 이는 2019년부터 소그룹으로 시작했으나, 코로나 기간에는 전 교인에게 영상으로 진행했다. 올해 3월부터는 소그룹으로 다시 시작하고자 한다. 소그룹 모임에서는 조원들이 간증을 하고 피드백을 한다. 필자가 조장들을 교육하면서 피드백을 받는다. 이런 피드백을 통해 교인의 삶이 실제로 역동적으로 변하는 내용을 알 수 있다. 전 교인을 대상으로 영상으로 교육할 때는 피드백을 받을 수 없다. 필자는 교인들의 변화를 알지만 개인적인 내용이 있어서 설교에 인용하지는 않는다. 피택자 훈련을 기점으로 신앙 훈련 체계를 세 단계로 구축하고 있다. 신앙 훈련 체계의 첫째 단계는 수요일 예배 설교에서 교육하고, 둘째 단계는 주일 예배 설교에서 교육하고, 셋째 단계는 교육으로 다시 반복하는 것이다. 설교하고 가르치는 필자와 교인 사이에 소통과 공감이 이뤄지기 때문에 반복적 교육이 가능하다. 성령의 아홉 가지 열매는 우리 인간의 성품이 아니라 성령을 통해 알게 되는 성품이라는 점이 중요하다. 성령의 아홉 가지 열매가 교인들에게 나타나도록 해야 한다. 이를 위해서는 지속적인 교육이 중요하고, 이를 커리큘럼화 할 필요가 있다. 이에 대한 교인들의 반응은 좋다. 다섯째, 장학 부문이다. 지금까지 진행하던 장학 제도를 개선하고 확대하여 2022년부터는 "우리 아이를 우리가 키우자"라는 표어를 갖고 장학 기금을 늘리고, 장학 대상을 확대하고, 장학금의 규모를 키워나가기로 했다. 이를 위해 현재 시행되는 목적헌금 중 교육 목적헌금을 교육·장학 목적헌금으로 명칭을 변경하여 교인들이 적극적으로 장학 기금에 참여하고 장학 기금을 확대하도록 했다. 여섯째, 교역자와 직원 부문이다. 여름휴가 이외의 연중 휴가를 교역자는 올해 연 7일, 직원은 연 10일로 정했다. 연중 휴가는 1년에 하루씩 늘어난다. 부교역자의 성장과 자기 계발을 위해서 교회 사역 기간이 만 3년이 지난 부교역자들 가운데 한 사람을 당회가 선발하여 학위 과정을 전액 지원하기로 했다. 일곱째, 나눔 부문으로 가난한 성탄절이다. 자기를 비우심으로 세상을 부요하게 하신 예수 그리스도의 성육신의 사랑을 본받아 교회에서 드려지는 성탄헌금 전액을 이웃을 위한 나눔으로 사용하기로 했다.

금년 계획으로는 3월까지 교육 커리큘럼을 만드는 것과 이제까지 진행해 온 성경 일독 학교를 진행하는 것이다. 2022년 피택자 대상 교육은 "하나님의 일꾼, 성품으로 일하라"는 표어를 따라 성령의 9가지 열매를 중심으로 4개월간 교육하였다. 하나님의 일꾼은 존재로 일하는 사람이기 때문이다.

부산진교회 전 세대 통합 예배

8. 선교적 교회로 세우기 위해서 정책 당회나 목회를 통한 적용

필자가 지향하는 교회의 사명과 비전에 대해서는 매해 정책 당회에서 다룬다. 이제 7년째 접어든 주제인 "삶의 현장을 하나님 나라로"에 대해 처음에는 생소하게 느끼는 교인들이 많았다. 이제 어느 교인에게 교회의 사명과 비전에 대해 물어도 제대로 대답한다. 당회도 교회의 사명과 비전에 대한 신학, 철학과 생각을 공유하는 것이 가장 중요하다.

이를 실천하는 방법은 다양할 수 있다. 이런 목회적 방향과 신학을 마음에 진심으로 공유하는 것이 제일 중요하다. 필자는 선교적 교회라는 이름으로 강의하지는 않지만, 삶의 현장을 하나님 나라로 회복하자는 것이 어떤 의미인가를 정책 당회와 주일 설교, 강의 등 어떤 방식으로든 목회 사역을 통해 강조하고 있다.

9. 선교적 교회에 대한 당회원과 제직 교육

교회의 사명과 비전에 대해 12주 설교로 가르친 것을 교재로 만들 계획이다. 이 교재를 통해 당회원과 항존직에게 교육할 계획이다.

10. 선교적 교회 세미나에서 배운 것 부교역자들에게 교육

아직까지는 잘 나누지 못하고 있다. 선교적 교회 세미나에서 배운 것을 부교역자들과 나눈 후 교회에 적용하고 있다.

11. 선교적 교회론을 교회학교 지도자들과 공유

선교적 교회라는 이름은 아니어도 교회의 사명이 "삶의 현장을 하나님 나라로"이기 때문에 공유한다고 본다. 재작년에 교회학교 지도자와 교사 전체를 대상으로 부산진교회가 지향하는 교육 방향을 필자가 강의하면서 교회학교의 사명을 정리해서 제시했다.

12. 선교적 교회로의 전환에서의 어려움이나 장애물

가장 큰 어려움은 필자 자신이 선교적 교회에 대한 분명한 관점을 갖고, 필자가 분명한 방향성과 확고한 의지를 갖는 것이다. 지도자가 분명한 방향성을 갖게 되면 시간이 걸릴지라도, 어떤 어려움이 있더라도 선교적 교회로 갈 수 있다. 필자가 얼마나 폭넓은 이해를 갖고 얼마나 폭넓은 그림을 그릴까 하는 것이 가장 큰 어려움이다.

부산진교회 선교적 목회의 특징과 과제

부산진교회의 선교적 목회의 특징으로는 첫째, 신충우 목사는 교회 역사가 120년이 넘은 부산진교회의 부임 초기에 목회 방향을 "복음으로 화평을"로 제시했다. 이러한 목회 방향을 실천하기 위해 신충우 목사는 성령의 아홉 가지 열매를 맺기 위한 성품 교육을 강조했다. 신충우 목사는 선교적 교회 세미나를 통해 선교적 교회에서 중요한 것이 성품이고, 선교는 기독교인의 존재에서 비롯된다는 것을 배웠다(최동규,『선교적 목회 길잡이』, 76). 즉, 선교는 프로그램이나 프로젝트 이전에 그리스도인의 존재론적 성품에서 나오는 자연스러운 행위다. 성육신적 선교는 근대선교의 성과주의와 방법론주의를 비판하고 그리스도인들이 예수의 참된 제자가 되고자 할 때 예수의 사역뿐 아니라 그분의 인격과 성품에 집중해야 한다(최동규,『선교적 목회 길잡이』, 75-76). 성육신이 교회의 존재론적 성품과 태도를 가장 잘 드러내기 때문이다(최동규,『선교적 목회 길잡이』, 62). 이러한 성품 교육은 성령의 열매를 맺기 위한 성령 하나님과의 친교를 강조함으로써 성령을 능력의 관점에서 도구화하는 문제를 극복하게 된다.

둘째, 신충우 목사는 교회의 사명을 "삶의 현장을 하나님 나라로", 교회의 비전을 "치유가 있는 교회", "회복이 있는 교회", "아름다운 유산을 남기는 교회"로 제시하면서 부산진교회가 선교적 교회로 전환하도록 했다. "삶의 현장을 하나님 나라로"라는 교회의 사명은 교회와 선교의 분리, 신앙과 삶의 분리를 극복하고, 교인이 자기 삶의 현장에서 하나님 나라를 이루려는 선교적 삶을 살아야 하고, 일상을 선교 현장으로 여김을 의미한다(한국일, 『선교적 목회 길잡이』, 41). "치유가 있는 교회"는 교인들 사이의 치유뿐 아니라 교인의 삶의 현장을 치유가 필요한 현장으로 보도록 한다. "회복이 있는 교회"는 하나님 나라를 미리 맛보는 교회가 되는 것뿐 아니라 삶의 현장에 하나님 나라를 회복하도록 한다. "아름다운 유산을 남기는 교회"는 치유와 회복을 통해 후배와 다음 세대에게 아름다운 유산을 남기는 교회가 되고자 한다. 부산진교회의 세 가지 비전은 성과 속이 분리된 영성이 아니라 일상에서의 영성을 추구한다. 즉, 예수의 십자가와 공생애에 기반을 둔 영성은 세상 밖으로 물러나는 것이 아니라 일상에서 이뤄지는 것이며, 기독교인의 일상은 하나님의 선교에 참여하는 귀중한 기회로 보는 것이다(정승현, 『선교적 목회 길잡이』, 117-118).

셋째, 신충우 목사는 "삶의 현장을 하나님 나라로"라는 교회의 사명을 이루기 위한 방법으로 하나님 나라 관점에서 읽는 공동체 성서 읽기, 성품 교육, 교회 교육을 제시했다. 이런 교육은 부산진교회가 선교적 지역교회로서 신앙 공동체를 육성하는 좋은 방법이 될 것이다(황홍렬, 『선교적 목회 길잡이』, 184). 치유와 회복이 필요한 삶의 현장을 교인 개인이 치유하고 회복하기는 어렵다. 먼저 신앙 공동체 안에서 교인들이 성경을 하나님 나라의 관점에서 읽을 때 교인들이 자신의 상처와 아픔을 고백하게 되고, 성령의 능력 안에 있는 공동체가 서로에게 치유와 회복의 힘을 주며 공동체를 변화시킨다. 이처럼 교회 안에서 치유와 회복이라는 하나님 나라를 미리 맛볼 때 교인 개인의 삶의 현장을 치유하고 회복하는 힘이 생기게 된다. 부산진교회는 전 교인에게 1주일에 6일 동안 매일 10~15분 정도 읽을 내용을 보내고 확인하며 1년 동안 성경 통독을 하도록 하고 있다. 피택자 교육과정 4개월 중 3개월을 공동체 성경 읽기 훈련을 하고 있다. 이처럼 선교적 목회는 교회 안에서 깨닫고 경험한 하나님 나라의 정의, 평화, 기쁨을 성도의 삶을 통해 세상 속으로 실현하도록 준비하고 안내한다(한국일,『선교적 목회 길잡이』, 51). 전 교인 공동체 성서 읽기를 소그룹 단위로 진행하면서 교인/구역원의 피드백을 통해 교인의 삶이 역동적으로 변화하는 것을 듣고 있다. 하나님 나라 관점에서 읽는 공동체 성서 읽기는 성도들이 일상적 삶의 현장에서 하나님 나라를 실천할 수 있도록 연결시키는 데 주력하고 있다(한국일,『선교적 목회 길잡이』, 53).

넷째, 성품 교육은 수요 예배 설교를 통한 성품 교육, 주일 예배 설교를 통한 성품 교육, 이를 토대로 교회 교육 교재 개발 등 3단계로 진행하고 있다. 신충우 목사가 성품 교육을 강조하는 것은 하나님의 일꾼을 힘있게 일하도록 무장시키는 힘이 성품임을 발견했기 때문이다. 즉, 하나님의 일꾼에게 필요한 것은 기능적 준비가 아니라 일할 수 있는 성품을 갖추도록 하는 것이다. 성육신에 담긴 의미는 현존, 근접성, 무력함/연약함, 선포다. 여기서 성령의 열매인 성품은 선교적으로는 연약함과 궤를 같이한다고 본다. 우리 가운데 성육신하신 예수 그리스도는 우리 가운데 하나가 되심으로 우리를 지배하는 하나님이 아니라 종의 형태를 취하시고, 강압적인 힘이 아니라 사랑과 겸손이 어떻게 하나님의 본성을 반영하며, 어떻게 인간 사회를 변혁하는 수단이 되는지를 보여주신다(최동규,『선교적 목회 길잡이』, 79).

다섯째, 신충우 목사는 교회 교육을 통해 기독교 세계관을 가진 지도자를 양성하려 하고, 장학금을 확대하면서도 교회 학생인 경우 기독교 세계관 교육 수료를 요구한다. 다음세대 아카데미는 앙상블, 밴드, 영어 수업, 센싱더스토리 등으로 이뤄진다. 악기를 배우는 과정은 교회에 음악 인재를 양성하고 교회를 떠난 어린이들이 돌아오는 효과를 내고 있다. 클래식 악기를 배우는 다음세대 아카데미 앙상블의 1기와 2기 졸업생 22명이 2024년 1월에 호주를 1주일 방문하여 부산과 경남 지역에 복음을 전한 교회에 가서 공연을 했다. 공연회의 의미는 한편으로는 복음을 전해준 데에 대한 감사의 표시였고, 다른 한편으로는 이제 한국교회와 호주 교회가 선교의 동역자가 되는 새로운 사귐의 관계로 들어가자는 제안을 담고 있다. 신충우 목사는 호주 교회에 양 교회 사이의 청년 교류를 제안했다. 교회의 문화 교육의 열매를 통해 부산진교회가 호주 교회에게 선교 동역 관계를 제안하고, 청년 교류를 통해 양국 교회의 다음 세대를 든든히 세워가자고 제안한 것은 에큐메니컬 운동의 발전으로 나아가는 새롭고도 의미있는 발전이라고 생각한다. 다음 세대 교육과 문화교실 등은 교회 교인 구성이 역삼각형인 부산진교회의 고령화를 극복하는 효과적인 방안이라고 생각한다.

여섯째, 신충우 목사가 부임 이후부터 추진한 "가난한 성탄절"은 우리를 부유하게 하기 위해 가장 가난하게 오신 예수 그리스도를 기억하기 위해 제안했다. 부산진교회는 성탄절헌금 2,000만 원을 동구청, 행정복지센터, 일신기독병원에 기증하여 지역사회와 나누었다. 당시 교인들은 마땅히 선교를 하고 지역사회를 섬겨야 한다는 자책감을 지니기도 했는데, "가난한 성탄절"로 인해 교인들은 지역사회를 섬긴다는 자부심을 갖게 되었다. "가난한 성탄절"은 그리스도의 가난하게 되심은 하나님의 영광을 버리고 자신의 특권을 포기한(고후 8:9) 성육신 사건의 의미이고, 하나님 되심을 포기하고 자기를 비우신 예수 그리스도(빌 2:6-8)를 따르는 성탄절로, 성육신은 외관만 바뀐 것이 아니라 실체적 변화가 일어난 사건으로 신의 존재 방식과 종의 존재 방식을 대조한 것이다(최동규, 『선교적 목회 길잡이』, 68). 신충우 목사의 제안에 따라 부산진교회 교인 일부는 교회가 후원하는 미자립교회 중 두 교회의 성탄절 예배에 참석하여 예배드리고 헌금을 드리며 친교했다. 2023년에는 월 1회 수요 예배를 선교의 밤으로 정하고 교회가 후원하는 선교사나 미자립교회 목회자를 초대하여 설교를 듣고, 선교지와 교회를 위해 기도드렸다. 이는 신충우 목사가 사도 바울이 빌립보교회의 후원에 앞서 교제에 대해 감사하는 것으로부터 배운 것을 부산진교회에 적용한 것이다. 예수의 사역은 언제나 하나님 나라의 특성인 코이노니아에 기초해 있다(한국일, 『선교적 목회 길잡이』, 48). 공교회 사이의 코이노니아의 회복도 하나님 나라의 사건이다. 그런데 성탄절 예배를 함께 드린 미자립교회의 교인과 목회자도 위로받았다고 했지만, 성탄 예배에 참석했던 부산진교회 교인들도 은혜를 받았다고 고백했다. 성탄절에 주는 교회와 받는 교회가 함께 드린 예배 속에서 모두 코이노니아를 통해 하나님 나라를 미리 맛보았다.

일곱째, 부산진교회는 진구 쪽방 상담소를 지원하고, 동구청과 행정복지센터를 통해 이웃을 섬기고 있다. 최근에는 행정복지센터가 "나눔 냉장고" 사업을 후원해달라고 요청해서 재정 지원을 했다. 부산진교회는 코로나 기간 중 확진자를 목회자와 교회가 정성껏 돌보았다. 코로나 확진이 되어 교회로 연락하면 신충우 목사 부부가 갈비탕을 사서 문 앞에 전달하고 전화 심방을 했다. 코로나 확진자가 급증할 때는 확진된 가정에 부목사들이 음식과 편지, 검진 키트와 해열제가 담긴 사랑의 상자를 전달했다. 코로나 기간이 길어지면서 모든 교인이 고통을 받게 되자, 목회자와 장로와 권사들이 전 교인 가정에 수박을 들고 심방했다. 이렇게 교인들을 정성껏 돌봄의 태도가 지역사회의 섬김으로 연결된다. 성육신적 선교를 위한 상황화의 과정 중에 연대가 있다. 세상과의 연대는 그들의 세계로 가서 진솔한 대화를 나누고 그들의 아픔과 고통을 함께 공유할 때 가능하다(최동규, 『선교적 목회 길잡이』, 88). 이러한 연대 의식이 부산진교회의 지역사회 선교의 기초가 된다고 본다.

부산진교회의 선교적 목회의 과제로는 첫째, 교회의 역삼각형 구조를 극복하기 위해서는 30대 부부와 40대 부부 모임을 구역이나 교구로 편성해서 집중적으로 섬기고 강화할 필요가 있다. 1인 가구가 40%인 상황에서 교인 중 1인 가구를 별도의 구역으로 조직하여 섬길 수 있다. 둘째, 교인 사이의 코이노니아와 이웃 교회와의 코이노니아가 지역사회와의 코이노니아로 확대하는 것이다. 부산진교회는 이미 "가난한 성탄절"을 통해 지역사회를 섬기고 있다. 선교적 목회는 교인들의 친교 범위를 넘어서 지역주민과의 친교를 회복하는 것을 통해 교회의 선교적 운동성이 회복된다(한국일, 『선교적 목회 길잡이』, 45). 셋째, 성품 교육은 존재의 변화를 초점으로 두고 있다. 그런데 교회나 가정이나 사회에서 갈등의 문제는 성품으로만 해결할 것이 아니라 관계라는 관점에서 다룰 필요가 있다. 학교폭력이나 범죄에 대한 응보적 정의에 대한 대안으로 부각되는 회복적 정의는 피해자와 가해자 사이의 관계의 치유와 회복뿐 아니라 공동체 전체의 회복에도 초점을 두고 있기 때문에 앞으로 관심을 가질 필요가 있다. 넷째, 신충우 목사가 언급한 것처럼 선교적 교회는 마을 목회라는 관점에서 더욱 확장될 필요가 있다. 부산진교회가 자리 잡은 곳에 마을의 회복을 위해 교회가 할 수 있는 것을 교인의 전문성이나 경험을 고려해서 모색할 수 있을 것이다. 교인 중에 의사나 간호사가 있다면 건강 교육을 통해 노인 건강 돌봄 도우미를 양성하여 지역의 노인들을 돌볼 수 있을 것이다. 교인 중에 교사가 많다면 학교폭력에 대응하는 회복적 생활 교육이나 회복적 정의에 대한 학부모 교육이 가능할 것이다. 주변에 자영업자가 많다면 행정복지센터와 협의해서 지역화폐 사업에 참여하여 지역 경제 활성화에 일정 부분 기여할 수 있을 것이다. 기후 위기 시대에 "생명의길 초록발자국"이라는 환경 교육을 여전도회와 남선교회 회원들에게 실시하여 생태 돌보미를 양성하고, 부산진교회가 할 수 있는 활동이나 교인 가정에서 실천할 수 있는 활동을 전개할 수 있을 것이다. 다섯째, 신충우 목사는 선교적 교회로의 전환에서 가장 큰 어려움이 목회자 자신이 선교적 교회에 대한 분명한 관점과 방향성을 견지하고 확고한 의지를 갖는 것이라 했다. 이는 예수 그리스도의 성육신적 선교를 목회자가 자신에게 적용한 것으로 선교적 교회로의 전환을 위해 애쓰는 목회자의 진솔하고도 바람직한 태도다.

김해교회의 선교적 목회 이야기

조의환 목사

1. 교회의 역사와 특징, 한계

김해교회는 미국 북장로교 윌리엄 베어드 선교사로부터 전도를 받은 배성두 성도가 자신이 경영하던 약방에서 1894년 4인의 교인으로 시작되었다. 김해교회는 약방에서 시작한 교회답게 병든 자를 치유하고 약한 자를 돌보고 섬기는 교회였다. 또한 김해교회는 1909년에 합성학교(설립자 배성두, 교장 심익순 선교사)를 설립했고, 1929년 유치원을 설립하여 70명의 어린이를 보육했다. 이처럼 김해교회는 교육 선교에도 앞장섰다. 1919년 김해 지역의 3.1운동은 설립자 배성두 장로의 아들 배동석과 임학찬이 활약하고, 김해교회가 김해 지역의 독립운동을 주도했다. 김해교회는 김해 지역의 모교회로 김해제일교회(1927년에 성결교회로 분리되었으나, 일제에 의해 1943년 강제로 합병되기도 함), 김해중앙교회(1949)가 분리되어 나갔으며, 그 이외에도 김해 지역의 여러 교회가 분립·개척되어 세워졌다.

김해교회의 이런 역사와 전통을 교인들과 공유하고 있다. 김해교회는 한국 평신도 교인이 세운 교회로, 독립운동에도 앞장서고, 치유 선교와 교육 선교를 활발히 전개한 역사를 지닌 교회다. 그런 역사의식과 전통을 지닌 교회로서 교인들은 개교회주의를 넘어서려는 의식이 있고, 지역사회를 돌보고 섬기는 일과 지진 구호 등 대외적 섬김에 적극적이다. 이런 역사의식과 섬김과 나눔의 활동을 특징으로 하는 김해교회이지만 역사가 오래된 교회가 갖는 공통적인 한계를 지니고 있는데, 그것은 변화에 적극적으로 그리고 빠르게 대처하는 데 느리다는 점이다. 그것은 130년 교회의 전통 속에 굳건한 기초는 있지만, 변화에 느리다는 약점도 있어, 긴 역사 속에 좋은 것만 있는 것은 아님을 보여준다고 할 수 있다.

2. 목회자의 부임 연도와 목회 철학 및 활동

필자는 김해교회에 1994년에 부임했다. 첫 10년은 필자가 담임목사로서 교회에 정착하고 조용히 뿌리를 내리는 시기였다. 필자가 김해교회에 목회한 지 10년이 지난 후부터는 영혼 구원을 위해서 알파코스를 시작했고 전도를 강조했다. 영적 세계를 장악하기 위해서 기도 운동을 크게 강조하고 기도 사역을 강화하면서 교회가 영적으로 굳건해지고, 양적으로 성장하기 시작했다. 필자의 목회 20년 차부터는 김해교회가 필자의 은퇴 이후에도 하나님의 기쁨이 되고 영광이되는 길을 위해 교인을 성숙하도록 양육하는 데 힘을 쏟았다. 처음에는 전체 항존직을 대상으로 공부를 원하는 교인을 모아 교육을 진행했으며, 그다음 연도부터는 코로나 기간이어서 줌으로 교육을 진행했는데, 교육 기간을 6개월로 하였고 1년 동안 독서 지도를 했다. 6개월의 교육 기간 동안 목회자가 추천하는 책을 읽고 교인들이 나누기도 했다. 책의 주제로는 에베소서 교회론을 비롯하여 교회론, 현대 사회 속에서 기독교 영성과 경건, 신학, 기도 이해, 예수의 기도 등이었다. 2023년까지 4기 교육을 마쳤는데, 수료자가 40~50명이다. 지금도 필자는 교육 수료자들 전체에게 도서를 계속 추천하고 있으며, 가끔 모여서 독서토론회도 하고 있다.

3. 교인들의 특징과 욕구

교인 연령별 구성은 10대 교인(14.7%), 20~30대 교인(29.1%), 40~50대 교인(28.6%), 60~70대 교인(22.2%), 80대 이상 교인(5.3%)으로, 60대 이상 교인 비율이 27.5%이다. 20대와 30대 교인이 29.1%, 40대와 50대 교인이 28.6%로 허리 세대가 상대적으로 두텁게 형성되어 있어 교회의 지속가능성에 긍정적 신호라 생각되지만, 허리 세대를 더 강화할 필요가 있을 것이다.

전통적인 한국교회에 익숙한 교인들은 예배와 전통을 잘 지키고, 평안하게 신앙생활 하기를 원하며, 다음 세대가 잘 되기를 원해서 교육열이 높고, 이웃을 섬기고 이웃과 나누려는 욕구가 크다. 김해교회의 교회학교 사역이 잘 되어서 등록하는 교인들도 있다. 그러나 교회 역사 속에서 보이는 모습에는 교회 내 갈등으로 많은 목회자들이 짧은 기간 목회하다가 사임하는 아픈 역사가 있다. 필자는 100년 역사의 21번째 목사로서 긴 역사 속에서 처음으로 10년을 넘긴 목회자요, 첫 번째 원로목사로 취임하게 되었다. 그래서 처음부터 필자는 사역보다는 말씀과 예배에 중점을 두고 목회를 시작했다. 필자가 목회 첫 10년에 새로운 사역을 시도하지 않고 말씀과 예배에 집중했던 것은 사역 이전에 말씀과 예배로 은혜가 넘치는 신앙생활이 되길 희망했으며, 그리하여 교회 내 갈등을 순화시키는 변화를 일으키기 위함이었다. 교회 내적으로는 말씀과 예배에 집중하면서 김해교회가 가진 지역에서의 역사성을 기반으로 김해 YMCA 창립위원장과 초대 이사장이 되었으며, 2대, 3대 위원장을 본 교회 장로가 취임함으로써 지역사회를 위한 김해교회의 역사 전통을 이어가게 되었다.

하나님께서 계기를 마련해 주심으로 두 번째 10년 동안에는 영혼을 구원하는 교회로 알파 코스를 집중하게 되었다. 전도를 이벤트성으로 한 번 하는 것이 아니라 10주 동안 식사로 섬기고 사랑으로 섬기는 과정을 통하여 주님을 만나고 영접하는 계기가 되도록 한 것이다. 알파 코스에 참여하는 사람들과 15개의 말씀을 나누게 되고 또 집중적으로 진리의 영이신 성령께서 역사하시는 1박 2일의 장을 마련함으로, 참여자들은 큰 말씀의 감동과 성령의 만져주심을 통한 감동이 있었으며, 그로 인하여 영혼 구원에 많은 열매를 거두게 되었다. 영혼 구원은 누구도 반대하지 않기 때문에, 알파 코스는 교인들을 하나 되게 하는 계기가 되었다. 알파 코스를 통해 교인들이 식사를 준비하고, 청소하고, 참여자들을 영접하는 다양한 활동을 통해 전도의 열매를 거두면서 교회가 양적으로 성장하기 시작했다. 그뿐만 아니라 교인들이 알파 코스를 위해서 기도와 금식으로 준비하다 보니 교인들이 은혜를 받아 갈등을 극복하는 교회가 되었다.

김해교회의 표어는 "행복한 세상(하나님의 나라)을 만드는 신앙 공동체"로 산상수훈에 뿌리를 둔다. 마태복음 5장 1절에는 예수님과 그 앞에 모인 제자들이 등장하는데, 산상보훈이 끝나는 지점인 7장 28절을

김해교회 알파 코스

보면 그의 가르침에 놀라는 무리가 등장한다. 이처럼 말씀을 바르게 가르치면 제자 공동체가 큰 무리가 되는 것을 보게 되고, 이것이 우리 교회가 이뤄가야 할 선교적 과제로 보고 우리 교회의 지침으로 삼은 것이다.

4. 교회의 지역적 특징과 욕구

김해교회가 위치한 김해는 1981년 김해읍이 김해시로 승격하여 독립했고, 1995년 김해읍과 김해시가 통합되어 도·농 복합형태의 도시를 이루었다. 2013년에는 급격히 성장한 장유면을 장유1·2·3동으로 행정적으로 재편했다. 김해교회가 자리 잡은 김해시 가락로 117(서상동)은 과거에는 김해시의 중심 지역이었으나, 도시가 지속적으로 발전하는 가운데 상대적으로 낙후된 구도심이 되어 있는 지역이다. 특히 김해교회 인근인 동상동에는 많은 이주민과 이주민 관련 단체와 식당이 있어 이주민들이 많이 모이는 지역이다. 김해교회의 지역사회 선교와 선교적 사명 감당하고자 할 때 선교의 대상으로 바로 이 이주민들이 부각되었다.

2012년 6월 드림센터 기공 예배를 드렸고, 2013년 7월 헌당 예배를 드렸다. 드림센터의 건축비는 30억 원이었다. 드림센터는 교회의 교육 시설이면서 동시에 지역사회를 섬기는 사회봉사 시설로 만들었다. 드림센터는 사단법인 '사랑과 나눔'이 주관했다. 드림센터의 주된 활동은 지역사회의 아동복지, 노인복지, 이주민 복지, 지역복지 증진 등 지역주민들을 섬기고, 그들과 나누고 양육하는 것이었다. 드림센터는 지역사회와 갈등이 없었다. 드림센터 1층에 있는 어린이집은 이주민을 비롯한 사각지대의 어린이, 미등록 이주노동자의 자녀들도 받았다. 드림센터는 지역자치센터를 통해 노인들에게 반찬을 나누었다. 김해교회 창립주일헌금은 지역사회를 섬기는 데 사용했다. 드림센터를 통한 지역사회 섬김을 위해서 교인들을 설득하기보다는 설교를 통해 교인들의 마음에 지역사회를 섬기는 마음이 천천히 스며들도록 했다. 그런데 코로나 팬데믹이 시작되면서 여러 가지 사정과 이유와 여건으로 인하여 사단법인 '사랑과 나눔'의 활동을 중단했다. 드림센터를 제대로 활용하기 위해서는 당회원이나 교인들의 동의를 얻기까지 충분히 기다리고 교인들의 여론이 모이면서 더욱 건설적인 사역들이 앞으로 진행될 것을 희망하며 그동안 드림센터의 사역에 대한 연구조사를 진행하여 그 기초를 마련하고 있다.

김해교회가 10~15년 전, 지역사회의 영성에 관한 조사를 실시한 적이 있다. 이러한 영적 조사의 전제는 우리 지역사회에 나타난 현상들이 보이지 않는 세계, 즉 영적 특성과 연계되어 있는지를 살펴보기 위함이었다. 영적 조사의 질문은 다음과 같다. 지역사회의 영적 특성이 무엇일까? 고대 가야 시대의 영적 특성은 오늘 우리에게 어떤 영향을 주었을까? 그러한 역사적 전통이 우리에게 남긴 상처는 무엇일까? 멸망한 왕국의 수도라는 점이 김해 지역의 정신세계와 문화에 어떤 영향을 끼쳤을까? 김해교회의 영적 조사 결과 우리는 가야국의 수도라는 자부심과 가야국이 멸망했다는 패배 의식은 김해 지역주민들에게 굉장히 끈끈한 지역 공동체 의식과 함께 그 상처로 인한 지역 이기심도 남겼음을 알게 되었다. 한마디로 "우리가 남이가?"라는 정서가 지역주민들에게 굉장히 강하다고 보인 것이다. 그런데 이런 정서가 교회 안에도, 연합회 안에도 상당히 큰 영향을 준다. 교회의 예산 선정과 선교 활동도 그런 정서를 따르려는 경향이 있다. 특히 작은 교회를 지원하는 과정에서 갈등을 야기했다. 필자는 김해 지역의 어머니 교회의 담임목사이기 때문에 부임 초기부터 자연스럽게 김해 지역의 리더가 되었다. 그래서 필자가 김해 YMCA 이사장으로 YMCA 조직을 빠르게 진행할 수 있었다. 그런데 "우리가 남이가?"라는 정서나 지역 카르텔을 깨뜨리려 하면 심각한 문제들이 생겼다. 반면에 가야 불교의 본산지인 김해에서 절의 위치, 점집이나 무당 위치를 교회 위치와 비교해 보니 교회가 김해시에서 어떤 영적 역할을 하는지 알게 되었다. 김해시를 산이 둘러싸고 가운데 분지가 있는데, 중요한 지점마다 절이 자리를 잡고 있다. 즉, 은하사(가락국 승려 장유가 창건한 사찰), 금산사(진영), 흥부암, 수인사(한국 불교계의 거봉이었던 효봉 스님의 상좌인 무웅 스님이 주석하다가 열반에 든 사찰로 유치원이 유명) 등이 김해시를 둘러싸고 있다. 그런데 그런 종교적 흐름을 막는 것이 교회였다. 김해교회, 김해제일교회, 김해중앙교회가 자리 잡은 지역은 불교의 영성이 흘러들어

오는 것을 막고 있음을 보여준다. 과거에 보면 교회 옆에 점집들이 많았다. 시간이 흘러가면서 점집이 없어지거나 혹은 오히려 늘어나기도 했다. 이는 교회 기도의 뜨거움과 반비례하는 것으로 조사되고 또 해석되었다. 김해교회 옆에도 점집이 많았지만, 이제는 거의 사라졌다. 이처럼 김해교회의 영적 조사의 결과는 교회의 영적 역할이 한편으로는 과거의 부정적인 정서적 영향의 극복과 다른 한편으로는 지역사회에 영적 밝음을 비추는 것으로 보았다.

그래서 우리 김해교회가 김해에서의 영적 역할을 강화하기 위해서 기도를 시작했다. 느헤미야 기도는 김해시를 걸으면서 지역주민과 지역사회를 축복하는 기도를 드리는 것이다. 김해교회는 무당의 점집까지도 축복하며 기도를 드렸다. 김해 교인들은 하나님의 빛이 온 지역사회와 지역주민들에게 비추기를 기도했다. 김해시를 걸을 때 관공서는 장년들이 방문하여 기도했고, 교회학교 어린이와 청소년들은 학교를 방문하여 기도했다. 제주 느헤미야 기도도 그렇게 시작했는데, 제주도를 한반도로 가상하고, 우리나라의 주요 도시들과 지역들을 배치하고, 길에 따른 기도 주제도 정하고, 그렇게 나라와 민족을 위하여 제주도 둘레를 돌며 기도한 것이다. 이는 계속 기도하며 길을 걸었던 러시아의 한 농부가 드린 예수의 기도와 비슷하다고 할 수도 있을 것인데, 차이점은 한반도와 나라를 위한 주제를 가지고 기도 걷기를 하였다는 점이다.

5. 선교적 교회에 대한 목회자의 이해

필자는 교회와 성도가 세상의 소금과 빛이 되어야 하고, 제자는 하나님 나라 일꾼이라고 이해한다. 따라서 선교적 교회는 성경적 교회이고, 복음적 교회라고 본다. 그래서 교회 성장이 목표가 아니라 이 땅에 하나님 나라를 세우기 위하여 파송되도록, 모여서 위로하고 치유하고 회복되고, 나아가서는 지역사회 속에서 소금으로 또 빛으로 녹아들고 밝히고 섬기는 성도로 어떻게 자신의 정체성을 세우고 무장시킬 것인가가 목회의 주요한 과제라 생각된다. 우리 교회의 영구적 표어를 "행복한 세상을 만드는 신앙 공동체"로 정한 이유는 성도로서 개인의 행복(하나님으로부터 받은 은총과 위로와 구원의 감격)이 개인을 넘어 행복한 가정으로 확장되고, 행복한 가정이 모여 행복한 교회가 되고, 그렇게 하나님의 은총과 복이 넘치는 교회와 성도가 행복한 김해와 세상을 만들어 가자는 선교적 교회론을 표어화 한 것이다.

6. 선교적 교회 세미나로부터의 인상적인 배움/교훈

필자는 선교적 교회 세미나를 통해 교수들의 신학적인 가르침과 함께 이 시대 속에서 여전히 활발하게 움직이고 변화하는 교회들을 소개받으며 이런 교회들이 있다는 사실 자체로부터 감동을 받았다. 이런 교회들을 통해 자극받고, 듣고 배운 것을 김해교회에 적용하고 싶었다. 앞으로 이런 교회들이 더욱 많아지기를 바라며 또 이러한 교회들이 함께 동역하고 세워지고 확장될 때, 우리나라도 지금보다 훨씬 아름다운 나라, 복된 나라가 될 것으로 믿는다.

7. 선교적 교회에 대한 배움을 교회에 적용 및 계획

레위기와 신명기에 나오는 이스라엘의 절기는 감사의 축제였고, 따라서 이스라엘 백성이 함께 거하는 공동체 모두, 심지어 나그네까지 감사하고 즐거워하는 축제였다. 김해교회도 2020년부터 교회의 축제인 성탄절을 이웃과 함께 즐거워하는 절기를 만들기 위해 성탄 박스를 만들어 이웃과 나누었다. 성탄 박스에는 무릎담요, 캘린더, 마스크 등을 담아서 지역주민센터를 통하여 이웃들에게 나누었다. 또한 김해교회는 김해 시민 만 명을 위해 기도하기 시작했다. 처음에는 만 명의 시민들의 이름을 구하였는데, 김해시 공무원, 교육공무원, 교우들의 사업체 직원들, 주변 이웃들의 명단까지 모아서 만 명의 이름을 기도실에 배치하여 놓았다. 기도실에서는 기도자 한 명이 한 페이지의 명단을 가지고 기도한 뒤 체크하면, 그다음 사람은 그다음 명단을 가지고 기도했다. 몇 년 뒤에는 기도에 변화를 주었는데, 매해 첫 주일

김해교회 성탄 박스

에 각 교인이 한 해 동안 축복할 시민 3명을 정해 매일 이들을 축복하는 기도를 드렸고, 연말에는 그동안 기도한 세 명에게 성탄 박스를 선물로 드리는 것이었다. 김해교회는 이를 3.1운동으로 발전시켰는데, 김해교회 교인의 신앙생활로서 매일 성경 3장을 읽고, 김해 시민 3명을 축복하는 기도를 드리고, 3가지를 감사하는 운동을 전개했다.

2022년에는 걷는 기도를 줍킹(걸으면서 기도하되 쓰레기 줍기)과 연계시켰다. 이 운동을 우리 교회에서는 김해교회 환경 캠페인 '쓰담쓰담'이라고 명하였다. 이 쓰담쓰담 참여자에게는 치킨이나 피자 쿠폰을 발부했다.

앞에서 언급한 기도로서 1년에 한 번은 제주 올레길을 걸으며 제주민을 축복하는 제주 느헤미야 기도를 드렸는데, 축복의 내용으로는 경제 회복, 평화통일 등이었다. 수요일에는 강정교회에서 예배드렸으

환경 캠페인 '쓰담쓰담'

며, 갈라진 마을의 회복을 위해, 분단된 한반도의 회복을 위해 기도드렸다. 휴전선 걷기 기도를 통해 평화의 길 기도를 드리려다가 코로나로 중단했다.

그런데 길을 걸으며 기도하는 우리의 쓰담쓰담과 느헤미야 기도는 선교 대상을 정복하려는 땅밟기 기도와는 다른 생각과 목표를 가지고 있다. 왜냐하면 우리들의 기도는 시민/이웃을 정복의 대상이 아니라 축복의 대상으로 보고, 하나님의 빛이 필요한 사람으로 보기 때문이다.

제주 느헤미야 기도

한편 미자립교회 목회자 부부를 초청해서 초청 목회자에게 오후 예배의 설교를 맡게 하기도 했다. 오후 예배에 참석한 교인들이 설교를 통해 작은 교회의 이야기를 듣고 그 교회와 목회자 부부를 축복하고, 오후 예배 헌금을 모아 그 교회에 드렸다. 그렇지만 미자립교회 목회자 부부 초청 예배는 1년밖에 진행하지 못했다. 참석한 교인들의 반응은 좋았지만, 또 상당수의 교인들은 의례적 행사로 생각했기 때문이다. 아마도 이는 미자립교회 목회자 부부 초청 예배에 대한 홍보가 부족했고, 교인들이 이런 취지에 대해 충분한 소통, 설득, 공감이 이뤄지지 않았고, 오후 예배에 참석하는 교인들이 제한적이었기 때문이었다고 생각된다. 그러다가 코로나로 인해 중단하게 되었는데, 이는 참으로 안타까운 일이 아닐 수 없다.

부산노회 동반성장위원회 네트워크 모임을 2019년에 만들어서 두 달에 한 번 모였다. 중간 규모의 건강한 교회의 건강한 교회 목회자를 동반성장위원회의 네트워크팀장으로 임명하고, 한 교회가 미자립교회 두세 개 교회를 지지하고, 격려하고, 위로하도록 했다. 중간 규모 교회의 목회자가 두세 개의 미자립교회 목회자 부부를 두세 달에 한 번씩 만나 식사하면서 이야기를 들었고, 필요한 것이 있으면 인력이나 프로그램을 지원하는 사역이었다. 처음에는 분위기가 어색해서 동반성장위원회에 속한 참여자 전체가 일본 후쿠오카 여행을 통해 사귐을 가졌는데, 팀별로 일정한 예산을 지원하여 여행을 다녀오니 유대감이 훨씬 더 생겼다. 각 교회당 예산 200~300만 원을 책정하면 동반성장위원회 네트워크 모임을 운영하기에 충분했다. 동반성장 네트워크 모임은 지금까지도 계속 진행하고 있으며, 총회 동반성장위원회에서 좋은 사례로 발표하기도 했다.

필자가 총회 임원으로 봉사할 때 전국 교회 목회자를 대상으로 세미나를 하고, 성경 공부 교재를 개발했다. 공부나 세미나가 잘 안되어도 식사를 함께하도록 했다. 그것이 앞에서 언급한 동반성장위원회 네트워크 모임인데, 팀장들을 위로하고 또 격려하기 위하여 줌(zoom)으로 모여서 주 1회 기도회를 열었고, 연 1회 여행을 통해 팀장과 위원장을 위로했다. 총회 프로그램으로 목회자 50일 기도회가 있었다. 지역 목회자 기도 네트워크를 조직하고, 그 안에서 마음에 맞는 목회자들끼리 소그룹을 조직하여 매일 교회에서 기도하고, 주 1회는 모여서 기도하되 나중에 소그룹별로 활동 사항을 보고하는 프로그램이었다. 주 1회 기도 모임은 코로나 기간에는 줌으로 모였는데, 새벽 기도회 마치고 모여서 기도회를 열었다. 처음에는 한 시간 진행했으나 나중에는 목회자들이 1시간 반을 기도했으며, 목회자들의 반응이 아주 좋았다. 이를 통해 목회자들이 이런 기도 모임을 갈망하고 있음을 발견했다.

김해 지역의 어머니 교회로서 필자는 지역교회의 목회자를 섬기고 목회자와 연대하는 일에 앞장섰다. 뜻하지 않게 김해기독교연합회 회장을 두 번 맡게 되었는데, 필자는 "교회 연합회가 해야 할 일은 무엇인가?"라고 자문하면서 지역연합회의 존재 이유를 고민했다. 교회가 선포하는 하나님의 나라는 공교회 의식과 깊이 통한다고 생각한다. 즉, 목회자가 자신이 섬기는 교회만 사는 것이 아니라 모든 교회가 다 형제자매 교회이기 때문에 함께 사는 길을 찾아야 한다. 그러면 김해기독교연합회는 지역교회들을 어떻게 도울 수 있을까? 김해기독교연합회 부활절연합예배의 헌금과 또 매달 적은 금액이지만 이 뜻에 동참하는 지역 성도들의 헌금 3,000만 원을 작은 교회들의 컨설팅과 매달 모여 자신의 교회를 분석하고 목회자를 교육하는 데 사용했다. 김해기독교연합회에 속한 미자립교회 중 원하는 교회 중심으로 전문가가 교회 컨설팅을 하고, 목회자들은 컨설팅 결과에 따라 자신의 교회를 분석하고, 부족한 부분에 대해 목회자 교육을 실시했다. 이는 기존의 미자립교회를 재정적으로 지원하는 방식을 넘어서서 목회자들로 하여금 교회 목회와 활동에 대해 성찰하고 스스로 대안을 찾아가도록 하는 일이었다.

그런데 목회자들에게 지역교회의 다른 목회자들에 대한 섬김이 목회 영역에 들어오지 않는 이유는 신학교육에서 개교회주의, 교회 성장주의, 번영 신학 등 대형 교회의 목회신학을 넘어서는 신학을 목회적으로 제공하지 못하거나, 그런 신학교육이 이뤄져도 목회자들이 그런 목회신학을 실천하지 않기 때문이라고 생각한다. 목회자가 이런 한계를 지니면 교인은 이런 문제를 극복하기가 더 어렵다. 김해교회 목사 사모가 택시를 타고 김해교회를 가자고 했더니, 기사가 다른 교회는 다 교회당을 건축하는데 김해교회는 왜 교회당을 건축하지 않느냐고 물으면서 김해교회가 교회당을 건축하지 않기 때문에 좋다고 했다. 그렇지만 거꾸로 목회자들은 지교회에서 교회 성장주의의 부단한 압력을 받고 있다. 이런 한계를 극복하기 위해서는 목회자가 성경 말씀과 올바른 신학 위에 서서 목회하려는 용기를 필요로 한다. 사람을 기쁘게 하는 목회가 아니라 하나님을 기쁘시게 하는 목회를 선택해야 한다. 이런 선택은 당연한 것 같지만 한국교회가 오랫동안 교회 성장주의, 개교회주의, 번영 신학에 휘둘려 왔기 때문에 목회자가 기존 틀을 깨트리고 새로운 도전을 하는 데에는 상당한 용기가 필요하다.

8. 목회자로서 현재 가장 큰 어려움

필자는 자신의 목회에서 가장 큰 어려움은 교인들이 쉽게 변하지 않는다는 점이라고 느낀다. 때로는 교인의 변화에 대해 의심하게까지 된다. 그리고 30년 동안 목회를 했는데 교인들이 이렇게밖에 변하지 않나 해서 하나님 앞에 부끄럽기도 하다. 그러나 그것 또한 하나님의 몫이기에 여기까지가 나의 한계이고, 주께서 쓰시는 것이라면 그렇게 만족하여야 한다고 생각된다. 요나서의 교훈 중 하나는 선교 대상이 니느웨 백성뿐 아니라 선교사인 요나를 변화시키기에 더 힘들었다는 것이다. 이러한 교훈은 교회 안의 성도들을 성숙한 자리로 이끄는 과제가 결코 쉽지 않음을 깨닫게 한다.

9. 선교적 교회로 세우기 위해서 정책 당회나 목회를 통한 적용

필자가 김해교회에 부임할 때는 30대 후반이어서 장로들에 비해 나이가 어렸다. 그래서 필자는 처음부터 당회에 대해 부담을 느꼈다. 장로들은 나이가 많고 자기주장이 강했다. 필자는 하고 싶은 프로그램을 제시하지만, 한 명의 장로라도 반대하면 하지 않았다. 굉장히 중요한 프로그램에 대해서는 필자가 당회에서 강조한다. 그래도 한 명의 장로라도 반대하면 하지 않았다. 그렇지만 때가 되면 하나님께서 하게 하시는 것을 필자는 여러 번 체험했다. 필자는 설교를 통해 교인의 인식 변화를 이루고, 점진적 인식의 변화를 통해 새로운 일을 해왔다. 필자가 지속적으로 세상의 소금과 빛 된 교회를 강조하고, 흩어지기 위해서 모이는 교회가 되어야 함을 강조한다. 설교를 통해 계속 강조하면, 하나님의 나라를 위한 새로운 프로그램을 제안했을 때 강하게 반대하기 어렵기 때문이다. 그저 교회의 주인이 주님이시니 주님의 때에 주님의 뜻을 이루실 것으로 믿는 것인데, 목회자도 이렇게 목회하기가 쉽지 않다.

10. 선교적 교회에 대한 당회원과 제직 교육

필자가 선교적 교회에 대해 당회원 그리고 제직들에게 강의한 적은 없다. 항존직 대상 교육 모임에서 황홍렬 교수가 선교적 교회에 대한 특강을 한 번 했다.

11. 선교적 교회 세미나에서 배운 것을 부교역자들에게 교육

필자는 부교역자들과 아침 교역자 회의 그리고 주일 사역을 모두 마친 뒤 모이는 미팅에서 차 마시면서 선교적 교회에 대한 내용을 나눈다. 또한 교역자 네트워크 방에 선교적 교회 세미나 자료를 올린다. 또한 부교역자들이 미래의 한국교회 지도자이고 교회의 비전임을 알기에, 부교역자들과 목회 노하우, 설교문 작성, 개인 영성 관리 등에 대하여 교역자 수련회 및 훈련의 시간을 가지며 나누고자 한다.

12. 선교적 교회론을 교회학교 지도자들의 공유

교회학교 지도자들과는 선교적 교회에 대해 나눈 적은 없지만 하나님 나라를 늘 강조하고 있다.

13. 선교적 교회로의 전환에서의 어려움이나 장애물

필자는 그동안 목회 과정에서 나 중심으로부터 하나님 중심으로,

개교회 중심으로부터 공교회 중심으로 그리고 만물의 회복으로까지 중심의 이동을 강조했고, 죄성의 극복과 신앙의 회복을 강조해 왔다. 그런데 지역사회를 섬기는 일을 진행하고자 할 때 지역교회 지도자들의 반응은 "우리 교회도 어려운데 남에게 줘야 하나?" 하면서 하루에 세 끼니의 질을 따지면서 먹는 교인이 하루에 한 끼 먹는 가난한 이웃을 돕는 데 반대하는 것을 보고 그리고 창조 보전을 위해 힘쓰자고 하면 "나도 먹고 살기 힘든데 이런 일을 해야 하나?"고 반응하는 것을 보며 힘들 때가 참 많았다. 이기적인 신앙에서 공동체적 신앙으로 옮기는, 성숙한 신앙의 사람과 교회가 된다는 것이 얼마나 힘든지를 생각하곤 한다.

14. 선교적 교회에 대한 개인적 연구

선교적 교회 세미나 강사가 추천하는 책은 다 읽고 있다.

15. 선교적 교회 세미나의 앞으로 나아갈 방향에 대한 제안

선교적 교회 세미나가 해야 할 일은 두 가지라고 생각한다. 첫째, 목회자들의 신학적 지평을 넓히고 깊이를 심화시키는 것이다. 둘째, 교회가 실천할 수 있는 방안을 제시하고, 목회자들이 이를 적용한 경험을 나누는 것이다. 현재 연구소가 진행하는 세미나는 이 두 가지를 잘 충족시키고 있다. 이런 신학과 경험을 더 많은 목회자와 나누도록 하면 좋겠다.

김해교회 선교적 목회의 특징과 과제

황홍렬 교수

김해교회 선교적 목회의 특징으로는 첫째, 조의환 목사가 처음부터 교회를 세상의 소금과 빛된 교회, 성경 말씀과 올바른 신학 위에 세우는 교회를 지향했다. 비록 목회의 첫 십 년을 조의환 목사가 교회에 뿌리내리는 시기로 여겼지만, 말씀과 예배를 통해 교인 갈등을 극복하려 했다. 즉, 100년 교회 역사 가운데 목회자의 잦은 교체는 교인들과의 갈등에서 비롯되었다. 그래서 조의환 목사는 서두르지 않고 말씀과 예배를 통해 상처를 치유하고 갈등을 극복하고자 했다.

둘째, 조의환 목사는 알파 코스라는 전도 방식을 통해 이웃에게 일방적으로 복음을 전하는 것이 아니라 전도 과정에서 교인들의 일치와 변화가 일어나도록 했다. 조의환 목사는 목회의 두 번째 십 년 동안에 주로 알파 코스를 통해 전도했다. 알파 코스는 일회적 전도가 아니라 10주 동안 초대받은 사람들을 식사로 섬기고 사랑으로 섬기는 과정 속에서 말씀의 감동을 받으면 변화가 일어나는 전도 방식이었다. 알파 코스는 전도를 위해 교인들의 마음을 하나로 모았고, 기도와 금식으로 준비하는 가운데 교인들이 은혜를 받아 갈등을 극복하는 교회가 되었다. 이처럼 전도를 세상을 향한 일방적 행위가 아니라 교인들의 일치를 이루고, 먼저 은혜를 받고 갈등을 극복하는 교회가 됨으로써 세상 사람들에게 감동을 주고 변화를 일으키고자 했다. 즉, 알파 코스라는 전도 방식을 통해 김해교회 교인들이 예수 그리스도의 증인으로 살면서 동시에 교인들이 은혜를 받고 성령의 감동으로 갈등을 극복하는 하나님의 선교의 대상이 되었다. 이처럼 전도와 선교는 교회의 일방적 활동이 아니라 하나님의 선교에 참여하는 과정에서 세상 사람들뿐 아니라 교인들도 은혜받고 변화가 일어난다. 이는 고넬료에게 예수 그리스도를 증거하러 간 베드로 사도를 연상하게 한다. 고넬료가 예수 그리스도를 믿는 사건이 일어남과 동시에 베드로 사도가 이방인 고넬료는 만나게 하시는 하나님의 선교 과정에서 이방인에 대한 생각을 바꾸게 되었다(행 10장). 이는 차후에 예루살렘 교회가 이방인 선교를 인정하는 예루살렘 공의회에서 베드로 사도가 결정적 역할을 하는 계기가 되었다(행 15장). 김해교회는 알파 코스를 통해 양적으로 성장할 뿐 아니라 교인들의 일치를 이루고 갈등을 극복하는 교회가 되게 했다. 증인은 메시지를 전달하는 자일뿐만 아니라 예수 그리스도의 복음을 드러내는 메시지가 되어야 한다. 즉, 성육신적 선교는 복음의 증인인 그리스도인들과 교회가 전 인격과 삶을 통해서 복음을 드러내야 한다(최동규, 『선교적 목회 길잡이』, 80).

셋째, 조의환 목사는 김해의 영적 조사를 통해 교회의 지역사회에서의 영적 과제를 발견했고, 대안을 느헤미야 기도회에서 찾고 실천했다. 김해의 지역조사를 영적 조사로 하여 지역사회에 나타나는 현상이 보이지 않는 영적 세계나 세력으로부터 어떤 영향을 받았는지를 조사했다. 지역조사의 결과는 가야국의 수도라는 자부심과 가야국이 멸망했다는 패배 의식이 집단이기주의에 영향을 준 것을 발견한 점이다. 그래서 김해교회의 영적 과제는 과거의 부정적, 정서적 영향을 극복하고 지역사회에 영적 밝음을 비추는 것이다. 김해교회의 영적 역할을 감당하기 위해 시작한 것이 기도이고, 느헤미야 기도였다. 느헤미야 기도는 교인들이 김해시를 걸으면서 지역사회와 지역주민을 축복하는 기도를 드리는 것이다. 제주 느헤미야 기도는 교인들이 제주시를 걸으면서 경제 회복과 평화통일을 위해 기도했고, 강정교회의 수요 예배에 참석해서 분열된 강정마을의 치유와 화해를 위해 기도했다. 휴전선을 걸으며 평화의 기도를 드리려는 계획은 코로나로 실천하지 못했다. 김해교회의 영적 과제에 대한 이해와 느헤미야 기도, 제주 느헤미야 기도는 성육신적 선교를 위해서 지역사회에 대한 이해, 지역사회와 주민과의 연대를 넘어서 세상에 대한 책임적 행동으로서의 기도였다(최동규, 『선교적 목회 길잡이』, 84-95). 그리고 조의환 목사와 김해교회의 영적 세계에 대한 이해는 기독교 영성 이해를 바탕으로 하고 있다. 즉, 기독교 영성은 삼위일체 하나님과의 수직적 관계와 인간과 피조물과의 수평적 관계에서 드러나며, 교회와 세상의 이분법적 세계관을 벗어나며, 공동체적이다(정승현, 『선교적 목회 길잡이』, 105-111).

지역사회의 보이는 현상이 보이지 않는 영적 세계/세력의 영향을 받는 것으로 보는 영적 조사의 전제는 이분법적 세계관을 극복하고 있다. 지역사회와 지역주민을 위한 기도는 수직적 관계와 수평적 관계를 잇고 있다. 그리고 느헤미야 기도는 교인들이 함께 길을 걸으며 기도를 드리기에 공동체적이다. 느헤미야 기도에는 선교적 영성의 특징인 하나님의 선교에 근거하는 영성, 일상에서의 영성, 대안 공동체의 영성이 나타난다(정승현, 『선교적 목회 길잡이』, 114-125). 기독교 영성은 기도하는 사람의 수련을 통해 하나님께 도달하는 것이 아니라 하나님께서 보내시고 보냄을 받음으로써 시작되고 가능해진다. 느헤미야 기도에는 어떤 수련을 통해서가 아니라 길 위에서 주시는 하나님의 은혜와 성령의 인도하심에 의지하여 지역사회와 지역주민을 축복하고 주민을 위해서 기도하는, 하나님의 선교에 근거하는 영성이 나타난다. 느헤미야 기도에는 일상에서의 영성이 나타난다. 교인들이 김해시를 걸으면서 만나는 지역주민들과 관공서, 학교 등을 위해 기도드린다. 지역주민과 지역사회의 관공서와 학교는 교회 밖에서 교인들이 일상에서 만나는 사람이고 기관이다. 지역사회에 하나님께서 계시기에 기독교인의 일상은 하나님의 선교에 참여할 귀중한 기회다. 제주 느헤미야 기도에는 대안 공동체의 영성이 나타난다. 초대교회는 성별, 민족, 계급의 분리를 특징으로 하는 로마제국을 넘어서서 사람들을 차별 없이 환대하는 공동체였다. 김해교회 교인들이 제주시를 걸으면서 경제 회복과 평화통일을 위해 기도드리고, 강정교회에서는 분열된 강정마을의 치유와 화해를 위해 기도드렸다.

넷째, 조의환 목사는 설교를 통해 선교적 교회에 대해 강조했고, 부교역자들과는 선교적 교회의 세미나 이후 결과를 나누었고, 항존직 대상으로 교육을 실시했다. 조의환 목사는 교인을 목회자를 돕는 자로 제한하지 않고, 교인들이 세상에 나가 그리스도인의 믿음과 가치를 실현하는 선교적 삶을 살아가도록 준비를 시켰다(한국일, 『선교적 목회 길잡이』, 49). 특히 항존직 대상의 교육은 조의환 목사가 추천한 책을 읽고 나누며 기도, 예수의 기도를 함께 훈련했다. 이는 공동적이며, 경험적이고, 역동적 실천을 동반한 선교적 지역교회의 신앙 공동체 육성이라고 본다(황홍렬, 『선교적 목회 길잡이』, 184).

다섯째, 조의환 목사는 드림센터를 통해 지역의 아동복지, 노인복지, 이주민 복지를 위한 사업을 진행했다. 드림센터가 교회의 교육관과 지역사회를 위한 사회봉사관을 겸하면서 다양한 활동을 진행했다. 이는 교육 선교, 치유 선교, 지역사회 선교, 3.1운동을 주도한 역사의 식 등 김해교회의 전통에 뿌리를 두고 있다.

여섯째, 조의환 목사가 총회 임원으로서 다양한 목회자 교육에 참여하고, 김해시기독교연합회장으로서 작은 교회 컨설팅을 통해 작은 교회의 목회자 스스로 문제를 찾고 대안을 모색하게 한 것은 공교회에 대한 신념 때문이었다. 즉, 큰 교회든지 작은 교회든지 하나님께서 세우신 교회로, 예수 그리스도 안에서 형제자매 교회라는 확신을 갖고 이러한 활동을 했다. 그래서 큰 교회가 작은 교회에게 일방적으로 재정 지원만 하는 것이 아니라, 작은 교회 목회자가 컨설팅을 통해 스스로 자신의 목회를 성찰하고 스스로 대안을 찾는 것을 도왔다. 목회자들이 지역교회의 목회자를 섬기는 활동을 목회로 여기지 않는 것은 개교회주의, 교회 성장주의, 번영 신학을 극복하지 못하기 때문이라 했다. 목회자는 사람을 기쁘게 하는 목회가 아니라 하나님을 기쁘시게 하는 목회를 선택해야 한다.

일곱째, 선교적 교회를 교회에 적용한 사역으로는 이스라엘 절기가 백성의 축제라는 점에 착안해서 성탄절을 지역주민과 함께하는 축제가 되도록 성탄 박스를 나누었고, 김해 시민 만 명을 위해 기도드렸고, 3.1운동으로 매일 성경 3장 읽기와 시민 3명 축복하기, 3가지 감사하기를 실천했고, 느헤미야 기도와 줍킹을 연결시켰다. 미자립교회 목회자 부부를 오후 예배에 초대해서 설교를 듣고, 그 교회와 목회자 부부를 축복하고, 헌금을 드렸다.

김해교회 선교적 목회의 과제로 조의환 목사는 교인들의 변화의 어려움을 언급했다. 나 중심으로부터 하나님 중심으로, 개교회중심으로부터 공교회 중심으로, 인간의 회복뿐 아니라 만물의 회복으로, 중심의 이동을 위해서는 죄성을 극복하고, 신앙 회복을 강조했다. 이러한 교육에도 불구하고 새로운 사역이나 활동에 대한 일부 교인의 반대가 지속적으로 있다. 이는 역사가 오래된 교회의 한계이기도 하다. 그렇지만 출애굽의 역사가 보여주는 것처럼, 하나님의 놀라우신 구원의 역사에도 불구하고 이스라엘 백성의 반역하는 모습은 인간의 죄성이 얼마나 뿌리 깊은 것인가를 보여준다. 사도 바울도 고린도교회의 교인을 향해 자신의 사도됨을 입증하도록 강요받았다. 예수 그리스도도 가룟 유다뿐 아니라 나머지 11명의 제자들에게 배반을 당했다. 부활 이후에 제자를 만난 후에도 베드로를 비롯한 수제자들이 물고기를 잡으러 갔다. 초대교회는 제자들이 부활하신 예수 그리스도와 만난 직후에 세워지지 않았고, 성령 강림 이후에 세워졌다. 선교적 리더십은 오순절 이후 성령에 의해 형성되면서 구체화되었다. 선교적 교회의 형성과 하나님의 나라를 선포하고 하나님 나라를 위한 선교적 교회의 활동은 성령의 주도하에 있는 리더십의 활동 내용이다(황홍렬,『선교적 목회 길잡이』, 185). 최후의 만찬 자리에서 예수께서 제자들의 발을 씻기실 때 베드로가 거부했다. 예수께서는 "내가 하는 것을 네가 지금은 알지 못하나 이후에는 알리라"(요 13:7)라고 말씀하셨다. 조의환 목사의 30년 목회 동안 가르침이 은퇴 이후에도 성령께서 교인들을 깨우치시며 교인들을 성장하고 성숙시킬 것을 믿는다. 조의환 목사의 후임자가 선교적 교회를 향한 전임자의 노력을 얼마나 이해하고 실천하는가도 김해교회 선교적 목회의 과제다.

구포교회의 선교적 목회 이야기

한영수 목사

1. 교회의 대략적인 역사

구포교회는 1905년 김문익 씨 집에서 첫 예배를 드리며 시작되었다. 당시 경상남도 지역은 호주 선교부와 미국 북장로회 선교부가 나누어 개척 전도를 했는데, 경상남도 동래부에 속한 구포 지역은 미국 북장로회 선교부 담당 지역이었다. 1906년 3월경부터 미국 북장로회 심익순(Walter. E. Smith) 선교사가 교회를 섬겼다. 1927년에는 주기철 목사가 당회장으로 섬기기도 했는데, 물론 여러 교회를 당회장으로 돌보았기 때문에 구포교회를 단독으로 목회한 것은 아니었다. 정식으로 담임목사가 부임하였을 때는 1935년이고, 필자는 12대 담임목사로 1994년 3월 부임했다. 부임 두 달 전 1월에 교회가 분열된 상태였는데, 그때 나간 성도가 더 많았다. 남은 성도는 100여 명이었다.

교회 창립 100주년을 맞는 2005년에 교회당이 위치한 지역이 재개발 지역에 포함되어 오랫동안 교회는 새 성전 부지를 찾게 되었고, 이후 구포동 973-3번지 일대 405평의 새 성전 부지에 건축을 시공한 후 1년 만에 총건평 621평의 새 성전을 완공했다. 그때가 2008년 3월이다.

구포교회는 구포에서 119년의 장구한 역사를 이어왔지만, 오랫동안 교회다운 모습을 갖지 못했다. 교세는 미미했고, 교역자는 자주 바뀌었고, 교회 분열의 아픔까지 경험했다. 필자는 그 이유를 목회자들이 건강한 목회 철학을 갖지 못한 채 전통적인 목회 방식을 답습했고, 이는 결정적으로 신학적인 회심이 없었기 때문이라고 생각한다. 현재는 감사하게 점점 건강한 교회를 지향하며 나가고 있고, 역사에 비해 젊고 전향적인 교회의 모습을 보여주고 있다. 하지만 교회의 체질을 건강하게 바꾸는 것은 한순간이나 짧은 시간에 일어나는 일이 아님을 깨닫고 끊임없이 설교하고, 교육하고, 무엇보다 성령의 역사가 필수적이라고 믿기에 겸허하게 기도하고 있다.

2. 교회의 지역적 특징과 지역주민의 욕구

구포교회가 자리한 구포 지역은 단독주택과 아파트가 공존하는 지역이다. 단독주택에 거주하는 주민은 경제적으로 약간 빈곤층에 속하며, 지역주민은 대부분 장년이다. 교회 인접 지역은 재건축으로 어수선한 분위기인데, 향후 재개발이 요구되는 지역이기도 하다.

필자는 교회에 대한 주민의 욕구는 정확히 파악하지 못했다. 이 문제는 지역주민과의 만남이나 행정복지센터를 통해서 어느 정도 파악할 수 있다고 여겨진다. 향후 조사가 필요한 부분이다. 지역주민은 교회가 교인들만을 위한 공간이 아니라 지역사회에 꼭 필요한 교회가 되기를 기대한다고 보기 때문에, 지역을 제대로 섬기려면 주민들과 만나는 것은 필수적이라고 생각한다.

구포교회의 지역사회

3. 교인들의 연령과 거주지 분포 상황 그리고 성향

구포교회 등록 교인(761명) 연령별 남녀 구성은 다음과 같다. 0대 남자 37명 여자 28명, 10대 남자 45명 여자 34명, 20대 남자 43명 여자 38명, 30대 남자 28명 여자 32명, 40대 남자 43명 여자 52명, 50대 남자 55명 여자 74명, 60대 남자 51명 여자 77명, 70대 남자 32명 여자 50명, 80대 남자 13명 여자 29명이다. 여기서 알 수 있는 것은 0대에서 20대까지는 남자가 많고, 30대부터는 여자가 많다는 점이다. 분석이 필요한 대목이다. 퍼센트로 분류하면 교인들의 18.9%가 10대 이하 교인, 18.5%가 20대와 30대 교인, 29.4%가 40대와 50

대교인, 33%가 60대 이상 교인이다.

교인의 고령화 현상과 역삼각형 구조 그리고 등록 교인의 약 38%가 교회 출석을 하지 않는 것은(교회학교 포함 출석 성도 약 470명) 가나안 성도가 다수 있음을 보여주는 것인데, 이런 문제들 역시 교회가 풀어가야 할 문제다. 교인의 거주지 분포는 대다수가 30분 이내에서 올 수 있는 거리에 거주한다.

요즘 교인들은 점차 교회 내 봉사에는 소극적인 모습을 보인다. 특히 주방 봉사가 그러한데, 이유는 맞벌이 부부가 많아 부인들이 늘 피곤한 상태에 있고, 봉사에 대해 보람을 느끼지 못하기 때문이 아닌가 분석된다. 하지만 성경을 통해 창조적인 동기를 부여하면 교회 내 봉사도, 지역을 위한 봉사도 보람을 느끼고 적극적인 동참을 할 것으로 기대된다. 이유는 사람은 보람을 먹고 사는 존재이기 때문이다. 심방을 원치 않는 것 또한 요즘 교인들의 성향이다.

4. 신앙과 신학의 여정, 구포교회에서의 목회

필자의 목회 방향과 변화는 아무래도 그간 필자의 신앙과 신학에 영향을 준 교회와 신학교와 관련이 있다고 여겨져, 지나온 신앙과 신학의 여정을 잠시 살펴본다. 고등학교 재수할 때 처음 교회를 다니면서 신앙에 눈이 떴는데, 그 교회는 침례교회였다. 그 후 연세대학교 신학과와 장신대 신대원과 대학원을 거치며 신앙과 신학의 갈등, 조정, 아름다운 동행을 경험하며 오늘에 이르렀다. 역사의식이나 시대정신에 대한 분별력은 전혀 없이 단순히 성장 일변도를 지향하는 목회자가 목회하는 교회에서의 신앙생활은 한국교회의 문제를 이해하는

데 도움이 되었고, 종합대 안의 신학과인 연세대 신학과와 통전적인 신학을 지향하는 장신대에서의 공부는 건강한 신앙과 신학을 형성하는 데 큰 역할을 했다.

그간 목회지는 서울 안동교회(유경재 목사), 연동교회(김형태 목사), 땅끝교회(김삼범 목사), 남대문교회(조유택 목사)를 거쳤는데(*목회자는 당시 목회자), 땅끝교회와 남대문교회에서는 전통적인 목회를, 안동교회와 연동교회에서는 역사의식과 시대정신을 읽어가며 목회하는 것을 배웠다. 한쪽으로 치우치지 않은 이런 경험들이 필자의 목회에 영향을 주었다고 본다.

구포교회 부임 초기 3년은 교회가 양적으로 크게 성장했다. 1994년 3월 20일 부임한 주일에 청장년이 116명 출석했는데, 1994년 평균 출석이 131명, 1995년은 186명, 1996년은 238명이었다. 상황이 이렇다 보니 교회를 양적으로 크게 성장시켜야 하겠다는 마음이 앞섰다. 그런데 1997년 이후 약 5년간 출석 교인 숫자에 정체 현상이 나타났다. 여러 가지 요인이 있었던 것으로 분석된다.

첫째는 국가 부도 사태인 IMF를 겪으면서 많은 사람이 생활 자체에 크게 위협을 받은 것이 큰 원인으로 생각된다. 둘째는 작은 예배당 공간에 주차 공간이 거의 없었던 것도 한 원인으로 여겨진다. 셋째는 전통적인 목회의 한계도 작용했다고 본다. 그래서 크게 고민하다가, 목회 방향을 바꾸었다. 교회의 본질에 충실한 목회를 하겠다는 마음을 가진 것이다. 그 이후 변화는 목회에 자유함이 있었고 목회가 건강한 방향으로 나아갔고, 교인들은 교회에 대한 작은 자부심을 갖기 시작했다. 교세 확장에 집중할 때는 교인들뿐 아니라 부교역자들까지도 교회성장의 도구로 보였으며 목회가 늘 쫓겼는데, 이것에 비하면 목

회에 찾아온 변화는 정말 눈에 보이지 않는 큰 복이었다. 목회 방향을 건강한 교회로 전환하고 교회의 존재목적을 강조하며 목회했을 때 나타난 또 다른 복은 질적, 양적인 성장이었다. 질적인 성장은 통전적인 생명목회로 나타났고, 양적인 성장은 예산과 교인들의 회집수에서 나타났다. 예산보다는 결산이 대개 많았고, 코로나 직전에 청장년 출석 500여 명 교회학교 포함 600여 명 전후로 모였고, 코로나를 거치며 지금은 교회학교 포함 470여 명이다. 이후 또 다른 큰 변화는 선교적인 교회 마을 목회 연구소(이전 이름, 부산장신대 세계선교연구소)에 참여하며, '선교적인 교회'에 대해 눈을 뜨면서이다. 이는 필자에게는 너무나 큰 도전이었고, 감사한 신학적인 회심의 계기가 되는 사건이었다.

1) 예배당 건축

구포교회는 예배당을 신축해서 2008년 3월에 입당예배를 드렸다. 이전 구포교회당이 위치한 지역은 40, 50년 전에 비해서 크게 변화가 없는 낙후된 지역이다. 변화가 있다면 난개발 지역으로 바뀐 점이다. 그런데 그 지역을 떠나 아주 좋은 위치로 이전하여 예배당을 신축하게 되었다. 예배당을 이전하여 건축하게 된 것은 필자의 목회 계획이나 당회의 요구가 아니라 지역이 재개발 지역으로 공시되면서 어쩔 수 없는 선택이었다. 재개발 주택조합이 교회가 재개발에 협조해야 진행이 된다고 교회에 간곡하게 호소하고, 이를 교회가 받아들인 결과다.

입당 예배

그러나 예배당을 이전하여 신축하는 것은 결코 쉬운 일이 아니었다. 부지를 찾는 문제, 헌금의 문제가 간단치 않았다. 그런데 부지 문제가 어려운 과정을 통해 마련되고, 장로들이 거액의 헌금을 하면서 예배당 건축에 속도가 붙게 되었다. 필자는 예배당 건축을 하면서 일반적으로 흔히 하는 헌금을 짜내기 위한(?) 부흥회를 하지 않았고, 건축헌금도 자발적으로 하게 했다. 하지만 교인들이 적극적으로 협력했음에도 불구하고, 건축 비용이 여전히 많이 부족해서 은행으로부터 대출을 받았다. 이후 예배당 신축은 순조롭게 진행되어 마침내 2008년 3월 입당하게 되었다.

건축 과정에 간증할 내용이 너무나 많은데, 그중의 하나를 이야기하자면, 시공업체인 S 건설사가 워크아웃 상태에 빠지면서 교회당이 이전하도록 사전에 S 건설사에서 받은 돈을 돌려줘야 하는 상황이었는데, 이자는 한 푼도 받지 않았을 뿐 아니라 원금도 적게 회수해 갔다. S 건설사는 돈을 회수하는 과정에 법정 소송도 하지 않았다. 구포교회는 S 건설사로부터 어마어마한 금전적 혜택을 받은 셈인데, 필자에게는 지금까지도 이 과정이 미스터리로 남아 있다. 이는 아무리 생각해도 하나님이 하신 것이라고밖에 말할 수 없는 일이다. 이후 구포교회는 건축 과정에서 발생한 부채를 쉽게 조기 상환했다. 지금 구포교회당의 주변에는 세 개의 큰 공원이 조성되어 있어 부산에서 가장 조경

구포교회 주변 공원

이 잘된 지역이라고 자부한다.

2) 절기에 따른 목회와 활동

구포교회는 매년 4월 장애인주일을 지킨다. 2014년부터 장애인주일에 인근의 베데스다 장애인 공동체(지적장애인 공동체)를 초청해 예배 드리고, 초청 공연(난타 공연, 악기 연주, 기타)을 갖고, 게임도 하고, 식사하고, 선물도 나누며 함께 교제한다. 이런 결실은 청년들이 베데스다 공동체와 관계를 맺으며 시작이 되었다. 1년에 3~4차례 절기 때마다 교회 청년들이 베데스다 장애인 공동체를 방문하고 교제한 결실이다. 결실은 또 다른 방향으로 이어지고 있는데, 성년이 되어 장애인 공동

베데스다 장애인 친구들과 야외놀이

체를 떠나는 청년 중에 교회 청년부에 등록하고 정착한 청년들도 여러 명 있다.

2018년부터는 구포 3동의 시각장애인 복지관과도 교류하고 있다. 복지관에서 매해 5월에 개최하는 시각장애인 무장애 숲길 걷기대회 개회식에 장소를 제공하며 각종 편의를 제공한다. 장애인과 비장애인이 2인 1조가 되어 숲길을 함께 걷는 행사인데, 100명이 넘는 시각장애인과 봉사자들이 참여하고 시각장애인 후원회장, 북구청장, 국회의원 등이 참석해서 격려한다. 코로나 기간에는 중지했다가 작년부터 행사를 재개했다.

구포교회는 1999년부터 매년 6월 첫째 주일에 환경주일 예배를 지키고 있다. 주일 오전에 환경문제를 주제로 설교하고, 오후에는 환경 퀴즈, 환경 특강, 지역 청소 등을 한다. 그 결과 오래전부터 교회 내에서는 일회용 컵을 사용하지 않고 있다. 교인들에게 유용한 미생물(EM)을 활용한 친환경적 일상생활을 권장하기도 했는데, 지금은 중단된 상태다. 2023년부터는 주보에 생태환경 캠페인 코너를 마련해 지구를 위한 행동과 관련하여 구체적인 실천 사항과 기도문을 공지하고 주일 예배 광고 시간에 함께 읽는다.

6월과 8월에는 북한선교주일과 광복기념주일을 지키며 주일에 통일헌금을 드린다. 통일헌금은 필자가 40여 년 전 교역자로 섬긴 서울 안동교회에서 영향을 받은 것이다. 통일헌금을 하는 것은 평화통일 이후를 내다보고 하는 것인데, 평화통일은 하나님의 뜻임을 확신하고 아무리 평화통일의 길이 보이지 않아도 그 꿈을 포기하지 말자는 상징적인 의미가 있다. 맥추감사주일에는 교회의 환우들과 가족을 초청해서 예배드리고, 추수감사주일에는 다문화가족을 초청해서 예배하고 찬양과 공연도 갖고 저들을 위로하는 시간도 갖는다. 매년 이때는 경남이주민문화센터 라함(안영 목사)과 구포교회 다문화가정 순(旬)도 참여한다. 작년부터는 김해 지역 인도네시아 공동체도 참여한다. 맥추감사절과 추수감사절에 이런 시간을 갖는 것은 유월절, 맥추절(오순절), 초막절(장막절) 등 구약 성경에 나오는 절기는 사회적 약자와 함께하는 절기라는 것에서 착안했다. 구약성경은 지속적으로 고아와 과부와 나그네를 돌보라고 가르치는데, 이 점에 착안해 감사주일에 환우와 가족들, 다문화가족을 초대하고 그들을 축복하며 격려하는 것이다. 한편 추수감사절에는 추수감사헌금 전액을 구제비와 선교비로 사용하고, 지역주민들에게는 떡을 나눈다. 앞으로는 절기헌금 전액을 특별 구제비와 선교비로 사용하기를 소망해 본다.

3) 지역사회 선교, 세계 선교, 환경 선교, 21세기 대한예수교장로회 신앙 고백

구포교회는 지역 노인을 위한 주중 학교로 늘푸른교실을 진행한다. 코로나로 중단했다가 작년부터 늘푸른교실을 재개했는데, 진행은 전체로 모여서 간단하게 교역자가 메시지를 전하고, 노래와 율동으로 몸을 풀고, 이어서 소그룹으로 원하는 반(노래교실, 한국무용, 건강체조)에 들어가 활동하다가 점심 식사를 하고 헤어진다. 필자는 인도하는 인도자와 메시지를 전하는 교역자에게는 참석하신 어른들을 전도 대상자로 여기지 말 것을 당부한다. 찬송가를 부르고 전도 설교를 하면 불신자들은 교회에 나올 이유를 발견하지 못하기 때문이다. 교회에 거리감 없애는 것을 일차적인 목적으로 하도록 부탁한다.

한동안 진행했던 지역을 위한 문화교실은 중단된 상태인데, 다시 시작할 준비를 하고 있다. 그동안은 음악교실(바이올린, 오카리나, 첼로, 기타), 캘리그래피, 비누 제작, 아기학교, 외국어 교실 등 다양한 반을 운영했는데, 수요가 부족해 중단되었고 현재는 고민하는 상태다.

주일 예배, 수요 예배, 교회 행사 이외에는 교회의 주차장을 지역사회에 개방하고 있다. 교회가 지역사회에 가장 쉽게 다가갈 수 있는 것은 지역 청소라고 여겨, 격주로 주일에 식사 전후에 남선교회와 여전도회원들이 순번을 짜서 어깨띠(마음에 울림이 있는 문구가 적힌)를 두르고 나가서 담배꽁초와 각종 쓰레기를 쓰레기 봉지에 담아 온다.

월 1회 반찬을 만들어 지역과 성도들 중 어렵게 지내는 독거노인(40~50명)을 찾아가 반찬을 나누는 사역을 하고 있다. 감사한 점은 원로장로 한 분이 꼭 참여해 섬김의 본을 보인다.

반찬 사역에 참여한 양종석 원로장로

구포교회는 2009년 3월에 미얀마에 곽현섭·엄성희 선교사를 파송했다. 한편 부산국제선교회를 통해 미얀마, 중국 조선족, 영국, 서울 몽골인 센터 등을 지원하고 있으며, 교회가 직접적으로 후원하는 나라는 모로코, 우즈베키스탄, 인도네시아, 필리핀, 인도와 베트남 등이다. 국내 사역으로는 다수의 미자립교회 후원과 김제 생명살림터(손은하 목사) 고구마, 산청 등광교회(윤태순 목사) 유정란을 직거래하고 있다.

필자는 지역사회선교와 환경선교 그리고 지금의 우리 사회를 보면서, 사도신경이 우리 교단이 채택한 신앙고백서이지만 오늘에 필요한 신앙고백도 필요하다 여겨 2022년 말부터 주일 예배 시 격주로 우리 교단 총회가 채택한 〈21세기 대한예수교장로회 신앙고백〉(2001)을 하고 있다. 복음 전도와 정의, 평화, 창조 보전의 사명을 고백할 때는 마음이 찡함을 느낀다.

4) 부산 북구기독교연합회

부산 북구에 위치한 교회들이 북구기독교연합회를 구성하여 공동으로 지역사회를 섬기고 있다. 지금은 중단된 상태지만, 공동으로 전도지를 만들어 가까운 교회에 출석하도록 활동했고, 구포역에 성탄절을 앞두고 대형 크리스마스 성탄 트리와 포토 존을 설치해 주변 상권 활성화를 도모한 일은 큰 의미와 보람이 있는 일이었다. 지금은 정례적으로 6월에 나라를 위한 기도회를 갖고, 지역 지도자(국회의원, 구청장, 시의원, 구의원 등)를 초청해 대화하고 함께 조찬 기도회를 하고 있다. 부산 북부경찰서가 협력을 요청한 범죄 피해자 가족을 지원하며 불우 이웃을 돕기도 하는데, 이 일을 하며 살인 사건이나 강도 사건의 피해자와 가족들은 상상하기 어려운 트라우마에 시달려 일상생활을 유지하기 힘들고 직장 생활을 이전처럼 하기 어려운 것을 알게 되었다. 살펴보면 이처럼 교회가 연합해서 해야 할 일은 너무나 많다. 행복한 부담이고 고민이다.

5) 선교적 교회로의 전환

구포교회는 2020년부터 선교적 교회 세미나를 접하면서 선교적 교회를 지향하고 있다. 선교적 교회를 통해 어떤 교회가 건강한 교회인지에 대한 새로운 지평이 열렸다. 선교적 교회를 접한 것은 앞에서 서술한 대로 필자에게는 확실한 신학적인 회심의 사건이다. 선교적 교회에 대한 이해를 정리하면 다음과 같다.

(1) 선교적 교회는 교회를 세상에 파송된 선교 공동체로 깊이 인식하고, 선교를 프로그램이 아니라 교회의 본질로 이해한다.

(2) 선교적 교회는 예수 그리스도의 자기 비움의 절정인 성육신을 목회에 적용하는 교회이다.

(3) 선교적 교회의 출발은 교회론이 아니라, 삼위일체 신론이다. 즉 삼위일체 하나님께서는 선교하시는 하나님이라는 데서 선교적 교회가 출발한다.

(4) 선교적 교회는 하나님의 선교를 강조하면서, 모든 교인이 선교사라는 점을 강조한다. 교회가 위치한 지역사회가 선교의 현장이다.

(5) 선교적 교회는 교회와 교인의 삶이 메시지이다.

선교적 교회를 지향하면 교회가 지역사회에서 하기 원하는 사역을 하지 않고, 지역사회가 원하는 사역을 하게 된다. 이 과정에서 중요한 것은 지역사회의 의견을 깊이 청취하는 것이다. 그 점에서 지역 행정복지센터와의 긴밀한 협조는 필수적이다. 행정복지센터와의 긴밀한 협조 속에 시작한 것이 지역의 불우한 대학생들을 위해 장학금을 지급하는 일과 지역주민의 큰 행사인 지역주민 노래자랑 대회에 협찬하고 참여한 것이다.

5. 앞으로의 계획, 목회자로서 현재 가장 큰 어려움

필자는 금년 4월 말에 은퇴할 예정이다. 그래서 후임자에게 선교적 교회를 기대할 수밖에 없는 상황이다. 하지만 선교적 교회에 대한 이해를 구하면서 목회자가 혼자 급하게 앞서는 것보다 늦더라도 교인들과 함께하는 것이 반드시 필요하다는 것을 강조해 조언할 생각이다. 그리고 선교적 교회로 나가려면 우선 당회원을 비롯한 항존직의 이해와 협조가 절대적으로 필요하기에 당회원/항존직 세미나를 필요할 때마다 갖고, 또 지역주민들과의 대화, 지역행정주민센터와의 긴밀한 협조의 중요성도 인식하도록 조언하고자 한다.

목회자가 선교적 교회에 대한 목회 철학을 갖는 일은 대단히 중요하다. 그러나 선교적 교회 목회 철학을 갖고 목회를 풍성히 하려면 꾸준히 공부하면서 내면화하는 것이 무엇보다 필요하다. 이런 작업은 오랜 시간이 소요되기에 간단치 않은 일이다. 또 다른 어려움은 현실목회와 선교에 적용하는 것이다. 많은 목회자들이 선교적 교회의 방향은 알지만, 거기서 더 전진하지 못하고 있다. 이유는 개교회에 구체적으로 적용할 프로그램을 찾지 못하기 때문이다. 목회에 적용할 구체적인 아이디어의 빈곤함을 종종 경험하는데, 이 또한 어려움이다. 선교적 교회로의 전환에 가장 큰 장애물은, 교인들의 변하지 않으려는 생각의 관성이라는 점도 지적하고 싶다. 하지만 선교적 교회에 대해 교육을 잘 받으면 교인들에게서 오히려 아이디어가 나오고, 그 방향으로 나가는 데 탄력을 받을 것으로 기대한다.

나가는 말

일찍부터 전통적인 교회 중심적 목회 패러다임(방주형 교회)에서 벗어나 목회하리라 마음먹었지만, 시간이 가면서 변화가 없었고 여전히 교회 중심적인 목회 패러다임에서 갇혀 있음을 보게 되었다. 그러던 중 '선교적교회마을목회연구소'를 통해 선교적 교회에 대한 세미나를 접하고 깊은 이해를 가지게 된 것은 너무나 복된 계기였다고 여겨진다. 그동안 구포교회의 목회 사역 중 평가받을 만한 일이 있다면, 이는 모두 선교적 교회가 지향하는 것과 맞닿아 있다. 선교적 교회를 접하기 전에 그런 사역을 한 것은 정말 놀라운 은혜이고, 선교적 교회를 접한 이후의 평가라면 그것은 너무나 당연한 평가다. 끝으로 그간 '부산장신대 세계선교연구소' 소장으로 이 사명을 잘 감당해 왔고, 은퇴 이후에는 '선교적교회마을목회연구소' 소장으로 이 사명을 잘 감당하고 계신 황홍렬 교수님에게 깊은 감사를 드린다.

구포교회 선교적 목회의 특징과 과제

황홍렬 교수

구포교회는 119년의 역사를 갖고 있지만, 오랫동안 교회다운 교회로 세워지지 못한 것은 목회자들이 전통적 목회 방식을 답습하고, 하나님의 선교, 하나님 나라와 종말론에 기초하여 교회를 세우려는 모습이 결여된 것에 기인한다고 본다. 한영수 목사는 목회자들의 신학적 회심이 없었기 때문으로 진단한다.

1994년 구포교회에 부임한 한영수 목사는 출석 교인의 정체 현상이 나타났을 때 교회의 본질에 충실한 목회, 건강한 교회를 세우고자 하는 방향으로 목회 철학을 바꾸었다. 부임 초기에 잠시 교회 성장에 욕심을 냈던 것은 부임 직전에 구포교회가 분열되면서 교인이 감소했기 때문이다. 그러나 곧 목회 철학을 바로 세우고 건강한 교회를 세우기 위해 노력했다. 이후 나타난 연중 목회 활동에서 눈에 띄는 것이 있다. 절기에 따른 목회와 선교 활동으로 장애인주일에 베데스다 장애인 공동체 초청 예배, 시각장애인과 걷기대회, 매년 6월 환경주일을 지키며 일회용 컵 사용하지 않기, 북한선교주일과 광복기념주일에 아무리 평화통일의 길이 보이지 않아도 통일 시대를 내다보며 평화통일의 꿈을 포기하지 말자는 의미로 드리는 통일헌금, 맥추감사주일에 환우들과 그 가족을 초청해 드리는 예배, 추수감사주일에 경남이주민문화센터 라함 공동체의 다문화가정을 초청해 예배드리기 등이다. 이 때는 구포교회의 다문화 순도 적극적으로 참여한다. 지역사회 선교 활동으로는 늘푸른교실, 문화교실, 주차장 개방, 반찬 사역, 도농 직거 래 등이 있다. 지역사회 선교는 행정복지센터와 긴밀하게 협력하여 진행하고 있다. 해외 선교는 부산국제선교회를 통해 미얀마에 선교사 를 파송했고, 여러 선교사를 후원하고 있다. 급변하는 세계와 시대 속 에서 총회가 2001년에 제정한 〈21세기 대한예수교 장로회 신앙고백 서〉를 따라 구포교회는 2022년부터 주일 예배에서 격주로 21세기 신 앙고백과 사도신경을 고백하고 있다. 21세기 신앙고백서는 복음 전도 뿐만 아니라 정의와 평화를 강조하며, 기후 위기 시대에 창조 보전을 강조하고 있어, 변화된 시기에 적절한 신앙고백이다. 한편 부산 북구 에 위치한 교회들이 북구기독교연합회를 구성하여 지역사회를 섬기 고 있다. 지금은 중단된 상태지만, 공동으로 전도지를 만들어 가까운 교회에 출석하도록 활동했고, 구포역에 성탄절을 앞두고 대형 크리스 마스 성탄 트리와 포토 존을 설치해 주변 상권 활성화를 도모하기도 했는데, 이 일은 큰 의미와 보람이 있는 일이었다. 이처럼 교회의 본질 을 강조하고 건강한 교회를 세우려는 한영수 목사의 노력은 구포교회 의 질적 성숙으로, 양적 성장으로 열매를 맺었다. 코로나 직후 350명 이 출석하던 구포교회에 현재는 청장년 400명이 출석하고 있다.

구포교회의 선교적 목회의 특징은 첫째, 한영수 목사가 건강한 교 회를, 즉 교회의 본질에 충실한 목회를 추구하고 이를 실천하면서 구 포교회가 질적으로 성숙해지고, 양적으로 성장한 점이다. 이는 선교 적 교회의 토대가 마련된 것이라고 본다.

둘째, 한영수 목사가 선교적 교회 세미나에 참여하면서 선교적 교회로부터 건강한 교회의 기준이 무엇인가를 배우면서 새로운 지평이 열리고, 선교적 교회로의 전환을 시도한 점이다.

셋째, 선교적 교회를 세상에 파송된 선교 공동체로, 예수 그리스도의 자기 비움의 절정인 성육신을 목회에 적용하는 교회로 이해하고, 선교를 프로그램이 아니라 교회의 본질로 이해한 점이다. 특히 선교적 교회의 출발이 교회론이 아니라 삼위일체 신론으로, 선교하시는 하나님께 근거하고 있다고 본 것은 선교적 교회를 바르게 이해하고 있음을 보여준다(황홍렬,『선교적 목회 길잡이』, 176). 한영수 목사는 하나님의 선교를 강조하면서, 모든 교인이 선교사임을 강조하면서 교회와 교인의 삶은 선교의 메시지가 된다고 했다(최동규,『선교적 목회 길잡이』, 80). 지역사회가 선교 현장임을 강조하며 설교를 통해 기회가 있을 때마다 선교적 교회를 선포한 것도 중요한 특징이다.

넷째, 구포교회가 장애인주일에 베데스다 장애인 공동체 식구를 초대해 함께 예배드리고 식사하는 것은 일회적 행사가 아니라 친교와 우정의 활동이라는 점이다. 청년들은 1년에 3~4회 베데스다 장애인 공동체를 방문한다. 성년이 되어 베데스다 장애인 공동체를 떠나는 청년들이 구포교회 청년부에 등록하는 일이 이어지는 것은 베데스다 장애인 공동체의 식구들과 교회 청년들 사이에 깊은 사귐이 있다는 반증이다. 추수감사주일에 라함 다문화 식구들을 초청해서 예배를 드리는 것도 일회적 행사가 아니다. 그래서 구포교회에는 다문화 순이 있다. 이처럼 구포교회는 교인들 간의 친교를 넘어서 인근 지역의 장애인 공동체를 초대하고, 다문화 공동체를 초대하여 그들과 코이노니아를 실천한다. 모든 사람을 하나님 나라의 백성으로 초대하고 평등한 관계를 형성하는 것은 코이노니아 회복의 사역으로, 교회가 선교적 운동성을 회복한 것이다. 예수 그리스도께서는 사회의 주변부에 있는 사람들과 친교하셨고, 그들을 공동체의 중심, 하나님 나라의 중심에 세우셨다(한국일, 『선교적 목회 길잡이』, 45-48).

구포교회의 선교적 목회를 위한 과제로는 첫째, 한영수 목사가 2024년 4월 은퇴하게 되어 후임자를 선정했는데, 후임자가 전임자의 선교적 교회로의 전환을 위한 노력을 얼마나 이어가는지가 중요하다. 한영수 목사는 후임자 청빙위원들에게 선발 기준의 하나로 선교적 교회를 제시한 바가 있다. 둘째, 한영수 목사는 선교적 교회로의 전환을 시도하는 목회자들은 신학적 회심(황홍렬, 『선교적 목회 길잡이』, 172-174)을 해야 하고, 교인들에게 끊임없이 설교하고 교육하면서도 성령의 역사가 필요하다고 했다. 셋째, 선교적 목회를 하는 데 가장 큰 장애물은 목회자와 교회 지도자가 갖는 "고정된 생각의 관성", 교회 성장주의, 개교회주의, 번영 신학 등이다. 넷째, 전통적 목회에 대한 평가는 주로 숫자로 나타난다. 그렇지만 선교적 교회에 대한 평가는 질적인 것이기에 제시하기가 어렵다. 그래서 한영수 목사는 선교적 교회를 지향하는 목회자들의 어려움을 다음과 같이 토로했다. 선교 신학자들은 선교적 교회의 신학이나 원리가 중요하다고 말한다. 그렇지만 목회자들에게는 당회원들과 교인들을 설득할 수 있는 실천 프로그램이나 구체적 활동을 제시하는 것이 필요하다. 이러한 점은 선교 신학자와 목회자들이 함께 풀어가야 할 과제다.

부산 항서교회의 선교적 목회 이야기

나재천 목사

1. 교회의 역사와 특징, 한계

부산 항서교회는 사이드 보텀(사보담) 미국 북장로교 선교사로부터 전도 받은 네 명의 평신도가 1905년에 창립한 교회로 사이드 보텀 선교사가 돌보면서 개척을 지원했다. 항서교회는 부산항 서쪽의 모교회이지만, 지역사회에 대한 영향력은 크지 않아 선교적 교회를 지향하고 있다.

항서교회의 특징은 1970년대와 1980년대에 학사 교회로, 교인 중에 교사가 많았다. 이는 당시 대신동 지역이 교육, 행정, 문화의 중심지로 학군이 좋았다. 이 지역에 법원, 경남도청, 임시 수도의 대통령 관저, 구덕 축구장과 야구장이 있었다. 필자는 서울 대치동에서 13년 동안 부교역자로 목회했다. 항서교회로 부임할 때 부산 출신의 한 권사가 "목사님은 강남에만 계시다가 부산 강남으로 가시네요."라고 말했다. 그런데 이 지역은 이후에 쇠락하면서 잘사는 사람들은 동래나 해운대로 이사했다. 영화 〈친구〉에 나오는 집이 있고, 무당집이 많았다. 그러다가 동아대학교 부민 캠퍼스와 단과대, 로스쿨 등이 이전해 오니까 점집들이 떠나면서 지역사회가 발전하기 시작했다. 대학교로 인해 원룸이 증가했고, 오래된 지역이 재개발되면서 아파트가 들어섰다.

이 지역에는 60대 이상 주민의 비율 높고, 항서교회의 교인도 60대 이상 교인, 독거노인, 1인 가구, 학생이 많다. 항서교회는 앞으로 학사/장학관을 어떻게 운영할지에 대해 고민하고 있으며, 새로운 비전을 수립하려 하고 있다. 서울 청파동교회는 학사를 운영하되 학생들이 자유롭게 살게 하기 때문에 대기자가 많다.

2. 목회자의 부임 연도와 목회 철학 및 활동

필자에게 목회적인 영향을 많이 끼치신 분은 묘동교회 원로목사이신 정태봉 목사님인데, 필자는 묘동교회의 교육전도사로부터 시작해서 부목사까지 13년 동안 봉사하면서 담임목사인 정태봉 목사로부터 에큐메니컬 선교, 목회 방향의 일관성, 교회의 본질을 추구하는 목회를 배웠다. 정태봉 목사는 특히 예배, 말씀 집중, 성도의 교제, 교육을 강조했다. 필자가 정태봉 목사로부터 배운 것도 선교적 교회였는데, 항서교회에 부임해 보니 묘동교회와 비슷한 방향으로 가고 있었다. 이처럼 필자가 정태봉 목사로부터 배운 것은 항서교회를 선교적 교회로 나아가게 한 바탕이 되었다. 특히 정태봉 목사는 연세대연합신학대학원에 진학해서 공부를 계속할 기회를 주셨는데, 그곳에서 조직신학을 공부하면서 칼 바르트를 통한 건강한 교회론을 배울 수가 있었다. 또한 장신대 박사과정에 진학하여 사회와 봉사에 관한 공부를 하면서 선교적 교회의 이론적 토대를 쌓을 수가 있었다.

아울러 필자는 지역사회와 교회의 적극적인 협력과 동행을 위해 부산서구기독교연합회에 참여하면서 연합회장으로 섬겼고, 또한 지역사회의 돌봄과 교정 선교를 위해 15년째 부산서부경찰서 경목으로 참여하고 있다.

3. 교인들의 특징과 욕구

현재 항서교회의 교인 구성은 총 재적 720명 중 10대 9%, 20대~30대 13%, 40대~50대 31%, 60대~70대 34%, 80대 이상 13%이며, 그중 47%가 60대 이상에 집중되어 있을 정도로 고령화되어 있다. 항서교회의 교인 연령별 형태는 역삼각형으로, 지속가능성의 관점에서 볼 때 특별한 대책을 신속하게 실행하지 않으면 심각한 위기에 직면할 것을 보여준다. 또한 교인들의 거주지는 교회 인근 부산 서구와 사하구, 동구 중구에 약 60%가 거주하고 있고, 나머지 40%가량은 강서, 동래, 수영, 해운대구에 거주하고 있다. 이는 항서교회가 지역사회 주민과 친교를 하고 섬길 수 있는 여건이 가능함을 보여준다.

특히 항서교회 교인 중에는 1인 가구가 많다. 사별이나 미혼, 이혼 등으로 1인 가구를 이루고 있다. 또한 교인들의 특징은 경제적·사회적 양극화라 할 수 있다. 예전 서대신동이 잘살던 시대에 신앙생활을 하던 교인 중에는 부산여고 출신, 경남고 출신이 많다. 이 교인들은 대부분 경제적으로도 여유가 있고, 해운대나 용호동에 살고 있다. 지역이 경제적으로 쇠락하면서 지역으로 이전해 온 교인들도 있다. 항서교회가 학사를 운영해서 지역주민들은 항서교회를 '학사 교회'라 부르기도

했고, 항서교회는 아무나 갈 수 있는 교회가 아니라는 말이 나올 정도로 문턱이 높았다. 지금은 교회 문턱은 없어졌다. 그렇지만 새로 나온 교인 중에는 교회에 잘 적응하지 못하는 교인들이 있다. 교인들 사이에는 가족관계로 복잡하게 얽힌 관계도 있다. 현재 항서교회는 기존 교인이 등록하는 수평 이동이든지, 새로운 교인을 전도하든지 모두 어려움이 있다.

교인들의 연령 분포를 보면 역삼각형의 교회다. 60대 이상 교인이 많기에 교회가 어떤 활동을 하더라도 고령 교인들은 부담을 느끼는 것 같다. 그렇지만 70대 교인들이나 80대 교인들도 배움이 있기에 교회로서 해야 할 것에 공감하며 헌신하는 교인들이다. 감사한 것은 최근에 유치원을 통해 젊은 세대가 전도되어 유치부 어린이가 증가하고

항서교회 더드림센터

있다는 점이다. 유치원에 대한 학부모의 반응이 상당히 호의적인 것이 젊은 세대에게 영향을 줘서 항서교회 유치부가 증가하고 있다. 특히 항서교회가 다음 세대와 지역사회를 섬기기 위해 2020년 여름에 완공한 더드림센터의 제일 좋은 공간을 청년부에 제공함으로써 청년부가 자발적으로 성장하고 있다.

4. 교회의 지역적 특징과 항서교회의 선교 활동

지역에 고령 인구가 많아 항서교회는 1992년부터 경로대학을 시작했다. 2019년 더드림센터를 건축하면서 다시 경로대학을 재개하려고 했는데 코로나로 인해 못했다. 현재 교회의 식당 봉사가 어렵다. 젊은 교인들은 하지 않으려 하고, 식당 예산도 많이 들어가서 보류 중이다. 항서교회는 1994년에 유치원을 설립했다. 이 지역에 교회가 운영하는 유치원이 많았지만 여러 사정으로 교회 유치원이 폐원되고, 부산시도 사립 유치원을 없애는 방향으로 가면서 현재는 지역에 항서교회 유치원이 거의 유일하다. 유치원 원장이 열심히 잘하고 있고, 지역사회에 좋은 소문이 나면서 대기자가 꽤 늘어나고 있다. 항서교회 유치원의 정원이 5, 6, 7세 반 모두 합해서 90명이다. 유치원을 통한 전도가 잘 되고 있다. 학원 선교는 나재천 목사가 부임한 후 시작했다. 남성여고에서 목요 찬양을 시작했고, 여러 학교에서 채플을 인도했다. 2020년 더드림센터를 개원하면서 문화교실을 통해 문화 선교를 펼치고 있다. 어린이, 청소년, 장년으로 구성된 동네 오케스트라는 바이올린, 플루트 등 네 가지 악기로 구성되어 운영된다. 이러한 동네 오케스트라 운영을 위해서 교회에서 수업료를 지원하고, 연중 1회 연주회를 개최해서 참여하는 학생들에게 배움의 의지를 고양시키기 위해 노력하고 있다. 문화교실은 다양한 것보다는 가용 자원을 활용해서 잘할 수 있는 프로그램을 주중에 운영한다. 현재는 바리스타, 미술 등을 준비하고 있다.

항서교회 카페 레가토

카페 레가토는 운영자 집사가 로스팅을 잘해서 교인뿐 아니라 지역주민들도 많이 찾는다. 카페 레가토는 교회와 지역주민이 소통하는 장이며, 교회와 주민을 연결하는 통로가 된다. 카페 레가토의 수익금을 청소년에게 장학금을 지급하는 계획을 세우고 있다.

항서교회에는 한때 중고등학교 교사 100여 명이 출석하던 시기가 있었다. 원로목사인 김길창 목사가 "교육 없이는 전도도 없고, 교육 없이는 애국도 없으며, 교육 없이는 소망도 없다"라는 교육 철학과 기독교 정신을 바탕으로 사학 재단인 남성재단, 국성재단, 한성학원, 훈성학원 등을 설립하였다. 이들 학교법인이 세운 학교로는 경성대학교, 계성여자상업고등학교, 경성전자고등학교, 대동중학교, 대동고등학교, 남성초등학교, 남성여자고등학교 등이 있다. 과거에는 계성여자중학교, 남성여자중학교, 거성중학교도 있었지만, 남성여자중학교와 계성여자중학교는 폐교되었고, 거성중학교도 폐교될 뻔했으나 다른 재단으로 넘어가서 폐교를 면했다. 경성대학교 이사장이 항서교회의 안수집사다. 항서교회에는 이들 학교의 여러 보직교사를 비롯하여 교장과 교감, 대학 교수들이 출석했다. 그러다가 이사장이 바뀐 뒤에는 항서교회에 출석하던 교사 중 상당수가 교회를 떠났다. 그렇지만 다른 교회에 비하면 항서교회에는 교사들이 많은 편이다. 특히 신앙이 깊어진 교사들은 교회에 남아 교회를 잘 섬기고 있다. 항서교회는 이들 기독교 계통의 학교들과 긴밀한 관계가 있어 학원 선교를 활발하게 진행하고 있다. 항서교회가 이들 학교의 교장이나 교감에게 협조를 요청하면 학원선교팀이 찬양이나 채플, 매주 목요 찬양을 인도하고, 참여한 학생들에게는 간식을 제공한다. 이러한 찬양집회나 채플에 참여한 학생 중 교회로 인도된 학생들도 있다.

5. 선교적 교회에 대한 목회자의 이해

선교적 교회는 선교를 교회의 부분적 기능으로 여기는 것이 아니라 교회의 본질이다. 따라서 필자는 선교적 교회를, 교회를 새롭게 이해하는 새로운 교회론, 교회의 본질을 추구하는 건강한 교회론으로 이해하고, 목회의 본질을 선교적 교회를 실천하는 것으로 본다. 선교적 교회는 오는(모이는) 교회와 가는(흩어지는) 교회 사이의 균형을 이루는 교회다.

6. 선교적 교회 세미나로부터의 인상적인 배움/교훈

필자는 선교적 교회 세미나로부터 가장 인상적으로 배운 것은 선교 운동성이라는 단어다. 항서교회는 오래된 교회로, 제도화된 교회이고, 선교적 역동성을 거의 상실했다. 선교적 교회론이 항서교회로 하여금 선교 운동성을 회복하는 데 도움이 될 것이다. 사도행전 1장 8절 "성령이 임하시면 너희가 권능을 받고"라는 말씀처럼 권능(두나미스)은 역동성을 뜻한다. 교회가 선교함으로써 역동적이 되고 운동성을 갖게 된다. 이는 교회가 역동적이기 때문에 선교에 참여하는 것이 아니라 교회가 선교에 참여함으로써 역동성, 운동성을 갖게 된다. 이런 인식의 변화는 필자의 목회 패러다임의 변화를 촉구했다. 이는 교회론의 변화도 수반한다. 그동안 필자는 연세대 대학원에서 배운 바르트적인 교회론, 즉 그리스도의 몸, 성도의 교제, 하나님의 백성으로서의 삶을 강조했다. 이제 이런 정적 교회론으로부터 선교적 교회론으로의 전환이 이뤄지고 있다. 정적 교회론은 장로회신학대학교의 학풍으로부터의 영향도 있다.

7. 선교적 교회에 대한 배움을 교회에 적용 및 계획

아직은 구체적으로 적용하지 못하고 있다. 필자는 앞으로 교역자 세미나, 정책 당회 등을 준비하면서 선교적 교회를 포함시키고자 한다. 특히 지역사회에 독거노인, 청년 등 1인 가구가 많다. 교회 안에도 소외된 자 많다. 1인 가구를 비롯하여 어려운 이웃을 구제하고 돌봄의 사역을 담당할 다비다회를 올해 구성할 계획이다. 다비다회의 회원은 자발적 참여를 원칙으로 하고자 한다. 부산 지역에 고독사 비율이 높다. 고독사할 뻔한 교인을 심방으로 살린 경우도 있다. 다비다회 회원은 어느 정도 도울 여력도 있고 건강도 뒷받침되는 교인 15명 정도를 모집해서 독거노인을 정기적으로 방문하여 건강도 돌보고 반찬도 나누고자 한다. 지역사회 오케스트라도 올해 본격적으로 시작하려 한다. 항서교회가 지역사회를 향한 베풂, 나눔의 시작이다. 항서교회 인근에 생긴 보건소 소장이 항서교회 집사다. 지역사회 건강 돌봄을 위해서 교인들과 보건소가 협력하고자 한다. 이런 방식을 통해 오는 교회(모이는 교회)로부터 가는 교회(흩어지는 교회)로도 새로운 길을 모색하고, 모이는 교회와 흩어지는 교회 사이의 균형을 추구하고자 한다.

8. 목회자로서 현재 가장 큰 어려움

항서교회는 자체적으로는 안정적이고, 내부적 어려움은 없다. 그렇지만 교인들이 급속하게 고령화되는 것은 심각한 문제다. 물론 항서교회만의 문제가 아니라 한국교회의 문제이고, 한국사회의 문제다. 그렇지만 국가나 총회와 노회가 나서기 전에 항서교회 스스로가 할 수 있는 대안을 찾으려 한다. 유치원을 잘 운영해서 젊은 세대가 교회에 등록하고 청년부가 활성화되는 것은 좋은 조짐이지만, 더욱 적극적인 대안을 찾고 있다.

부산 항서교회 선교적 목회의 특징과 과제

황홍렬 교수

항서교회의 선교적 특징으로는 첫째, 나재천 목사의 신학적 회심(황홍렬,『선교적 목회 길잡이』, 172-174)이다. 바르트의 정적 교회론으로부터 선교적 교회론으로의 전환이다. 이러한 전환은 나재천 목사가 부교역자로 섬기던 묘동교회의 정태봉 목사로부터 배운 목회, 교회 본질을 추구하는 목회, 에큐메니컬 선교, 예배, 말씀 집중, 성도의 교제, 교육 등에 토대를 두고 있다.

둘째, 나재천 목사는 선교적 교회 세미나 중 선교 운동성으로부터 큰 영향을 받았다. 나재천 목사는 제도에 갇힌 목회자가 아니라 선교와 교회를 결합시키는 목회자가 됨을 통해 역사가 오랜 항서교회에 선교 운동성을 회복함으로써 교회 밖을 바라보며 움직이는 교회가 되고자 했다(한국일,『선교적 목회 길잡이』, 43-44).

셋째, 항서교회는 '학사 교회'라는 별명처럼 교사들이 많은 교회로, 학교에서 찬양집회나 채플을 통한 학원 선교를 오래전부터 해 왔다. 이를 통해 실제로 교회에 출석하는 학생들이 있다. 1992년부터는 경로대학을 시작했고, 1994년부터는 유치원을 개설했다. 유치원은 최근 지역의 변화로 폐원하는 유치원이 증가하면서 지역 유일의 유치원이 되었다. 최근에는 유치원생이 90명이 되고, 좋은 소문이 나면서 유치부 인원이 증가하고 있다. 이처럼 항서교회는 나재천 목사 부임 이전부터 지역사회 선교를 잘해 왔다. 나재천 목사는 이런 지역사회 선교의 흐름에 2020년 더드림센터를 건축하여 청년부에게 제일 좋은 공간을 제공함으로써 청년부가 활성화되는 계기를 마련했다. 뿐만 아니라 더드림센터는 지역사회에서 문화교실을 준비하고 있다. 카페 레가토는 운영자 집사가 로스팅을 잘해서 교인뿐만 아니라 지역주민들에게도 인기가 있다. 더드림센터의 문화교실과 카페 레가토는 교회와 지역사회를 잇는 가교 역할을 하고 있다. 선교적 교회를 지향하는 항서교회는 이런 지역사회 선교의 전통 위에 더드림센터 문화교실과 카페 레가토라는 근접 공간을 통해 성육신적 선교를 지향하고 있다. 근접 공간은 복음을 알지 못하는 사람들과 친밀한 관계를 형성할 수 있는 공적 공간으로 성육신적 선교의 모델 중 하나다(최동규, 『선교적 목회 길잡이』, 90-91).

넷째, 이러한 지역사회 선교를 통해 나재천 목사는 교인들과의 친교를 넘어서서 지역주민과의 친교를 회복하는 선교적 목회를 실천하고 있다(한국일, 『선교적 목회 길잡이』, 45). 교회가 세상에 보냄 받은 공동체라면 목회자는 교인과의 친교뿐 아니라 지역주민과의 친교를 위해 힘써야 한다. 지역주민과의 친교 없이 전도와 봉사를 시작하는 것은 불가능하기 때문이다.

항서교회의 선교적 교회를 위한 과제로는 첫째, 교회 교인의 고령화를 극복하는 과제를 지역사회의 경제적·사회적 양극화의 문제와 결합시키는 방안을 고민해야 한다. 우선 유치원의 발전으로 인해 유치부 인원이 증가하고 학부모가 교회에 등록하는 점 그리고 더드림센터

로 인해 청년부가 성장하는 점 등은 고령화 극복을 위한 좋은 신호이
다. 이러한 교인 증가를 교회 중심의 관점이 아니라 선교적 지역교회
의 신앙 공동체 육성(황홍렬, 『선교적 목회 길잡이』, 184)으로 이어가는 것
이 바람직하다. 이를 위해서는 제자 훈련을 비롯한 교인 교육이 역사적
이며, 공동적이며, 경험적이고, 역동적 실천을 지향하는 것이 필요하
다. 심방으로 고독사를 예방한 경험과 보건소와 더불어 지역사회 어르
신들에 대한 건강 돌봄 계획은 이러한 실천의 출발점이 될 것이다. 나
아가서 가난한 이웃을 위한 "나눔 냉장고", 주민자치센터와 더불어 일
부 자영업에 대한 지역화폐 발행, 학교폭력에 대응하는 회복적 생활 교
육 교사 양성 및 학부모 교육, "생명의길 초록발자국" 교육을 통한 환
경 지킴이 양성 등에 대해 논의하고 실천할 수 있을 것이다. 둘째, '학
사 교회'라 불릴 만큼 교사도 많고 학교와의 연계도 깊은 관계가 있으
므로, 학원 선교에 보다 재정과 인력을 투입하고 대안적 학원 선교 방
식을 개발해야 한다. 학교폭력에 대한 회복적 생활 교육 같은 방식을
참고할 만하다. 학사에 대한 대안적 운영 방식을 모색하고, 보다 적극
적으로 청년과 다음 세대와 소통하고 복음을 나누는 방식을 개발해야
한다. 셋째, 선교적 지역 교회의 신앙 공동체 육성을 위해서는 교회
내 30대와 40대 부부 모임을 통해 노년층과 청년층을 잇는 허리인 이
들 부부를 신앙적으로, 가정적으로 든든히 서도록 교회가 이들을 집
중적으로 양육할 필요가 있다. 넷째, 전체 가구의 40%를 차지하는 1
인 가구를 위한 특별 교구나 구역을 만들어 이들을 돌보는 것이 필요
하다. 한국교회의 미래는 1인 가구에 대한 돌봄에 있다고 주장하는 이
들도 있다. 교회 내 1인 가구에 대한 조사가 필요하다. 지역사회의 1인
가구에 대한 조사는 주민자치센터나 구청을 통해 정보를 얻을 수 있을

것이다. 시대 변화에 따라 1인 가구에 대한 새로운 선교 방식을 개발할 필요가 있다.

글쓴이 소개

김찬효 목사

경성대학교 영어영문학과, 부산장신대학교 신학대학원, 아주대학교 공공정
책대학원(사회복지전공), 한남대학교 대학원 석박사통합과정(리더십 전공)
수료
성덕교회 담임목사, 전 이란 선교사

나재천 목사

계명대학교 신학과, 장로회신학대학교 신학대학원(M.Div.), 연세대학교 연합
신학대학원(Th.M.)
항서교회 위임목사, 동인선교회 이사

노헌상 목사

한양대학교 기계공학과, 장로회신학대학교 신학대학원(M.Div.), 장로회신학
대학교 대학원(M.A.), Union-PSCE in VA(MACE), Union Presbyterian Seminary
in VA Reach Scholar, Westminster Theological Seminary in PA D. Min. 재학 중
생명숲교회 담임목사

박희광 목사

장로회신학대학교 기독교교육과, 장로회신학대학교 신학대학원(M.Div.)
장로회신학대학교 대학원 역사신학(Th.M.)
창원 성도교회 위임목사

서용진 목사

대전신학대학교, 장로회신학대학교 신학대학원(목회연구과정), 한남대학
교 학제신학대학원(상담학 석사)
신현교회 위임목사, 거제시 기독교연합회 대표회장

신충우 목사

부산대학교 철학과, 장로회신학대학교 신학대학원(M.Div.), 장로회신학대학교 대학원 신약학(Th.M.), 장로회신학대학교 목회전문대학원(선교학 박사과정) 수료
부산진교회 담임목사

이근형 목사

인하대학교 전기공학과, 장로회신학대학교 신학대학원(M.Div.), 장로회신학대학교 대학원 목회상담(Th.M.)
부산 소정교회 위임목사

정현곤 목사

부산대학교 행정학과, 장로회신학대학교 신학대학원(M.Div.), 장로회신학대학교 대학원 신학박사/선교신학(Th.M., Th.D.)
주닮교회 담임목사, 울산 성서신학원 부원장, 전 울산노회 목사회 회장, 전 장로회신학대학교 세계선교연구원 전임연구원, 전 장로회신학대학교 신학대학원 강사

정승진 목사

부산대학교 경제학과, 부산대학교 대학원 경제학과 석사 및 박사, 부산장신대학교 신학대학원 교역학석사(M.Div.)
해운대소정교회 위임목사, 부산연구원 연구위원, 부산테크노파크 전략산업기획단 단장, 신라대학교 겸임교수

조신제 목사

서울대학교 임산가공학과, 장로회신학대학교 신학대학원(M.Div.)
새빛교회 위임목사, 전 경남노회장, 총회고시위원회 연구위원

조의환 목사

부산대학교 공과대학, 장로회신학대학교 신학대학원
김해교회 위임목사, 선교적교회마을목회연구소 이사장, 김해YMCA 초대 이

사장, 전 김해시기독교연합회장, 전 부산노회장, 전 총회헌법위원장, 전 총회 부서기, 전 동부지역농어촌선교센타 이사장

한영수 목사

연세대학교 신학과, 장로회신학대학교 신학대학원(M.Div.), 장로회신학대학 교 대학원 신약학(Th.M.)
구포교회 위임목사, 전 부산남노회장, 전 부산국제선교회장, 전 부산장신대 세계연구소 이사장

함영복 목사

장로회신학대학교 교회음악과, 장로회신학대학교 신학대학원(M.Div.)
부산 광안교회 위임목사

황홍렬 목사

서강대 철학과, 장로회신학대학교 신학대학원(M.Div.), 장로회신학대학교 대 학원 선교학(Th.M.), 영국 버밍엄 대학 신학과 철학박사(Ph.D.)
선교적교회마을목회연구소 소장, 부산장신대학교 은퇴교수, 전 한국선교신 학회장